Mario Di Santo

Neurobiología
y
Entrenamiento Cognitivo-Motor

TOMO I UNA INTRODUCCIÓN

Di Santo, Mario

   Neurobiología y entrenamiento cognitivo motor : tomo 1 : una Introducción / Mario Di Santo. - 1a ed. - Ciudad Autónoma de Buenos Aires : Stadium, 2025.

   224 p. ; 22 x 15 cm. - (Neurociencias / Mario Di Santo ; 1)

   ISBN 978-950-531-311-2

   1. Neurociencias. 2. Educación Física. I. Título.

   CDD 378

Fecha de catalogación: 13/03/2025

Diseño interior: Lorena Blanco
Diseño de tapa: Lorena Blanco

© Editorial Stadium S.R.L.
San José 539, C1076AAK, Buenos Aires, Argentina
e-mail: info@editorialstadium.com.ar

WhatsApp (+54) 9 11 2473-0330

http://www.editorialstadium.com.ar

/EditorialStadium

Índice

CAPÍTULO 1. Definiciones y Precisiones — 17

CAPÍTULO 2. La Secuencia Motriz — 65

CAPÍTULO 3. Teorías de Control y Aprendizaje Motor — 97

CAPÍTULO 4. Coordinación Motriz — 117

CAPÍTULO 5. Metodología general — 133

CAPÍTULO 6. Recursos y Dispositivos — 153

CAPÍTULO 7. Modelos y aplicaciones — 165

CAPÍTULO 8. Consideraciones finales — 207

Referencias Bibliográficas — 211

AMADE-ESCOT, COORD.: "La Didáctica". Educación Física. Deporte de Alto Nivel".
ANSELMI: "Cantidad de Calidad. El arte de la preparación física".
ANSELMI: "Planificación del Entrenamiento. La clave de la mejora continua".
ANSELMI: "De la Escuela al Podio"
AVCA: "El libro de Ejercicios del Vóleibol"
BENOIT-DRUENNE-DRUENNE-OHIER: "Juegos de Minivóleibol".
BLOISE: "Hándball. ¿Cómo Enseñar el Deporte Hoy?".
BORZI: "Fútbol Infantil. Entrenamiento Programado".
BUTTY: "El coaching en el deporte".
CALLIONI-GONZÁLEZ-USSHER: "Hóckey: El Aprendizaje a Través del Juego. ¿Cómo Enseñar el Deporte Hoy?".
CALLIONI-GONZÁLEZ-USSHER: "Juegos de Hóckey: Del juego al Deporte.
CASAJÚS-SALLUZZI: "Rugby y su enseñanza. Una mirada desde los espacios de formación".
CAVALLI: "Didáctica de los Deportes de Conjunto: Enfoques, Problemas y Modelos de Enseñanza".
CAVALLI: Enseñar Hándball en la Escuela. Un enfoque lúdico e inclusivo".
CROSTA: "El Departamento de Educación Física Escolar. Organización, Gestión, Evaluación".
DAIUTO: "Básquetbol, Metodología de la Enseñanza".
DE HEGEDÜS: "Técnicas Atléticas".
DE HEGEDÜS: "Teoría y Práctica del Entrenamiento Deportivo".
DE HEGEDÜS: "La Planificación del Entrenamiento Deportivo".
DELGADO: "Campamento Escolar. Su Filosofía y Organización"
DI SANTO: "Educación Física y Condición Física. El Desafío de la Austeridad"
DI SANTO: "Estudios de Flexibilidad y Amplitud de Movimiento"
DI SANTO: "Neurobiología y Entrenamiento Cognitivo-Motor. Una Introducción."
ESPONA: "Fútbol. Planificación del Entrenamiento. Modelo de cargas regulares especial. Fútbol juvenil. 13 a 15 años"
ESPONA: "Fútbol. Desarrollo de las formas básicas de movimientos"
FARAULT: "Juegos de Atletismo. Cultura, Sensibilidad, Performance".
FOUCHET: "Las Artes del Circo. Una Aventura Pedagógica".
FRÖHNER: "Vóleibol: Juegos para el Entrenamiento".
GÓMEZ, J.: "La educación física en el nivel primario".
GÓMEZ, R.: "El aprendizaje de las habilidades y esquemas motrices en el niño y en el joven".
GÖTSCH-TIEGEL: "Minivóleibol".
GRABIN-MENÍN: "Psicología del Deporte"
GUENIFFEY: "40 Juegos de Hándball".
GUINGUIS: "Juegos para Contar o Cuentos para Jugar".
KRAFT: "Básquetbol. ¿Cómo Enseñar el Deporte Hoy?".
INCARBONE: "Juguemos en el Jardín" (Segunda Edición corregida y aumentada).
INCARBONE-GUINGUIS: "Actividades Recreativas. Juegos, Campamentos, Bailes y Canciones".
JANS: "Hándball: Juegos para el Entrenamiento".
LAMMICH: "Fútbol: Juegos para el Entrenamiento".
LANGLADE: "Teoría General de la Gimnasia".
LEMOINE: "Juegos de Tenis". 24 Juegos para la Escuela. De 6 a 17 años.
LITWIN: "Administración de Competencias Deportivas: Planeamiento. Organización. Gestión. Evaluación".
MADELÉNAT: "Juegos Acuáticos". Placer, Seguridad, Eficacia en el Medio Acuático.
MATVEIEV: "El Proceso del Entrenamiento Deportivo"
MAZZEO-MAZZEO: "Atletismo para todos". ¿Cómo Enseñar el Deporte Hoy?
MEINEL-SCHNABEL: "Teoría del Movimiento".
MILANI-SUPITAL COORDS.: "Apuntes de Fisiología para la Actividad Física y el Deporte".
PALMEIRO-POCHINI: "Gimnasia Artística. Su Enseñanza en Escuelas y Talleres".
PALMEIRO-POCHINI: "La Enseñanza de las Destrezas Gimnásticas en la Escuela".
PECQUEUX: "Juegos de Básquetbol en la Escuela".
RODRÍGUEZ FACAL: "Entrenamiento Deportivo en la Niñez".
RUMIN: "La Escuela de Rúgby. 33 juegos para niños de 6 a 11 años".
SCHOLICH: "Entrenamiento en Circuito".
SEGAL: "Crecer. Tu Programa de Desarrollo Deportivo" (Tenis).
SEGAL: "Tenis. Concepto 6/90. Acciones e Ideas de Márketing, Organización y Liderazgo".
STUDENER-WOLF: "Fútbol: Entrenamiento con Pelotas".
USMER-ROLLET: "Juegos de Expresión Corporal"
VILTE: "La Enseñanza de la Natación".
WILKE-MADSEN: "El entrenamiento del Nadador Juvenil".

ESCANEAME

Agradecimientos

Los agradecimientos y las dedicatorias van, inexorablemente, de la mano. Son, casi, una y la misma cosa. Excepcionalmente, en la página siguiente, sumaré algunas palabras adicionales "in Memoriam" de mi querido profesor Antonio García. Se trata del acto honesto que supone reconocer y admitir que, sin el aporte de algunas personas, esta obra (tal como las anteriores y, espero, las subsiguientes) nunca hubiera salido a luz. Creo que todos quienes trabajamos desde la pasión, particularmente en la Educación Física, somos el producto de coordenadas cognitivas, experienciales y emocionales, junto con el soporte fáctico y existencial de tu familia o las personas que, en el día a día, contribuyen a sostener el proceso. De allí que un acto mínimo de justicia supone recordarlos y estampar sus nombres en estas páginas iniciales.

Con respecto al sostén familiar, agradecer a mi hermana Mónica y a mi hija Juliana. Ellas garantizan del contexto diario de paz y armonía, condiciones necesarias para leer, pensar y luego transportar el producto de esa elaboración a estas páginas. Los vectores cognitivos son de índole diversa, rescatando las contribuciones de Antonio García, Eduardo Fernández, Mariano Canegallo, Carmelo Pittera y Quique Edelstein entre tantos, con quienes compartimos, no necesariamente el apego a la neurobiología, aunque sí la poderosa seducción por el Entrenamiento Cognitivo-Motor. No obstante, el mayor de los agradecimientos es hacia los estudiantes de Educación Física de IPEF de Córdoba quienes, como asistentes a las dos cátedras, Psicomotricidad Aplicada (1998 - 2002) y Neurociencias y Motricidad Humana (2013 - 2022), contribuyeron a preservar intacta la motivación por estos asuntos. En el último período, hasta su fallecimiento, el Profesor Antonio García nos honró como ayudante de cátedra, con memorables aportes. Junto a él, un grupo de asistentes como oyentes, adjuntos y adscriptos, configuraron un formidable equipo, con el cual creamos el primer centro de Entrenamiento Cognitivo-Motor del interior del país llamado "Eucinesis". Entre ellos los profesores Pablo Guzmán, Paula Escobar, Gastón Buteler, Juan José González, Nicolás Acosta, Adrián González, Emiliano González, Juan Carlos "Japo" Higa y demás colaboradores. Asistían a las clases de la facultad, estudiaban y luego creaban propuestas de intervención específicas, muchas de las cuales lograron trascender más allá de los límites esperados. Igualmente, un especial reconocimiento a Américo "Coco" Bariles, mi compañero del IPEF. Si bien reside en Barcelona, en su última visita a Córdoba compartió abiertamente sus saberes, tanto en las clases de Neurociencias y Motricidad Humana como en Eucinesis.

Finalmente, expresar profunda gratitud a la Editorial Stadium, por su apoyo en esta etapa de mi carrera. Su confianza es mi seguridad. Un especial reconocimiento a Pablo Córdoba y Héctor González, propietarios de Ergo Club que, entre 2015 y 2018, apostaron por Eucinesis. Igualmente, a los distintos Cuerpos Técnicos del Plantel Profesional del Club Atlético Talleres, particularmente a los profesores Alexis Olariaga y Mauro Ceruti, a los directores técnicos Frank Darío Kudelka y Alexander Medina y, por supuesto, a nuestro presidente, el profesor Andrés Fassi, por confiar en la propuesta y poner a disposición a jugadores de un plantel del Futbol Profesional de Argentina, gesto excepcional y poco frecuente en este deporte, para implementar muchas de las actividades que describiremos en estos tomos. Sin olvidar a Quality Gym & Water, por la cortesía de facilitar sus instalaciones para filmar gran parte de los vídeos que mostramos en los distintos fascículos de esta obra. Tampoco quiero dejar de lado a profesores que, desde distintos puntos del país, hace ya años, vienen estudiando este tema y acompañándonos en las distintas capacitaciones, como es el caso de Fausto Soraire de San Miguel de Tucumán, Javier Teijeiro y Juan Pablo Becchina de Bahía Blanca, y tantos otros que nos han honrado con su confianza. Un particular reconocimiento a las profesoras Brisa Pistochini y Mariana Cofré, por su aporte clave en la ardua tarea de las transcripciones bibliográficas, y a mi amigo Daniel Vera, por un prólogo que, sin querer, invita al *"symposium"* de la filosofía, en particular la del movimiento. Por último, no hay quien hayamos nombrado que no haya contribuido a configurar las coordenadas emocionales, sostenes imprescindibles y condiciones absolutamente necesarias para seguir por este camino.

In Memoriam

Dedico enteramente esta obra a la memoria del Profesor y Licenciado Antonio García, mi maestro, profesor, director y amigo. Desde el viejo IPEF del Parque Sarmiento, en la Ciudad de Córdoba, sembró las semillas cuyos frutos compartimos en esta obra.

Figura Nro.1: Profesor Antonio García   Figura Nro.2: Antonio García y el "viejo" IPEF

Prólogo

¿Qué somos, sino pensamiento que penetra las manos y los pies, que *controla los movimientos del cuerpo, la expresión y la conducta?*
Ralph Waldo Emerson

Mens sana in corpore sano decía y dice el latín, advirtiendo que el cuerpo y el alma están íntimamente unidos, figura que Agustín de Hipona precisó, al señalar que no implicaba un lugar determinado como asiento del alma, sino que ésta se distribuía por todo el cuerpo, con lo que Wittgenstein vino a decir que el cuerpo es una adecuada imagen del alma. Estas intuiciones expresadas en un lenguaje metafísico pueden encontrar una paráfrasis en términos de la ciencia contemporánea y hacia ese campo apuntan las investigaciones de Mario Di Santo en **Neurobiología y Entrenamiento Cognitivo-Motor**, de las cuales este primer tomo es una introducción. No se piensa sólo con el cerebro o, si quiere llevarse al extremo la analogía con el alma, el cerebro es la totalidad del cuerpo: entonces, cuando se habla de entrenamiento hay que entender que lo que se entrena es, primordialmente, el cerebro. Mario Di Santo, atento tanto a la generalidad abstracta de la teoría como a la individualidad concreta de la práctica, ha llegado en su busca al entrenamiento adaptado, pero una vez que nos acomodamos a su mirada no lo vemos sólo como una especialidad dentro de un campo más amplio, sino que advertimos que cualquier entrenamiento requiere adaptación, porque los que se entrenan no son clases ni géneros ni conjuntos, sino individuos particularísimos. No hay ciencia del individuo, pero en las aplicaciones de las ciencias hay que andar caso por caso. Por esto, el entrenamiento, como la medicina, es una práctica, pero no una práctica ciega, por el contrario, se trata de un hacer iluminado por el conocimiento, de un arte.

Daniel Vera, diciembre 2024

Introducción

En todas las publicaciones anteriores señalo lo mismo: la mayoría de los lectores saltea las introducciones sin remordimiento alguno. No los critico, juzgo ni, menos aún, condeno. En mi caso las leo hasta el final, aunque admito que, la mayoría de las veces, con cierto fastidio y aburrimiento. Por consiguiente, haré el mayor esfuerzo para evitar tales estados subjetivos en quienes lean, tanto los siguientes párrafos, como los 6 tomos que componen esta colección sobre Neurobiología y Entrenamiento Cognitivo-Motor. Al tratarse del introito a la obra completa, su extensión, lógicamente será un poco mayor que la de los siguientes 5 tomos. En cada uno de los restantes, los preludios serán mucho más breves y orientados al foco conceptual y práctico de cada volumen.

El Entrenamiento Cognitivo-Motor, de ahora en adelante **ECM**, no es nuevo. Es producto de una larga historia, compuesta por esfuerzos aislados, publicaciones varias, aplicaciones entusiastas en el deporte, la preparación castrense, la rehabilitación, el ejercicio adaptado para adultos mayores y demás quehaceres que tienen, como denominador común, el acento enfático en cuestiones relativas a la Motricidad Humana. Por ejemplo, los primeros entrenamientos de las facultades visuales para el deporte datan de finales del siglo XIX, concretamente para el beisbol en los Estados Unidos. El abordaje práctico de las propiedades integradas de los sistemas visual y vestibular constituyó un objetivo concreto de preparación para los pilotos de combate, no sólo en la segunda guerra mundial, sino también en la primera. De hecho, sigue siendo clave en la preparación contemporánea de la fuerza aérea y la aviación naval en casi todos los países del mundo. Los estudios de lateralidad en el deporte tienen, también, una larga historia. Ni qué decir de los ejercicios para la memoria en movimiento aplicados a adultos mayores o las emergentes propuestas de Carmelo Pittera, ya en los tempranos años de la década del 80 del siglo XX, tanto para voleibol como para la Educación Física en general y la escolar en particular.

Los ejemplos, experiencias, reportes de resultados y citas podrían multiplicarse. Ayudan a demostrar, consistentemente, que las intervenciones propias del **ECM** tienen una larga historia. Lo que, ahora sí, es mucho más reciente, es la fundamentación neurobiológica del movimiento humano y sus empleos efectivos en los distintos campos de aplicación que enunciamos más arriba. Sobre todo, a partir de la década del 90 del siglo XX. Es quizás por esa tardanza madurativa que, lo que hoy conocemos como **ECM**, haya tenido que esperar un tiempo razonable, quizás excesivo, para su consideración respetable, sobre todo en el mundo del entrenamiento deportivo, la Educación Física en la escuela y la rehabilitación, tanto neurológica como traumatológica.

Otra de las posibles razones de este inmerecido letargo es la lógica dificultad para el acceso cuantitativo -léase medición- a las funciones cognitivas superiores, claro está, desde un punto de vista neurobiológico y no solamente, psicopedagógico. Por mucho que se haya avanzado en los últimos 30 años, queda un largo camino por recorrer. Lo cierto es que la medición de las otras funciones comprometidas en el rendimiento motriz en general, y el deportivo en particular, lleva muchos años de trabajo y prolífica producción. Sabemos mucho más, y desde hace tiempo, acerca del comportamiento de los sistemas cardíaco, vascular, respiratorio, mitocondríaco y tantos otros. Sin embargo, de las funciones perceptuales, mnémicas, decisionales y creativas, por sólo nombrar algunas, involucradas en la construcción de los actos motores humanos, el corpus de conocimiento es aún incipiente, aunque sorprenden los avances en los últimos años, sobre todos los posteriores a la pandemia del 2020. Nos formamos en Educación Física leyendo y escuchando clases de Fisiología del Ejercicio centradas en consumo de oxígeno, lactato, detalles funcionales de otras tantas estructuras fascinantes y, personalmente, sigo poderosamente atraído por tales profundizaciones. Admito ser un apasionado de la fisiología molecular aplicada al ejercicio. Incluso, por aquellas últimas décadas del siglo XX estudiamos, aunque superficialmente, el sistema nervioso.

No obstante, a las funciones cognitivas las veíamos en las clases de pedagogía o psicología, y pocas veces (a excepción de lo que algunos de mis profesores supieron transmitirme, como ya en el primer capítulo describiré), en el mismo patio o campo de juego y, señalo lo crucial, por entonces nunca las consideramos durante el movimiento mismo. Muy posiblemente, el poder fáctico y limitante de la sentencia "si no lo podemos medir, no existe", legítimamente defendida por muchos autores e investigadores, prolongó demasiado el surgimiento del **ECM**. Muy a pesar de los avances en TEP Tomografía por Emisión de Positrones), RMF (Resonancia Magnética Funcional) y otros procedimientos, el problema persiste y de allí el escepticismo de un respetable grupo de la comunidad científica de las Ciencias del Movimiento Humano, y el ya no tan diplomático disenso por parte de un restringido grupo de "discrepantes" en las redes sociales.

Sin embargo, el creciente interés por este tipo de abordaje está promoviendo diversos y consistentes proyectos de investigación, con la rigurosidad científica que todos legítimamente esperamos y reclamamos. La evidencia experimental servirá, entiendo, para precisar aspectos relativos a la aplicación de las cargas específicas en el **ECM**. Pero no es necesaria para demostrar, o pondrá en tela de juicio lo que, de por sí, es evidente: en el mundo del deporte, y en otras dimensiones similares, ya sea laborales o terapéuticas, los procesos cognitivos acompañan las expresiones motrices. Esta afirmación ya justifica, en sí misma, su entrenamiento.

Creo, asimismo, que es precisamente eso lo que nos apasiona del deporte: que hay procesos cognitivos, y de gran complejidad, implicados. De otro modo, quizás, nos interesarían las carreras de galgos o caballos y, aun así, no podríamos afirmar que, en tan nobles mamíferos, no hay procesos cognitivos de por medio. La gran diferencia es que, probablemente, en otras especies no sea tan sencillo entrenar tales fenómenos cognitivos, a menos que acudamos al asociacionismo conductista directo como único modo de intervención lo cual, bajo respecto alguno, es una posibilidad a considerar para los seres humanos en nuestro esquema metodológico.

En los seres humanos, al menos de acuerdo a nuestra experiencia, es más accesible este abordaje y las posibilidades metodológicas son, de suyo, mucho más ricas. No de otro tema trata la presente colección. La evidencia científica nos ayudará a hacerlo mejor. Pero no la necesitamos para la decisión, en sí misma, de hacerlo. Si en el deporte percibimos, recordamos, razonamos, decidimos y demás, ya es motivo suficiente como para entrenar tales funciones. Si hacerlo promueve otros réditos como, por ejemplo, colaborar a atenuar los síntomas de enfermedades degenerativas del SNC, mejor aún entonces, y es aquí donde la ciencia nos ayudará y, de hecho, la necesitamos.

Es curioso. Pocos han puesto en tela de juicio el entrenamiento de la fuerza, la flexibilidad, la velocidad o la resistencia. Sus prestaciones en el mundo del deporte son indiscutibles, como así también sería inimaginable un proceso de entrenamiento integral que excluya el abordaje sistemático a tales propiedades motoras. No hacen falta "papers" para definir si las trabajamos o no, sino para saber cómo hacerlo mejor. La ciencia con sus métodos -explícitamente sus rigurosas mediciones y procesamientos estadísticos- colabora para definir con mayor precisión los componentes de carga específicos de todo entrenamiento: frecuencia de las sesiones, series, repeticiones, pesos, velocidades y demás. Sin embargo, con el **ECM** los escépticos exigen evidencias para definir, básicamente, si lo debemos incluir o no en el formato general de las programaciones propias de la preparación de deportistas. Entiendo que, en este caso, el tratamiento es asimétrico e injusto. Al menos por nuestra parte, nada más evidente: en deporte coexisten procesos cognitivos y motrices. Eso basta como argumento para la inclusión del **ECM**. Lo que la investigación científica aportará, y por ellos estamos ansiosos, son datos cuya aplicación permitirá configurar las cargas específicas de entrenamiento con mayor precisión.

No recuerdo con exactitud, pero creo que fue durante el cursillo de ingreso a la escuela de Filosofía de la Facultad de Humanidades de la Universidad Nacional de Córdoba, que estudiamos dos posibles empleos de la razón escéptica descriptos por un filósofo de la Modernidad, Renato Descartes. No me pidan ni condenen por la ausencia de la cita exacta. Lo que no puedo olvidar de esa clase es la identificación de dos posibles usos de la razón escéptica. El primero es destructivo: niega a priori. El segundo es constructivo: no discute si algo es posible, sino las condiciones mismas de posibilidad de una posibilidad que no se niega como posible, por complejo que parezca el juego de palabras. En otros términos, no afirma que algo no es posible, sino pregunta cómo es posible que lo sea.

El **ECM**, confundido con "estar haciendo neurociencias", ha sufrido, a veces de manera violenta, el ataque del primer modo de la razón escéptica, y pocas veces del segundo, que inexorablemente edifica. El primero, desde ya, nada construye. Bertrand Russel afirmaba que el escepticismo se vuelve peligroso cuando paraliza la acción. Me atrevo a agregar: cuando prohíbe y proscribe las nuevas asociaciones y formulaciones creativas. No sólo la ciencia, también el mundo avanza por las aventuras creativas. Es por ello que somos plenamente conscientes que, en este itinerario relativo al **ECM**, estamos en una fase predominantemente poiética, creativa. En otras palabras, transitamos lo que, en Metodología de la Investigación, estudiamos como contexto de descubrimiento. El de justificación viene luego. Por consiguiente, entiendo que las objeciones escépticas, de alguna manera, representan un reclamo: el de pasar de una vez al segundo formato de la ciencia. Sin dudas, se trata de un pedido legítimo, una crítica que nos moviliza. Con nuestro equipo estamos, precisamente, en eso. Y muchos otros grupos profesionales trabajan, igualmente, en esta transición.

El presente tomo es, sencillamente, introductorio. Revisando el índice sus contenidos quedan a la vista. El segundo tendrá como epicentro las funciones perceptuales exteroceptivas: visión y audición, su relación con el movimiento humano y una propuesta metodológica para su entrenamiento. El tercero prosigue con aspectos perceptuales, aunque, en este caso, trataremos la dimensión interoceptiva. Principalmente la propiocepción y su relación con el control del movimiento humano. No obstante, también pasaremos revista al sistema vestibular, la viscerocepción y la nocicepción, profundizando en el impacto del dolor sobre la construcción de los actos motores. Todos estos contenidos serán desarrollados desde la descripción fisiológica a las propuestas prácticas concretas, tanto las publicadas como las de nuestra experiencia de años trabajando con estos casos.

El cuarto tomo está dedicado a funciones cognitivas que, dependiendo de la percepción, van más allá de ella: representación o imaginería motriz, lenguaje, memoria, orientación espacial, cronopsia, estructuración témporo-espacial, consciencia corporal, creatividad, lógica motriz y toma de decisiones. El quinto recoge temas varios, no carentes de su atractivo para nuestro campo: lateralidad en la Motricidad Humana en general y el deporte en particular, aspectos relativos a la organización eferente del movimiento humano, rol de la CPM o corteza premotora, la inhibición motriz o control inhibitorio y, finalmente, el movimiento voluntario. El sexto y último volumen es de carácter enteramente práctico: aplicaciones en fútbol, básquet, vóley, artes marciales, Educación Física en la escuela, adultos mayores y algunas posibilidades en el horizonte del tratamiento de enfermedades degenerativas del cerebro. Los códigos QR distribuidos a lo largo de toda la obra facilitarán el acceso a los modelos prácticos concretos.

Si bien es una dimensión apasionante, no desarrollaré la relación entre ejercicio físico y funciones cognitivas: para ello serían necesarios otros tantos tomos adicionales. El estudio de las ventajas de una buena preparación física sobre las funciones corticales superiores no tiene una historia tan larga como la del **ECM**, pero los resultados de las investigaciones respecto a la síntesis de neurotrofinas y BDNF, o Factores Neurotróficos Cerebrales Derivados (me atrevo a traducir), es contundente. La hipocinesia -léase vida sedentaria- no ayuda a nuestro cerebro. Tampoco, vale acotar, a ninguno de nuestros órganos, aparatos y sistemas. Las sustancias producidas durante el ejercicio físico -conocidas primero como citoquinas, luego mioquinas y ahora llamadas "ejercinas"- permiten entender la estrecha conexión entre músculo estriado esquelético (claro está, en tanto bien entrenado y funcional) y cerebro. Vale la pena entrenar y, en caso de ser posible, a diario. Me confieso un apasionado por el estudio de las relaciones entre músculo estriado esquelético, su actividad, la síntesis de neurotrofinas y su impacto en la neuroplasticidad en las distintas organizaciones jerárquicas del sistema nervioso. La conexión entre ejercicio físico y actividad hipocampal, por ejemplo, es fascinante. No obstante, no es lo que trataremos en esta obra, sino lo anunciado en el párrafo anterior. Lo cual supone, desde ya, una tarea ardua y sistemática.

Sin dudas, todo un desafío. Sin embargo, ya no hay más excusas para postergar estos primeros pasos. Nuestra región requiere formulaciones escritas, tanto artículos como libros propiamente dichos. Necesitamos traducir en palabras el esfuerzo de muchos profesionales, ya sea profesores universitarios, como preparadores físicos y entrenadores de distintos deportes y niveles. Su trabajo no puede quedar disuelto en las oscuras nubes de internet, las escabrosas devoluciones del fascismo propio de las redes sociales o en confusos y asistemáticos videos en YouTube, prescindiendo de las lógicas y necesarias coyunturas contextuales, que sólo la palabra escrita permite explicitar. Todos los profesores a los que aludo serán nombrados y homenajeados, no sólo en los agradecimientos, sino también mostrando y comentando su trabajo, junto con sus indiscutibles resultados. Me impulsa la pasión por el tema que nos reúne y la responsabilidad de dar a conocer, también, el trabajo de mis queridos colegas.

Tanto este primer libro, como los siguientes, están escritos en un lenguaje coloquial, que aspira a multiplicar su accesibilidad a la mayor cantidad de interesados posibles, tanto profesionales especializados como quienes no lo son, aunque comparten nuestra pasión por el estudio del movimiento humano. La redacción, tanto en primera persona del singular, como en tercera del plural, está organizada con arreglo a contribuir a dicho acercamiento. Procuraré integrar reflexiones, experiencias y resultados concretos de investigaciones publicadas, con las correspondientes referencias bibliográficas. Todo lo posible para que el lector no se encuentre con un texto complicado, sólo inteligible para científicos entrenados en la lectura de redacciones técnicas que, a pesar de los años, y lo confieso abiertamente, aún no logro disfrutar. No faltarán las correspondientes citas bibliográficas que remitan a distintos autores que colaboraron a construir este corpus concreto de conocimiento, tanto teórico como práctico, que identificamos como **ECM**. Una suerte de mezcla de "oso de peluche" (literatura "suave") y "ramas secas y espinosas" (narración científica "dura"). Abrigo expectativas racionales inherentes a una posible sistematización de una gran cantidad de contenidos, orientaciones, interpretaciones y opiniones que, sumado al caos promovido por las redes sociales, justifican esta obra como un intento humilde y coherente de ordenamiento. Espero, al mismo tiempo, que muchos otros entrenadores y científicos del movimiento humano se sumen a este entusiasmo por escribir y compartir sus correspondientes experiencias e interpretaciones respecto al **ECM**.

Imágenes
del capítulo

Capítulo 1
Definiciones y Precisiones

El auge de las neurociencias de los últimos años es de público conocimiento. Advierto que dicha evolución se ha desarrollado, casi en paralelo, con la Teoría de la Complejidad y la de los Sistemas Dinámicos resultando, para quienes intentamos construir las asociaciones pertinentes, en un maridaje del cual emergen alternativas a los tradicionales, y poco cuestionados, modos de ver e interpretar la realidad de nuestro medio. Sobre todo, esa integración ha gatillado la concepción de nuevos enfoques e interpretaciones, tanto en la teoría como en la práctica del entrenamiento, no sólo deportivo, sino también terapéutico, laboral y castrense. Aun así, el contexto del entrenamiento no es el único beneficiado. También, y correspondiendo a mi particular anhelo, la educación en general, y la del Educación Física en particular, sobre todo en los niveles inicial, primario y secundario, pueden capitalizar dichas influencias. Es decir, no sólo emerge un nuevo modo de ver, sino también de hacer e intervenir desde nuestras prácticas motrices. Modalidad que va tomando, año tras año, sobre todo en lo que va de esta década, mayor relieve.

Pertenezco a un pequeño grupo de docentes del IPEF (Instituto del Profesorado en Educación Física de Córdoba) que recibió su formación durante la década del 80, claro está, del siglo XX. Por entonces el estudio de la Motricidad Humana se infiltraba en la Educación Física y, más allá de las críticas por parte de algunos sectores sospechaba, a pesar de ser un alumno novato, ignorante y en obstinado tránsito a estudiante, que tal influencia podría resultar atractiva y beneficiosa. Los estudios de Jean Le Boulch me hipnotizaban y, a pesar de la complejidad de su lectura e interpretación, intuía que él nos abría una dimensión extraordinaria en cuanto al estudio del movimiento humano. Me esforzaba por entenderlo y creo que fui, feliz y finalmente, seducido por la psicocinética del gran maestro francés. Un par de años más adelante, Pierre Vayer y Pierre Toulousse afirmaban que "la escuela ignora la existencia del sistema nervioso". Esa frase, vertida en su libro "Psicosociología de la Acción", me pareció tan impactante como lapidaria y certera. Estas y otras fuentes, junto a las reflexiones y enseñanzas de, por aquel entonces, nuestro director Antonio García, llevaron a construir una cátedra que facilitó la canalización de las iniciales sospechas en orientaciones y contenidos concretos, trabajando arduamente para la precisión epistémica.

Durante 5 años, entre 1998 y 2002, en el viejo IPEF de Córdoba, y como materia optativa, desarrollamos un programa cuyo eje fue el análisis del movimiento humano y el Aprendizaje Motor desde una perspectiva neurofisiológica. El foco estaba puesto en dos grandes núcleos temáticos: el estudio de los correlatos neurales de la acción motriz y el Aprendizaje Motor para, desde allí, promover la creación de propuestas didácticas susceptibles de implementarse con claridad y precisión, sin ambigüedades, tanto en contextos escolares como deportivos y terapéuticos. El objetivo consistió, y creo que lo logramos, en materializar tales estudios en modelos de intervención a través de prácticas motrices concretas, con sus correspondientes sugerencias para la construcción de una progresión que permitiese, con naturalidad, el incremento gradual de las dificultades. Se trató, por entonces, de un intento de promover una didáctica especial de la Educación Física sustentada en el estudio del movimiento humano desde una perspectiva neurofisiológica.

Cada instancia crítica del procesamiento biológico en el ciclo percepción-acción era analizada desde la neuroanatomía y neurofisiología para, luego, perfilar una propuesta especial orientada al entrenamiento de dichas facultades a través de tareas motoras concretas, con su correspondiente metodología especial. Fuimos protagonistas de una gran experiencia cuya continuidad, al cambiar el plan de estudios en 2002, no pudo sostenerse. La materia optativa pudo reaparecer recién en 2013, y dictarse por 10 años consecutivos con el nombre de "Neurociencias y Motricidad Humana". 2022 fue su último año, nuevamente, por el cambio en el plan de estudios. Entre los 5 años anteriores y estos 10 últimos, pudimos no sólo profundizar, sino también mejorar las intervenciones prácticas.

Arrepentido de sólo haber escrito cerca de 150 clases en formato PowerPoint y ningún libro o artículo, siendo el año 2025, emprendo la tarea de publicar una obra que concentre los aspectos más relevantes de todos esos años de trabajo, compartiendo tanto los aspectos teóricos como las propuestas y actividades prácticas per-

filadas con mi equipo de colaboradores, al cual sólo debo palabras de agradecimiento y orgullo. Estas últimas, me refiero a las intervenciones específicas, son conocidas actualmente como abordaje Cognitivo-Motor, uno de cuyos precursores y "padre" indiscutible no es otro que el célebre profesor italiano, el gran Carmelo Pittera.

Figura Nro.3: Con Antonio García, compartiendo conceptos en la clase de "Neurociencias y Motricidad Humana"

Figura Nro.4: Compartiendo horas de trabajo con Carmelo Pittera

Un poco de historia personal

Mi recorrido con respecto a la dimensión neurobiológica del movimiento humano y las aproximaciones al enfoque Cognitivo-Motor -de ahora en adelante Entrenamiento Cognitivo-Motor o **ECM**- se remontan al año 1985. Por entonces cursaba el 2do año de Educación Física y estaba, tal como señalaba antes, fascinado con el estudio de Jean Le Boulch, autor al que continué leyendo el resto de mi vida profesional. Aún lo releo, es decir, vuelvo a leer en relación a quien soy ahora y no era entonces. Al igual que otrora, el maestro francés sigue iluminando el camino cuando las perplejidades lo oscurecen. Ese mismo año, en un recreo, esperando en la cantina del IPEF un café, le consulto a mi profesora de Psicología Evolutiva, la Licenciada Liliana de Jugo, acerca de cómo profundizar los estudios de las bases neurológicas del movimiento humano y sus conexiones con las funciones cognitivas. Liliana, a quien tanto agradezco, me sugiere leer las obras de Alexander Luria. Ese mismo año adquirí algunas publicaciones del prestigioso investigador y autor ruso, siempre en formato libro. Fue la oportunidad para leer por primera vez el nombre del hombre que, desde entonces, me ha acompañado en toda la vida profesional, tan grande ha sido y sigue siendo, la admiración y fascinación personal por su trabajo. Todos deben sospechar que se trata, claro está, de Nikolai Bernstein.

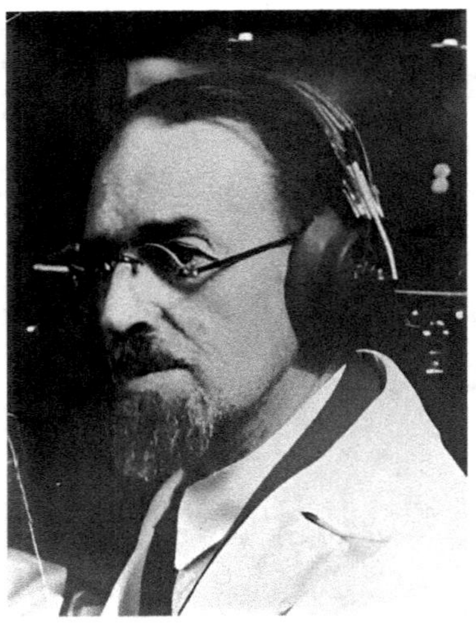
Figura Nro.5: Nikolai Bernstein

Al año siguiente, y cursando el tercer año de la carrera, dos materias resultaron cruciales. Operaron en mí tal como el golpe de viento en el paracaidista que, al momento de saltar, lo lleva a caer en otro lugar, completamente distinto al previsto inicialmente, que ya ni recuerdo cual fue o si alguna vez lo hubo. Por un lado, las clases de Teoría de la Educación Física con Antonio García. Fue mi profesor, luego director, más adelante ayudante de cátedra y finalmente mi alumno por su dolencia. Antonio nos habló por primera vez de lo que no se ve, los procesos de anticipación, es decir, no otra cosa que lo que conocemos como Motricidad Humana. Invitaba a considerar la posibilidad de construir una Educación Física no sólo para transpirar sino, también, para pensar. En las aulas hablábamos de ello, y en el patio, siempre en movimiento -bastante exigente, por cierto-, trabajábamos distintas funciones cognitivas: memoria, tareas lingüísticas, matemáticas, resoluciones geométricas, cronopsia (estimaciones temporales) y otras similares. Personalmente, estaba fascinado.

El mismo año, las clases de vóleibol con el Profesor Eduardo Fernández, quien luego también fue mi director, aportaron vivencias similares. Nuevamente, experiencias de carácter Cognitivo-Motor, sobre todo en el campo del mini-voley. Eduardo nos hablaba de Carmelo Pittera. Y aplicaba sus conceptos e ideas: por ejemplo, recuerdo una consigna consistente en, al recibir el balón, enunciar el orden en que la habían tocado los adversarios del frente. Incluía, también, tareas semánticas y matemáticas sin descuidar las situaciones contextuales propias del deporte y el objetivo final de ganar el punto.

Otro episodio que evoco con claridad de ese mismo año, en la materia "Rugby" a cargo de mi profesor y amigo Raúl Alberti, fue el examen final, implementado de manera absolutamente nueva y creativa: Raúl nos armaba un circuito de destrezas y exigencias físicas específicas del deporte y, entre ellas, volvíamos al "centro", donde él nos formulaba preguntas sobre técnica, táctica, metodología y reglamento. Agitados, transpirados y casi sin poder hablar, debíamos responder sus agudas formulaciones situacionales y reglamentarias, siempre verbalmente. Quizás mis compañeros pensaban acerca de lo "loco" que estaba mi profesor. Lejos de ello, procuré "leer entre líneas" y vislumbrar su acierto. Mi agradecimiento a Raúl es tan grande como a Antonio, Eduardo y Liliana. Por mi parte, intentaba conectar los aprendizajes capitalizados a partir de los aportes de los cuatro profesores y relacionarlos, a su vez, con las lecturas de Luria, Le Boulch y otros autores, entre ellos, Bryant Cratty, con su libro "Motricidad y Psiquismo" (1979).

Con respecto a la formación en Fisiología del Ejercicio, en segundo y tercer año de la carrera, apenas llegamos a ver motoneurona. De ahí, para arriba, nada. Entendí que esa ausencia decía mucho. Y procuré, como estudiante, paliar ese vacío con lecturas personales, por encima de cualquier exigencia de cátedra, que siempre me parecieron mínimas y exiguas.

A partir de allí, egresado en 1987, Hice mis primeras armas en la profesión trabajando en escuela primaria, secundaria y como preparador físico en deportes que nunca hubiera imaginado: fútbol y rugby. En 1989 surge la posibilidad de sumarme como profesor a la misma institución que me formó. Empecé dictando, y aún sigo haciéndolo, Gimnasia y Gimnasia Artística, llamada Gimnasia Deportiva por aquel entonces. Sin embargo, en 1998, gracias al sistema de asignaturas optativas, inauguramos la materia "Psicomotricidad Aplicada" la cual tuve el privilegio de dictar hasta el 2002. Allí comenzó la aventura de profundizar en los correlatos neurales del acto motriz para, a partir de allí, diseñar estrategias de intervención coherentes con nuestra profesión y aplicables a nuestros contextos específicos.

No obstante, ya por 1988, y como preparador físico de las divisiones juveniles de mi querido Club Atlético Belgrano, empecé implementando ejercicios juzgados, por entonces, como "raros" o "nuevos". Sin embargo, la respuesta de los jugadores era muy buena quizás, simplemente, por el hecho de salir de la rutina. Las actividades principales estaban compuestas por tareas de velocidad de reacción en las cuales, de acuerdo al contenido del estímulo, principalmente números, las respuestas debían ser puntuales y específicas, tales como iniciar una carrera con el miembro inferior izquierdo o derecho según el carácter impar o par de la cifra. Los ejercicios crecían en complejidad conforme anexábamos dígitos, con giros, tareas concretas por hemicuerpo y acciones similares. Otras actividades que me animaba a impartir, por aquellos años, involucraban la imaginería y el entrenamiento de la visión periférica como, así también, la memoria en sus distintas expresiones, siempre con jugadores de fútbol y rugby. Con los alumnos de la escuela primaria y secundaria, como simple y austero Profesor de Educación Física, pude constatar que las repercusiones eran igual de favorables. Intuía, por entonces, un futuro promisorio en relación a este tipo de prácticas.

Figura Nro.6: Primeras experiencias con el plantel local del Club Atlético Belgrano

En 1990, saliendo de un entrenamiento en Barrio Alberdi, caminábamos hacia el centro de la ciudad por la calle Santa Rosa junto a mi amigo el Doctor Pascual Villiarolo, médico del Club Atlético Belgrano. Sorpresivamente me desvía hacia la Facultad de Medicina, ingresando al despacho del Doctor Jorge Lacuara, por entonces jefe de la Cátedra de Fisiología Humana de la Escuela de Ciencias Médicas de la Universidad Nacional de Córdoba. Luego de la amable presentación de rigor, Pascual le comenta a Jorge los trabajos de carácter Cognitivo-Motor que veníamos realizando ya hacía dos o tres años. Jorge atiende con genuino interés y respetuosa cortesía. Luego de escucharnos, despliega un mapa de la corteza cerebral con el detalle de las áreas de Brodmann. Comienza señalar los posibles correlatos corticales de las tareas que le describíamos. Con Pascual estábamos atónitos, y costaba controlar el creciente entusiasmo. Fue un recorrido científico por el sustrato neurológico de lo que estábamos, sin sospechar, entrenando con los jugadores de Belgrano. Sospechaba por entonces, humildemente, acerca de posibles conexiones córtico-corticales y no sólo córtico-espinales. Al finalizar la reunión, abre su vitrina y me obsequia el libro de Luria, quizás más importante, "Las Funciones Corticales Superiores del Hombre". Luego nos dijo: "sigan así, que por acá va la cosa". Hacía 4 años que ya venía estudiando a Luria, y gracias a ello, la familiaridad con aquellos hombres y nombres que sellaron mi destino académico: Bernstein, Ramón y Cajal, Sherrington, Eccles, Anokhin, Vygotsky, Lashley, Hughlings Jackson, Rubinstein y tantos otros.

Por otro lado, durante toda la década del 90 me desempeñé como preparador físico en Gimnasia Rítmica y Gimnasia Aeróbica Deportiva, aprovechando la oportunidad para aplicar los estudios de fisiología neuromuscular del sistema nervioso periférico al entrenamiento de la flexibilidad, concentrando esos aportes en un libro llamado "Flexibilidad: Teoría, Técnica y Metodología" (Di Santo, 1997). Transcurrió así la década del 90, hasta 1998, que pudimos inaugurar la cátedra optativa "Psicomotricidad Aplicada". Ella sirvió como pretexto para sistematizar lo hecho hasta el momento y avanzar hacia nuevos objetivos.

A la par que continuaba mis estudios sobre los correlatos y dimensiones neurológicas del movimiento humano, desde la entera autodidaxia, dos acontecimientos resultaron gravitantes. Por un lado, la lectura de la TSD o Teoría de los Sistemas Dinámicos y, por el otro, el comenzar la carrera de Filosofía en la Universidad Nacional de Córdoba. Las lecturas de la Teoría de la Complejidad llegaron un

Figura Nro.7: Viejo IPEF donde dictamos "Psicomotricidad Aplicada"

poco después, pero no faltaron a la cita epistémica. Tales confluencias permitieron la emergencia o surgimiento de nuevos modos de interpretación e intervención de y sobre los fenómenos que nos convocan. Debo reconocer el gran aporte de las Teorías de la Complejidad. Ellas nos plantean, entre otros, un problema de extrema importancia para el tema que nos reúne, que no es otro que el de la relación entre el objeto de estudio y las disciplinas: ninguno (objeto) es propiedad privada de una sola (disciplina). Ni el sistema nervioso puede o debe ser abordado por una sola profesión ni, mucho menos aún, el movimiento humano. Lo cual lleva, inexorablemente, a la interdisciplina.

Aspirando a dialogar con las otras formulaciones, las neurociencias aportan su aproximación. No puedo olvidar cuando un psicólogo del medio local mandó a decirme, no sin falta de malicia, que entre la Educación Física y el cerebro humano no había relación posible: dicho órgano era propiedad exclusiva de su profesión y el músculo, solamente y para sentirnos satisfechos, de la nuestra. Es exactamente lo que la Teoría de la Complejidad nos enseña a evitar: el empobrecimiento como consecuencia de una autodeterminada exclusividad y la indiscutible apropiación e identidad con un objeto de estudio. En rigor, todos podemos estudiar lo que se nos antoje. Lo que define las profesiones es el modo de intervención sobre eso mismo que estudiamos. Por ejemplo, las fascias no son propiedad privada de los fisioterapeutas. Nosotros también las estudiamos desde la Educación Física. Lo que nos distingue es el modo de intervenir sobre ellas. El que un objeto de estudio, cualquiera sea su identidad, pueda ser atravesado por numerosas disciplinas, áreas del conocimiento y métodos de investigación sólo puede dañar el ego de mediocres profesionales, pero favorece a toda la comunidad. Los aportes multi, inter y transdisciplinarios no sólo son fascinantes, sino absolutamente necesarios.

Otro acontecimiento epistemológico importante en toda esta construcción fue la lectura de aquellos autores que, entre los 80 y 90 procuraron integrar la Teoría de los Sistemas Dinámicos con los conocimientos emergentes de Control Motor. El estudio de profesores como Scott Kelso, Karl Newell, Michael Turvey, Gregor Schöner, Wolfgang Schöllhorn, Esther Thelen y otros fue, y sigue siendo, una experiencia relevante. Estudiar el maridaje producido por aquellos años entre las bases neurofisiológicas del movimiento humano, el Control Motor, y la Teoría de los Sistemas Dinámicos y Complejos realmente ha resultado enriquecedor. Por nuestros días gozamos los frutos de dicha relación en los trabajos de varios eminentes profesionales de nuestro campo, como el holandés Frans Bosch o las profesoras íberas Carlota Torrents y Natalia Balagué, por citar sólo algunos. Ninguna de esas lecturas ha sido abandonada, aunque, debo confesarlo, en los últimos dos años, mi devoción por la vida y obra de Nikolai Bernstein ha conquistado la mayoría de las horas de atento estudio, vigilia y escritorio.

Antes de emprender la necesaria revisión de definiciones y conceptos asociados, a los efectos de aproximarnos a las precisiones epistemológicas que esta obra acredita, quiero cerrar este apartado compartiendo algo de la experiencia de los últimos años. En 2013, y hasta 2022, pudimos retomar el desarrollo de estos temas a través de una materia optativa llamada "Neurociencias y Motricidad Humana" en la Facultad de Educación Física de la Universidad Provincial de Córdoba. En los años de dictado la producción metodológica y práctica fue abrumadora, y la calidad de mi equipo de trabajo, de las mejores. Por ello entre 2015 y 2018 construimos juntos una propuesta llama "Eucinesis", una suerte de laboratorio para la puesta en práctica de las modalidades que estudiábamos en clase. La experiencia fue original y prolífica. Nos visitaron decenas de equipos deportivos, y hasta los mismos Carmelo Pittera, Javier Capitaine y "Coco" Bariles, compartiendo sus saberes, tareas y preocupaciones específicas. Los trabajos trascendieron y ello acercó a muchos otros interesados, pudiendo conocer y formar lazos de amistad con Mario Mouche, Mariano Canegallo, Quique Edelstein, Marcial Pérez y tantos otros profesionales que pensamos en modelos diferentes a los que la tradición, en nuestro país, ya había instalado por tanto tiempo y que pocos osaban cuestionar. Gran parte de esas producciones serán compartidas en este trabajo.

Figura Nro.8: Equipo de trabajo en Eucinesis

Figura Nro.9: Trabajo con equipos en Eucinesis

Figura Nro.10: Algunas exploraciones motrices en Eucinesis

Figura Nro.11: Equipos invitados a Eucinesis

Figura Nro.12: Equipos invitados a clases de ECM

Figura Nro.13: Profesores invitados a Eucinesis

Otro episodio interesante de la década pasada, que considero necesario remarcar, fue el de haber preparado y dictado, para la diplomatura del Club Barcelona, la asignatura "Neurociencias y Motricidad Humana". Pude recibir innumerables consultas y aportes de real valía. Uno de esos estudiantes se convirtió, a la postre, en el encargado del **ECM** del equipo franquicia de la NBA, Utah Jazz. Actualmente entrena al basquetbolista Rudy Gobert. Se trata del profesor brasileño Fernando Nandes, reportando los enormes progresos de sus dirigidos y, en particular, los del citado astro de la selección de Francia. Tal como él, muchos otros me han acercado sus devoluciones y aplicaciones en distintos deportes, desde diversas partes del mundo. En todos los casos, los reportes son altamente favorables y, por supuesto, las críticas respetuosas, lo cual nos ayuda y agradecemos profundamente.

Figura Nro.14: Congreso en Barcelona en 2018

Figura Nro.15: Fernando Nandes y Rudy Gobert

Necesidad de aproximaciones

Ante el creciente auge de las neurociencias en los últimos años, y quizás un poco de confusión conceptual, surge la necesidad de buscar precisiones y discutir algunos constructos y sus aplicaciones. Es imprescindible aclarar, en primer lugar, de qué hablamos cuando nos referimos a neurociencias, neurobiología, neuroanatomía, neurofisiología y Motricidad Humana. La voluntad de compartir lo que, entiendo, es su campo, sus objetivos y sus posibilidades concretas de intervención en la Educación Física y el entrenamiento deportivo aspira a aportar algo de claridad cuando, en el momento que una propuesta cobra relieve y hasta adquiere el status de "moda", todo parece (y más que nunca) mezclarse y trastocarse.

Lo primero que quiero rescatar son dos dimensiones que aparecen en el horizonte y, a mi entender, no están claramente definidas. La primera, de estudio e investigación, se trata de una orientación epistémica concreta, con inquietudes, fuentes y métodos de indagación específicos y por todos conocidos. Es aquella con arreglo a la cual los científicos, en definitiva, construyen saberes. La segunda ya no es tan nítida, y es la que, fatal y erróneamente, concibe a las neurociencias como "sistema de entrenamiento", con rasgos y características que generan dudas, confusiones y críticas feroces. De allí que necesitemos avanzar hacia mayores precisiones y discutir sus modos de intervención.

En el primer caso, como dimensión epistémica, me atrevo a afirmar que se trata de una manera de considerar los problemas tratados por las líneas clásicas de estudio e investigación en Aprendizaje Motor, Control Motor y entrenamiento a la luz del aporte de las neurociencias. Lo cual implica indagar acerca del estado actual de conocimiento sobre la relación entre el movimiento humano y su regulación neural, procurando gestionar consecuencias metodológicas precisas que mejoren la performance de nuestros sujetos, sean o no deportistas. Es decir, como dimensión epistémica no se agota en lo descriptivo, también intenta vincularse con el campo prescriptivo. Sus aportes y aplicaciones ya han enriquecido (y pueden seguir haciéndolo) campos muy concretos como la Motricidad Humana, la fisioterapia, la kinesiología, el entrenamiento y la Educación Física.

Ahora bien, como sistema de entrenamiento en el deporte, todo es confuso y polémico. En realidad, hasta irrita que cualquier ejercicio poco habitual sea considerado como "estar *haciendo* neurociencias desde el club o patio de la escuela". Como podemos apreciar, el panorama ya no es tan claro ni concreto para la mayoría de los profesores y entrenadores. De ahí la necesidad de trabajar sobre algunas precisiones conceptuales.

Precisiones conceptuales

Al hablar de neurociencias referimos, como es claro para todos, a un conjunto de disciplinas que estudian al sistema nervioso y sus funciones, en condiciones normales o con alteraciones de por medio. Son múltiples y variadas. No todas, por cierto, se caracterizan por su sesgo biológico. A la sazón, la mayoría de los libros que he leído sobre el sistema nervioso han sido escritos, verbigracia, por físicos, matemáticos, químicos, ingenieros y otros tantos. Probablemente, en menor cantidad, redactados por biólogos y fisiólogos. Y no está para nada mal que así sea. Ahora bien, la neurobiología, por su parte, estudia al sistema nervioso con mirada y, sobre todo, metodología y procedimientos propios de las ciencias biológicas. Son numerosas las subdisciplinas que la configuran como, por ejemplo, neuroanatomía, neurofisiología, neurofarmacología y tantas otras. La que más nos interesa en este libro y colección, y luego comprenderemos mejor porqué, es la neurobiología cognitiva.

Ella estudia los procesos biológicos que subyacen a la cognición, es decir, los sustratos neurales de las funciones mentales superiores. No sólo trata los correlatos neurales de los procesos cognitivos sino, y principalmente, aspectos relevantes de sus funciones e interacciones, desde un enfoque plenamente intersistémico. Su nombre ha venido evolucionando con el correr de los años: psicología fisiológica, biopsicología, psicofisiología o psicobiología y, también, neurociencia y neurobiología cognitiva. Esta última, entonces, se sumerge en aquellas funciones mentales superiores ligadas a los procesos de aprendizaje, cognición y pensamiento. Incluye y profundiza todos los posibles subprocesos constitutivos: sensación, percepción, representación, lenguaje, observación, atención, memoria, lógica, toma de decisiones y demás funciones. Con aplicaciones no sólo en sujetos normales, sino también en casos de trastornos de aprendizaje y otros problemas cognitivos, dentro de la enseñanza escolar formal y, por supuesto, los ámbitos terapéuticos. En el entrenamiento deportivo su consideración, si bien atrasada, crece paulatinamente.

Por lo tanto, vayamos de una vez con las precisiones que nos convocan más nos interesan. La neurobiología en general provee un marco teórico que permite fundamentar toda la Motricidad Humana. Se trata de una escala de análisis que, como otras, contribuye a interpretar el comportamiento motor desde una mirada alternativa y diferente. Junto con otras, a saber, psicológica, sociológica, filosófica, metabólica, subcelular, bioenergética, neuromuscular, miofascial, cardiovascular, biomecánica y demás, provee sus aportes específicos, sin aspiraciones a prevalecer sino a compartir, dialogar e integrar. De todas se pueden inferir, desprender y aplicar, interesantes consecuencias prácticas. No dejar de lado ninguna enriquece nuestra actividad, haciéndola más atractiva y beneficiando a los destinatarios de nuestras intervenciones. La neurobiología cognitiva, a su vez, nos ayuda con algo más. Nos provee un marco inmejorable para fundamentar el **ECM** el cual, a su vez, contribuye a promover nuevas prácticas motrices que solicitan, a la par e intencionalmente, funciones cognitivas superiores.

Por lo tanto, y aclarándolo de una vez por todas, sólo los neurocientíficos "hacen" neurociencias: desde sus laboratorios, con sus experimentos, trabajando en universidades y alimentando el corpus de saberes ad-hoc con sus publicaciones. No hacemos neurociencias desde el club o la clase de Educación Física en la escuela. Nadie puede "hacer" neurociencias desde la Educación Física o el entrenamiento deportivo, pero sí fundamentar desde ellas, ya que no son otra cosa que, precisamente, y tal como otras disciplinas, una escala de análisis, un marco de fundamentación y, por cierto, muy valioso. Como todo nuevo marco es, claramente, una ventana de oportunidades.

Lo que habitualmente se confunde con estar "haciendo" neurociencias desde el entrenamiento o la Educación Física, es, en el fondo, otra cosa. Seguramente usted, estimado lector, haya escuchado decenas de relatos o visto vídeos que refieren a clubes o colegios de los que se dice que están, innovadoramente, "haciendo neurociencias". Para apoyar esa afirmación respaldan con imágenes de jugadores o alumnos realizando ejercicios para, por ejemplo, entrenar visión central, periférica, memoria, inteligencia visuoespacial, toma de decisiones, cronopsia, y otras funciones cognitivas, con o sin movimiento de por medio. Es decir, las prácticas de **ECM**, o solamente cognitivo, suelen confundirse y ser descriptas como "hacer neurociencias".

Reitero entonces, y enfáticamente, que ellas, las neurociencias, no son otra cosa que un marco de fundamentación, una escala de análisis y también, si quiere considerarlo así, una narrativa acerca del fenómeno que tenemos delante. Hasta el mismo **ECM** puede fundamentarse desde otras disciplinas, no sólo desde la neurobiología cognitiva, como ha sido la opción elegida, ya hace años, por nuestro equipo de trabajo. Espero haber aportado lo suficiente, entonces, para que la confusión no se prolongue y acentúe, ya que no contribuye a comprender de que se trata el asunto que nos convoca y perjudica la evolución de estas propuestas.

Figura Nro.16: No confundir "hacer neurociencias" con "Entrenamiento Cognitivo-Motor"

Toda la neurobiología puede, y de hecho lo hace, aportar fundamentos y herramientas que permiten una aproximación mayor al conocimiento del movimiento humano. Se trata de una fuerte tradición, sobre todo en el hemisferio norte, más conocida como "Control Motor" aunque, como veremos más adelante, el mismo no se restringe a la neurobiología como único marco de fundamentación o respaldo teórico. Más adelante compartiremos cómo Mark Latash (2022) define el Control Motor, anexando el valor insoslayable del contexto. La precisión de los ajustes neuromusculares en la regulación de los movimientos humanos no podría, bajo respecto alguno, dejar de lado el valor del contexto, que de manera tan brillante incorpora Anatol Feldman (1962) en su famosa hipótesis del "Punto de Equilibrio".

Algunos, incluso, entienden que es más preciso hablar de "Integración Sensoriomotora", aunque el Control Motor nunca dejó de lado los procesos aferenciales y su vinculación compleja con los procesos eferentes y, siendo esto lo diferencial, el contexto. Sin embargo, para la relación entre estados (conjunto de propiedades de un sistema en un momento determinado) y procesos (cambios en dichas facultades) motores y los cognitivos el margen se ajusta, y es precisamente la neurobiología cognitiva la disciplina que, según nuestro humilde entender, más nos ayuda. La neurobiología ha hecho ya, y de seguro lo seguirá haciendo, grandes aportes a la comprensión del movimiento humano. Por citar sólo algunos:

- **Fuerza:** mecanismos eferentes centrales, propiedades de las unidades motoras, motoneuronas, PAP, regímenes de acción, fatiga y tantos otros.
- **Flexibilidad:** actividad refleja, mecanismos inhibitorios y excitatorios, tono muscular, respuestas y adaptaciones, tanto espinales como corticales a los estiramientos.
- **Coordinación:** resistencia y fatiga, control sensorio-motriz y postural, velocidad, rapidez, agilidad, velocidad de reacción, equilibrio (más adelante, en un capítulo especial, discutiremos la noción de "coordinación").
- **Maduración:** mielinización central y periférica, desarrollo motor, etapas evolutivas, respuestas a las distintas edades.

Sobre todo, la neurobiología ha permitido considerar al entrenamiento de la fuerza desde una perspectiva diferente. El holandés Frans Bosch, por ejemplo, basado en estos fundamentos, propone un MCBRT (Motor Control Based Resistance Training) o Entrenamiento de la Fuerza Basado en el Control Motor. Incluso, va más allá y anexa un RBRT (Reflex Based Resistance Training), Entrenamiento de la Fuerza Basado en la Actividad Refleja, aún más interesante. De más está acotar que estoy sensiblemente de acuerdo con estas propuestas. En su momento lo hice con el entrenamiento de la flexibilidad y la ADM. En definitiva, observamos una progresiva consideración de la fundamentación neurofisiológica en las ciencias del deporte.

La neurobiología va conquistando progresivamente distintos campos específicos del entrenamiento, convirtiéndose en una escala de análisis tan importante como las otras desde las cuales puede fundamentarse. Ya desde comienzos del siglo XXI, y de manera gradual y bastante espaciada, fueron surgiendo textos relativos a la relación entre neurociencias y deporte, luego los de neurociencias y actividad física para, finalmente asomar, tímidamente, los de neurociencias y Educación Física, comenzando con el de la profesora española Irene Pellicer Royo (2015). Esperemos que, en un plazo no muy lejano, podamos gozar de un mayor número de producciones sin aspiraciones a erigirse como narrativas únicas o dominantes en lo que respecta a la fundamentación de los fenómenos que nos convocan.

Educación Física y su apertura a las Neurociencias

¿Podemos hablar, entonces, de neurociencias aplicadas a la Educación Física? ¿Qué posibles réditos podría obtener la Educación Física con la inclusión de las neurociencias como marco de fundamentación alternativo y complementario? No caben dudas que las dimensiones del entrenamiento deportivo y castrense, la Motricidad Humana y la rehabilitación ya han sido altamente beneficiadas por esta incorporación. Quizás no sea el más autorizado para hablar de estas ventajas debido a mi natural, obvia y predecible impronta subjetiva a favor de las neurociencias. Probablemente sea con los escépticos (que nunca faltan y son muchos) con quienes más tengamos que dialogar, escuchar sus fundamentos y respetarlos. Sin embargo, entiendo que nunca debemos aspirar a sostener un marco de fundamentación exclusivo y dominante.

Lejos de ello, nos favorece que haya otras escalas de análisis, otros marcos teóricos alternativos que aporten saberes que no aspiren a aislarse sino a dialogar con otros modos de fundamentar nuestras prácticas. El gran rédito es, precisamente, una mentalidad inclusiva y democrática que incorpore distintas cosmovisiones y modos de interpretar el mismo fenómeno. No multiplicar los objetos de estudio, ni siquiera identificarlos o definirlos, sino los modos de estudiar la actividad que nos convoca y apasiona: la Educación Física. Conforme haya pluralidad de enfoques, miradas y perspectivas, de lenguajes inclusive, todos salimos beneficiados. Con Carmelo Pittera tenemos un anhelo compartido y es el de una Educación Física basada, principal, pero no únicamente, en el modelo Cognitivo-Motor. Carmelo aspira a una Educación Cognitivo-Motora. Nada puedo agregar, mucho menos objetar. Es nuestro maestro y continua inspiración.

Figura Nro.17: Nuestra profunda gratitud a Carmelo Pittera

Figura Nro.18: Junto a Carmelo Pittera, Emilio Masabeu, Quique Edelstein y Alejandro Ruiz Díaz, a la salida del CENARD, luego de una jornada de capacitación y debate.

No obstante, tal como Paul Dorochenko señala, el acento debe seguir puesto en la Motricidad Humana. El componente motor no puede dejar de ser epicéntrico en todas las propuestas. Según Paul, ni la neurobiología, ni la neurofisiología ni, tampoco, el énfasis cognitivo debe estar por encima de la atención puesta en la dimensión motriz. Comparto la misma idea: trabajamos y desarrollamos nuestro trabajo desde las prácticas motrices, siendo todo lo demás una predicación enriquecedora de las mismas. La idea de fondo es volver a sustantivar la Motricidad Humana, poner ahí nuestro acento y esfuerzo. Todo lo demás es complementario, predicativo: lúdica, deportiva e, incluso, cognitiva. Cuando refiero a "Cognitivo-Motor" los dos vocablos son sustantivos y el orden se justifica simplemente por cuestiones fonéticas. Es imprescindible aclarar y reforzar esta idea. La dimensión motriz no es ni debe ser un predicado, es decir, un accidente ocasional y contingente de lo que proponemos y hacemos. Creo que nuestra Educación Física en Argentina debe recuperar la memoria, repatriar la Motricidad Humana y devolverle el status, casi olvidado, de sustantivo. Ya llevamos demasiados años relegándola a conformarse con ser una mera adjetivación o predicación de todo tipo de actividades, sobre todo las lúdicas y expresivas, con su avasallante predominio en las mallas curriculares de la carrera de Educación Física de nuestro país.

Acto motor, motricidad y movimiento

La historia del interés de neurobiología por el acto motor es larga y prolífica. No obstante, reciente para la neurobiología cognitiva. Personalmente entiendo al acto motor como un compuesto básico: motricidad y movimiento son sus ingredientes elementales y constitutivos. El movimiento es la expresión final del acto motor, lo que se ve, en definitiva, como cambio de posición de los cuerpos en el espacio y su sucesión en el tiempo. Lo estudia la mecánica en general y la biomecánica en particular.

Esta última analiza el movimiento en los sistemas animados, entre ellos el humano, y tiene una larga tradición, no sólo en nuestro país, sino también en el mundo, con sus laboratorios y sofisticados instrumentos de medición. Incluso sin movimiento, como producto final de las descargas descendentes, ya sea órdenes o predicciones, como es el caso de las acciones isométricas. La Motricidad Humana, por otro lado, estudia lo que no se ve, lo que sucede antes del movimiento. Del acto motor como compositum, la neurobiología cognitiva se interesa por, precisamente, los fenómenos que configuran la motricidad: los procesos anticipatorios, lo que precede y no vemos. Lo que no podemos observar y, de suyo, se hace difícil medir.

Desde ya movimiento y motricidad no son necesariamente incluyentes. Puede haber uno sin el otro. El movimiento asistido o pasivo, no resistido por el sujeto, es un claro ejemplo de cambio de posición de partes en el espacio sin procesos anticipatorios de por medio y, francamente, poco atraen mi atención. También puede haber, y de hecho predominan, procesos anticipatorios sin movimiento final, debido a complejos procesos inhibitorios que lo evitan. Es más, a lo largo de nuestra vida nos la pasamos, predominantemente, evitando el componente de movimiento propiamente dicho en el acto motor. Sin dudas, la inhibición motriz, base y condición de posibilidad para la vida social, es uno de los temas más apasionantes en el estudio de la Motricidad Humana. En el quinto tomo de esta colección es mucho lo que vamos a desarrollar a propósito de este apasionante asunto.

No voy a discutir cuál de las dos disciplinas es más relevante para nuestro quehacer, si la biomecánica o la Motricidad Humana. Cada cual tendrá sus argumentos para inclinarse a favor de una u otra. Lo que creo, sencillamente, es que la tradición de la biomecánica aventaja con creces a la de la motricidad (sobre todo en nuestro país) y, muy posiblemente, porque sus formulaciones son accesibles, casi todas o, más bien, su totalidad, a la posibilidad de ser medidas. No así lo que no vemos, precediendo al movimiento. En definitiva, es el rasgo que caracteriza a los sistemas orgánicos cargados de intención. Los objetos inanimados, carentes de intención, son predecibles, hasta con milimétrica precisión matemática. Por eso podemos saber, a ciencia cierta, el momento exacto en el que ocurrirá, por ejemplo, un eclipse. Pero nada de esto funciona en el ser humano, mucho menos con sus procesos anticipatorios.

La Motricidad Humana no es fácil de medir, y no por ello me atrevería a afirmar que no existe, como algunos representantes de la filiación obsesiva al arte de la medición, radicalmente, sostienen. Su impredecibilidad la hace fascinante, y no puedo, aún, salir de su encantamiento. De allí mi respetuoso disenso con las exageradas, y hasta absurdas, objeciones relativas la falta de mediciones para lo que, sencillamente, no puede ser medido, al menos por el momento. No por ello, entonces, la Motricidad Humana debe ser proscripta del interés científico. En algún libro he leído esta frase de Leonardo Da Vinci: "…a las cosas de la mente no las podemos observar, es insensato procurar medirlas…".

Casi no hay proceso cognitivo o función mental superior que no se vea afectada, en mayor o menor medida, por el acto motor humano. De allí tanta dificultad para la evolución cognitiva ante la restricción o empobrecimiento de la dimensión motriz de cualquier ser humano. El acto motor, como totalidad integrada por motricidad y movimiento, siempre involucra procesos cognitivos durante su anticipación, planificación y despliegue. Personalmente entiendo a la motricidad, en tanto componente del acto motor, como un proceso cognitivo en sí mismo. Las simples reacciones reflejas, en caso que las hubiere, involucran procesos cognitivos de una jerarquía que, a falta de mejor denominación, podríamos llamar inferiores. Interpreto que, aún en una reacción refleja simple, hay un proceso cognitivo de por medio, tal como más adelante discutiremos. Pero no el anexo intencional de una función cognitiva jerárquicamente mayor. El **ECM**, y he aquí lo importante, involucra deliberadamente otros procesos mentales superiores como parte del acto motor. Por consiguiente, las tareas motoras que le son representativas se caracterizan por solicitar -y hasta exigir- diversas funciones cognitivas superiores mientras el sujeto, sencillamente, se mueve. Todo acto motor, en tanto integración de motricidad y movimiento, por sencillo que sea, es un proceso cognitivo en sí mismo. Por eso, también, "estudiamos" al tratar de mejorar una performance motriz, practicando horas y horas con, por ejemplo, una pelota de voleibol o los arzones del caballete. La danza clásica tiene incorporada la noción de "estudiar" en relación al movimiento, hasta el punto de haberla naturalizado. Y ha hecho bien: no solo estudiamos quietos, sentados, con nuestra faz sumergida en los libros. También lo hacemos en movimiento.

A propósito de esto último, y como agregado final de este apartado, invito a recordar que, en la historia de la filosofía no son pocos los que, precisamente, pensaban en movimiento, aún mucho antes que los peripatéticos de la escuela de Aristóteles. Más adelante, en el siglo XIX, Friedrich Nietzsche, en el poema 52 de "La Gaya Ciencia", nos abre los ojos hasta la rotura: "No escribo sólo con la mano: / El pie quiere estar siempre con el escritor. / Firme, libre y valiente corre conmigo / Ora por el campo, ora por el papel". En "Ecce Homo" nos alentaba de la siguiente manera: "Estar sentado el menos tiempo posible; no prestar fe a ningún pensamiento que no haya nacido al aire libre y pudiendo nosotros movernos con libertad, a ningún pensamiento en el cual no celebren una fiesta también los músculos. La carne sentada -dije esto ya una vez- es el verdadero pecado contra el Espíritu Santo".

Sin dudas, una patada didascálica y precisa, interglútea, a las concepciones educativas dualistas que restringen la dimensión motriz del ser humano y condenan a los niños -y a los ya no tanto- a interminables horas sentados, atentos a la supuesta y valiosa "pura" actividad intelectual, menospreciando los valores susceptibles de ser transmitidos por la Educación Física. Error que, por lo visto, pocas probabilidades tiene de corregirse al mediano plazo.

Figura Nro.19: Friedrich Nietzsche

Correlatos neurales del acto motor

Por correlatos neurales del acto motor entiendo el soporte anatómico y fisiológico que respalda y sostiene el proceso completo de concepción y despliegue del mismo. Responde a la pregunta acerca de dónde y cómo sucede, lo que acaece, en lo que respecta a las grandes funciones del sistema nervioso afectadas al acto motor humano. Nos interesa en particular el estudio del correlato neural del acto motor como proceso cognitivo en sí mismo y su relación con otras funciones implicadas. Los correlatos neurales del acto motor pueden considerarse en profundidad creciente, desde el SNP, el SNC, cerebro, corteza, hemisferios, lóbulos, surcos y circunvoluciones, aéreas corticales, asambleas y redes neurales y, por qué no, hasta neuronas individuales, detectando su actividad al tiempo que los fenómenos que nos convocan, sencillamente, suceden.

El conocimiento de los correlatos neurobiológicos del acto motor puede ser legítimamente objetado, ya que la observación de la conducta motora siempre ha sido la fuente más relevante para la creatividad metodológica. Sin embargo, su estudio provee valiosas fuentes para la renovación de nuestras propuestas didácticas. Entiendo que la integración de estas dos condiciones promueve la reflexión y contribuye a la concepción de nuevos modelos operativos, sobre todo en el dominio del **ECM**. Considero al estudio de los correlatos neurales como una de las claves de la evolución metodológica, ya que induce iniciativas acerca de cómo entrenar tales estructuras. Estudiados desde libros, publicaciones, revisiones, artículos y hasta vídeos, pueden resultar siendo muy útiles. Estas aproximaciones algunas veces despiertan, además, el interés por la ciencia en los estudiantes.

El estudio de la morfología y fisiología de órganos, aparatos y sistemas ha marcado, desde los orígenes del entrenamiento deportivo moderno, la creación de propuestas metodológicas. En este caso se trata del estudio de las funciones generales del sistema nervioso, particularmente las corticales superiores. La tradición simplemente priorizó otras estructuras, siendo muy marcada la inclinación hacia las musculares, circulatorias y endócrinas. No es novedad, entonces, que el estudio de las funciones siempre contribuyó a construir metodologías específicas.

Por su parte, Mark Latash entiende que lo que sirve es estudiar la función propiamente dicha, y no la mera detección e "iluminación" del sector activo a través de los distintos métodos propios del diagnóstico por imágenes. Por otro lado, el cerebro humano es interactivo, dinámico y "localizar" una función aislada de poco sirve. Coincido 100% con Mark Latash. La localización precisa de los correlatos neurales del acto motor vale en tanto y en cuanto ayude a construir soluciones efectivas para los problemas contextuales que nos convocan. Para ello, "aislar" nada suma, sino identificar y relacionar. Lo importante es subordinar la localización a la función, que siempre es interactiva y, sobre todo, soberana.

Por consiguiente, al describir los correlatos neurales del acto motriz, es decir, cuando los investigadores identifican la estructura atrás de la función, sabemos esta "iluminación" no responde las preguntas más profundas. Solamente permite conocer el "donde" y el "como", aunque es difícil el acceso al "porqué" y al "para qué". Al menos, las herramientas aportadas por la neurobiología, sin la ayuda de otras disciplinas, son insuficientes para responder estas inquietudes últimas. Más allá de eso, nos permite establecer un puente didáctico entre la anatomía, la fisiología y la metodología sin nunca, por supuesto, dejar de lado el contexto. El conocimiento de la estructura permite entender los procesos, lo cual facilita, como bucle de reingreso, la intelección que da sentido a la morfología. De allí, como paso siguiente, la identificación de las propiedades o capacidades entrenables para, finalmente, diseñar y proponer una metodología especial cuya aplicación no ofrezca dificultades, cualquiera sea el contexto o condición de los sujetos.

Las objeciones de la lógica sociocrítica

Otros, particularmente los representantes de la mirada sociocrítica en la Educación Física, puntualmente en mi país, la Argentina, opinan que no es necesario estudiar correlato biológico alguno. Ni para las intervenciones Cognitivo-Motoras ni para ninguna otra en el marco de las prácticas motrices propias de nuestra disciplina. Apelan a una extraña semejanza o símil, con el cual no acordamos. Se trata de los sistemas inorgánicos, como un automóvil. Aducen que se puede conducir cualquier vehículo sin conocer su mecánica, o manejar un celular o computadora sin tener ni la menor idea de sus correlatos estructurales. Por varias razones se trata, sin dudas, de un símil poco feliz.

En primer lugar, el ser humano no es comparable a un automóvil. Hacerlo supone confundir los sistemas complejos con los complicados. Los primeros son muy distintos a los segundos. Por ejemplo, un sistema complicado, por decir una bicicleta, sin una parte, ya sea la cadena o una rueda, no funciona, en el sentido de no poder cumplir su propósito. En cambio, un sistema complejo, como el caso de un ser humano, aún sin una parte, puede autoorganizarse para, incluso, funcionar mejor que antes. Otro argumento en contra de sus agudas críticas sostiene que, ya que insisten en los ejemplos de los coches, bicicletas, celulares y computadoras, aquellos que conocen su composición aprovechan al máximo sus funciones, distinto a algunos que las ignoramos. Un buen piloto de automovilismo conoce a fondo la mecánica de su nave, detecta ruidos y otros datos que los que no conocemos de estructura o ingeniería automotriz pasamos absolutamente por alto. Es por ello que puede, a partir de esa percepción diferencial, tomar mejores decisiones y aprovechar al máximo las ventajas de su dispositivo.

Tampoco es extraño que, por adherir a los estudios anatómicos y fisiológicos seamos calificados como reduccionistas. Es una de las críticas que mayormente sufrimos. No debemos confundir, entonces reducir con profundizar. Profundizar no es reducir y reducir no es profundizar. El reduccionismo es otra cosa. Reducir no solo es fraccionar y segmentar. Es, también, un problema del lenguaje. Si explico toda la Educación Física con constructos lingüísticos de la biología, la reduzco a ella. Si a ésta la explico sólo con conceptos de la química, la reduzco a la segunda. Y así podemos continuar ad-infinitum. Sin embargo, nada más distante como intención, al menos de mi parte, que emplear solamente términos de la biología, la anatomía y la fisiología. Tampoco, claro está, descartarlos. Abogo por una Educación Física que no aspire a apropiarse de un lenguaje exclusivo y excluyente, sino que incorpore constructos teóricos, prácticos y lingüísticos de múltiples disciplinas.

Profundizar en un área no implica, necesariamente, reducir o fragmentar al ser humano. Sugiero a los estudiantes de Educación Física no temer indagar, profundizar, investigar. Ello no implica, luego, segmentar al sujeto, desde la intervención didáctica y a través de las diversas prácticas motrices. Nuestros alumnos de las casas de formación en Educación Física necesitan, sobre todo, sumergirse con entusiasmo en el estudio de algo, cualquier cosa, lo que sea, pero estudiar de una vez por todas. Ya no hacer, solamente, turismo subjetivo y gimnasia de la opinión por absolutamente todos los temas que hoy componen este inmenso mar, de apenas un metro de profundidad, que es nuestra alicaída Educación Física. Estudiar en profundidad, por ejemplo, el área motora primaria o MP1, no implica, bajo respecto alguno, que sólo veo "eso" en el destinatario de mis intervenciones. Si es por el caso, mis grandes profesores, los humanistas de raza que tuve la suerte de tener como maestros, todos, sin excepción, emergieron de las ciencias biológicas y el entrenamiento deportivo.

Entrenamiento Cognitivo-Motor

¿Qué es, entonces, el Entrenamiento Cognitivo-Motor (**ECM**)? En octubre de 2018 fui invitado al Simposio Internacional de Entrenamiento del Club Atlético Barcelona, en la sala de Eventos y Congresos del Camp Nou. A la sazón, preparo una conferencia titulada "Neurobiología y Entrenamiento Cognitivo-Motor" en la que intento, desde una concepción enteramente personal, ensayar una posible, y hasta precaria, definición:

- Lo entiendo como una propuesta de intervención a través de tareas motoras cuyo objetivo específico es no sólo comprometer, sino también entrenar, funciones corticales cognitivas superiores a la par que el sujeto despliega acciones y prácticas que implican y, hasta exigen, un elevado e integral compromiso neuromuscular y metabólico.
- Un sistema de entrenamiento estructurado sobre la base de tareas motoras que solicitan, a la par, procesos cognitivos superiores.
- Su intervención procura, junto con una exigencia motora significativa, solicitar y entrenar funciones cognitivas jerárquicamente elevadas.

Se trata de un sistema de entrenamiento que apunta a potenciar las funciones cognitivas corticales superiores, desde el movimiento, y no sólo para mejorar la performance motriz, sino también para una satisfactoria resolución de las demás exigencias contextuales. Su target va más allá de las funciones corticales superiores, considerando, también, otros niveles neurales de organización de la Motricidad Humana, concretamente subcorticales y periféricos. No obstante, hace del desarrollo de las funciones cognitivas corticales superiores el target principal de su intervención didáctica. El mismo propósito guía sus esfuerzos por lograr una sistematización que garantice claridad a la hora de las aplicaciones prácticas.

Muchas veces he reflexionado acerca de un posible nombre integrador que involucre la neurobiología cognitiva, el entrenamiento cognitivo, el motor, la Teoría de los Sistemas Dinámicos y la Teoría de la Complejidad. Aún no lo encuentro. Por lo pronto, a lo que ya hace tanto tiempo hacemos prefiero llamarlo, sin mayores complejidades ni agregados, Entrenamiento Cognitivo-Motor o **ECM**. Aclarando que el vocablo "cognitivo", aquí precediendo a "motor", no le da prioridad conceptual o didáctica alguna. Tanto cognitivo como motor son parte del mismo sujeto: ninguna palabra predica a la otra. El acento siempre estará puesto en la Motricidad Humana.

Las neurociencias en general, y la neurobiología en particular, son el soporte biológico que permite fundamentar las prácticas con la seriedad que todos esperamos. De la misma manera que la fisiología cardiovascular provee su fundamento para el entrenamiento de la resistencia aeróbica, por sólo citar un ejemplo, las neurociencias aportan las bases biológicas que permiten trabajar con fundamentos sólidos y consistencia práctica nuestra propuesta de **ECM**. Ello permite elaborar ejercicios y tareas motoras con idea de fin, sin improvisar y conociendo los correlatos neurales puestos en acción. Nuevamente, no se trata del único marco de fundamentación posible, pero es el que más nos ha servido. Si bien es en la neurobiología que encontramos su principal, y nunca único, fundamento, opto por no agregar prefijo o sufijo alguno y, con austeridad, hablar sencillamente de Entrenamiento Cognitivo-Motor o **ECM**.

La neurobiología cognitiva no sólo provee el soporte y fundamento funcional a las tareas y prácticas propias del **ECM**. Permite, también, detectar las limitaciones y problemas individuales, facilitando el diseño de soluciones específicas. El objetivo de la profundización en el estudio e investigación del sistema nervioso es el de aportar lineamientos para perfilar metodologías más precisas, acordes a las edades evolutivas y rasgos de cada deporte en cuestión. La descripción en sí misma es útil, sobre todo si contribuye a adherir al estudio como forma de vida, promoviendo el entusiasmo por la lectura y la investigación. Mucho mejor, aún, si alimenta y mejora la intervención práctica.

Otras precisiones acerca del ECM

Se trata de una propuesta de intervención que no aspira a reemplazar a ningún componente del entrenamiento clásico. No le pedimos a nadie que abandone o reduzca el tiempo dedicado a la fuerza, la resistencia, la flexibilidad, el equilibrio o ninguna otra propiedad motora. Bien podría considerarse como un componente del entrenamiento "coadyuvante" o auxiliar, cuyo origen se remonta a las propuestas de Francisco Seirul-Lo Vargas. Aborda capacidades muy específicas. Clasificarlas como condicionales o coordinativas sería controversial. Se trata de propiedades que, ni la psicología deportiva ni el entrenamiento coordinativo (en caso que lo hubiere, como luego discutiremos) abordan y, entiendo, luego contribuyen a un mayor y mejor Aprendizaje Motor. Posiblemente, también, a un mayor Control Motor (aunque ya hay estudios que confirman esta sospecha). Se trata de esas capacidades que permiten, en definitiva, *resolver* mejor las diferentes situaciones contextuales vinculadas a las prácticas motrices.

Nuestra propuesta de **ECM** procura desarrollar, principalmente, 3 dimensiones relativas al procesamiento anticipatorio propio del acto motor. Ellas son las siguientes:

a. Sensación y percepción.
b. Procesos intermedios: representación, memoria, estructuración témporo-espacial, cronopsia y otras.
c. Lógica motriz, toma de decisiones y control inhibitorio.

Aclarando, de manera enfática, que no se trata de un entrenamiento sin actividades motrices de por medio, por ejemplo, con el sujeto quieto y resolviendo tareas mentales en vulgares aplicaciones de computación. Muy por el contrario, implica una continua participación motriz, muchas veces con altas exigencias físicas e importante fatiga neuromuscular y metabólica. Si lo prefiere, puede llamarlas tareas duales Cognitivo-Motoras (Cognitive-Motor Dual Task). Permanentemente otras capacidades motoras son solicitadas con intensidad considerable: fuerza, flexibilidad, resistencia, equilibrio, como así también los gestos técnicos específicos del deporte en cuestión y otras tareas que siempre implican importante costo energético.

La única diferencia con el modelo clásico de entrenamiento, es que *intencionalmente* involucramos y entrenamos funciones cognitivas corticales superiores a la par que los distintos procesos neuromusculares y metabólicos son activamente solicitados. Por ende, no se trata de, por ejemplo, pedalear lentamente en una bicicleta fija haciendo crucigramas (aunque no descartamos su valor), o sentados en una silla resolver una aplicación en la pantalla de una tableta o tenderse supino y emplear gafas con un software tan oneroso como, posiblemente, inútil. La dimensión motriz es, insisto, la que cobra mayor relieve: siempre el sujeto en movimiento resolviendo tareas cognitivas. De otro modo estaríamos hablando de entrenamiento cognitivo, pero no de Cognitivo-Motor o **ECM**.

Su implementación no requiere dispositivos onerosos, maquinaria sofisticada y económicamente inaccesible. Lo que solicita es, dicho sin tapujos, estudio, apertura y creatividad. Sus principales fuentes son, por un lado, la evidencia experimental publicada en los estudios actualizados de neurociencias aplicadas al movimiento humano, es decir, los correlatos neurales del acto motor. Por el otro, la observación de los comportamientos en el marco del mismo deporte. Sobre todo, y como fuente crucial, los errores o malas decisiones motrices. También, desde ya, las mismas experiencias subjetivas de los deportistas. Lo cual justifica siempre hablar con ellos acerca de sus impresiones y necesidades. Tampoco deja de lado las evaluaciones específicas que surgen del análisis del rendimiento, las valoraciones obtenidas en la sala o en el campo de juego, como así también los tests de laboratorio y/o consultorio (por ejemplo, campimetría visual, lateralidad y otras). Todas estas fuentes proveen información valiosa para la programación de nuestras intervenciones didácticas.

Figura Nro.20: Conocer del deporte y dialogar con el deportista

Sin embargo, lo que sorprende es, sobre todo a partir de la década del 2010, y mucho más aún luego de la pandemia de 2020, la abrumadora cantidad de evidencia experimental publicada en prestigiosos journals y revistas de divulgación científica, sin descartar revisiones y metaanálisis que nos facilitan la integración de tanto material. De allí lo extenso de la bibliografía compartida al final de este tomo, la cual incluye apasionantes trabajos sobre el efecto del **ECM** no sólo en adultos mayores sino, también, enfermedades degenerativas del sistema nervioso, deportistas de alto rendimiento y otros casos y aplicaciones.

Acerca de los nombres y otras posibles denominaciones

Respecto a la estimulación y entrenamiento simultáneo de propiedades motoras y cognitivas, varias denominaciones han sido propuestas a lo largo de los últimos años: perceptual-motor, visuo-motor, ideo-motor y otros tantos nombres afines. Todos los modelos prácticos compartidos integran el ejercicio físico y las tareas cognitivas y, si bien se conocen genéricamente como Entrenamiento Cognitivo-Motor o **ECM**, no está de más repasar otras conceptualizaciones. Lo interesante es que, como común denominador, todas parecen promover mayor activación cortical (Díaz-García, 2023; Staiano, 2023; Lee, 2024 y Béraud-Peigné, 2024). Más adelante, y de manera prolija y sistemática, profundizaremos respecto a estos recientes hallazgos.

Farrow (2023) propone el Entrenamiento Motor-Perceptual. Éste combina destrezas, tareas coordinativas, equilibrio y desafíos perceptuales a la par que son solicitadas las funciones ejecutivas y la toma de decisiones. Por su parte, Marzo Da Silva-Grigoletto, en un artículo recomendado por "Frontiers" (junio, 2024), propone una fascinante integración entre el Entrenamiento Funcional, definido como una aproximación de múltiples componentes de entrenamiento que enfatizan la funcionalidad, empleando patrones motores y esquemas multiarticulares orientados a la efectiva transferencia a las AVD (Actividades de la Vida Diaria) o ABC (Actividades Básicas Cotidianas) y el Entrenamiento Cognitivo-Motor. Siendo la complejidad la estrategia principal para la progresión en el Entrenamiento Funcional, los desafíos cognitivos son, por consiguiente, criterios óptimos para la estructuración metodológica de su propuesta. Marzo Da Silva-Grigoletto lo llama BFT o Brain Functional Training, y su principal hipótesis es que este incremento de la complejidad mediada por desafíos cognitivos favorece la conectividad córtico-cortical promoviendo, verbigracia, mayores beneficios en un programa regular de Entrenamiento Funcional.

Siguiendo con Da Silva-Grigoletto (2024), colega y amigo personal, subraya que el Entrenamiento Funcional es una aproximación multicomponente que enfatiza la mejora sinérgica, integrada y balanceada de varias propiedades motoras, a través de ejercicios multiplanares y multiarticulares que procuran asemejarse a los patrones de movimiento predominantes en las AVD o ABC (principio de especificidad). El incremento de la complejidad es la herramienta prioritaria para legislar la progresión. Por lo tanto, para ampliar los efectos del Entrenamiento Funcional entiende que son necesarios los desafíos perceptuales y cognitivos. Lo interesante es que, en su propuesta, se pueden identificar los componentes físicos y cognitivos de la carga, e individualizar el entrenamiento.

Figura Nro.21: Junto a Marzo Edir Da Silva-Grigoletto y Juan Ramón Elvar Heredia

Por su parte, Dallaway (2023) y Lima-Junior (2023) presentan una modalidad similar llamada BET o Brain Endurance Training. Entienden que la fatiga mental perjudica la performance física y motora. El BET propone una repetición de tareas mentales hasta la fatiga para contrarrestar el agotamiento mental y mejorar la performance en resistencia o endurance. Sin embargo, no se trata de una tarea dual simultánea sino previa a las exigencias físicas. Dallaway (2023) concluye que los desafíos mentales extenuantes antes del entrenamiento físico mejoran la performance aún más que cuando éste no es precedido por ellos. Postula, como posible explicación, la mayor oxigenación del córtex prefrontal. Según Dallaway (2023) una tarea mental exigente antes del entrenamiento de la resistencia incrementa la oxigenación de la región prefrontal y contribuye, de este modo, a mejorar la performance en los trabajos de endurance.

Los nombres pueden seguir sumándose. Precisamente, las propuestas parecen distinguirse en relación al momento del ciclo percepción-acción en el cual la variación cognitiva se interpone como obstáculo o dificultad adicional. La mayoría de las tareas motrices en este tipo de entrenamiento desafían al deportista en el momento inicial del proceso, es decir, en la percepción, sobre todo visual.

Mi querido amigo Mariano Canegallo (2018) llama a su metodología BVT o Brain Vision Training, y lo extraordinario de sus aproximaciones es que, partiendo de las funciones y capacidades visuales, entrena otros procesos cognitivos fundamentales para la performance motriz, sea o no deportiva. Uno de los aspectos más relevantes del trabajo de Mariano es que su integración del entrenamiento de las funciones visuales con los subsistemas responsables de la regulación del equilibrio tónico-postural. No se limita a nombrar a la visión como un simple "captor" postural: propone intervenciones concretas que la vinculan con el sistema propioceptivo. Por otro lado, la implementación de sus ejercicios no exige gasto alguno en dispositivos onerosos.

Andrea Cagno, por su parte, llama a su sistema SVTA o Science Vision Training Academy, y hace de las habilidades visuales el objetivo primario, exclusivo y, me atrevo a opinar, excluyente. Los ejercicios que propone son todos interesantes. Su lógica es que, si mejoramos el tratamiento inicial de la información perceptual, todo el resto del itinerario propio del ciclo percepción-acción se va a beneficiar, en el sentido de velocidad y precisión. Incluso, el resto de los procesos cognitivos que la situación contextual exija involucrar. De allí el énfasis en el entrenamiento de las facultades visuales del deportista, sin atender otros procesos cognitivos ulteriores.

Carmelo Pittera, no olvidemos, llama PSI.CO.M a su modelo más reciente y desde la percepción aborda otras propiedades cognitivas, enfatizando el entrenamiento de los distintos tipos de memoria. En el último capítulo de este tomo presentaré un esquema general de su propuesta, en la cual, y de manera dinámica y entusiasta, Carmelo sigue trabajando.

De este modo, la lista de nombres puede ampliarse de manera indefinida. Por mi parte, y la del resto de los profesores que conforman nuestro equipo de estudio y trabajo, la noción de **ECM** o Entrenamiento Cognitivo-Motor es suficiente y así la seguiremos empleando a lo largo de toda esta obra. La idea de fondo, expresada desde el máximo respeto a los demás autores, no es complejizar o lograr una identidad diferencial a través del nombre, sino profundizar y mejorar las posibilidades de intervención representativas del **ECM**.

Posiciones contemporáneas respecto al ECM

La interposición de un obstáculo, desafío o reto cognitivo en el transcurso de una tarea motora, evidentemente, entorpece el procesamiento de la información: suele frenar o enlentecer y, a veces, hasta retrasar el inicio del movimiento. Es una de las tantas razones por las cuales no todos están de acuerdo. Este introito nos permite distinguir 3 grandes posiciones contemporáneas respecto al **ECM**:

a. A favor del **ECM** para todo.
b. Absolutamente en contra del **ECM**.
c. Considerarlo como una herramienta más.

Hay profesionales que defienden la radicalización del **ECM**, entendiendo que ya nada debiera entrenarse sin la inclusión de un proceso cognitivo de por medio, reformulando toda la metodología de enseñanza conocida y tradicional de los deportes. Por mi parte, no comulgo con la idea de extremar la propuesta, ya que la entiendo como un recurso más, entre tantos, que podrían componer esa sutil "eucrasia" o "buena mezcla" que es el entrenamiento deportivo (y no - deportivo, claro está): el entrenador podría considerarse como un "chef", combinando con arte, creatividad, y rigurosidad científica, distintos ingredientes.

Los argumentos de quienes están absolutamente en contra del **ECM** no dejan de ser interesantes y respetables, sin importar que esté de acuerdo o no con ellos. De allí que acepto todas las objeciones de mis estimados colegas. Entre ellas:

- Retrasa el ciclo percepción-acción.
- Solicitud por la evidencia y el "paper".
- Competir o jugar ya entrena estas capacidades.
- Otras objeciones escépticas.

Sin embargo, quisiera contraargumentar de manera respetuosa. Precisamente, porque un desafío cognitivo obstaculiza y aumenta la duración del ciclo percepción-acción es que, en lugar de evitarlo, debiéramos entrenarlo. A menos que, y esto es objetable, afirmemos que en el deporte no hay procesos cognitivos posibles. Si así fuera, creo que pocos de nosotros seguiríamos apasionados por esta actividad. Posiblemente, concentraríamos nuestra atención en las carreras de caballos o galgos, aunque, y he aquí el dilema, no hay evidencia alguna que nos permita defender la tesis relativa a la ausencia de procesos cognitivos en estos nobles cuadrúpedos.

La solicitud por la evidencia o el "paper" es exigida, habitualmente, por quienes enseñan atrás de escritorios, determinando lo que debe hacerse sin haberlo hecho nunca, o fracasado al intentarlo. Por otro lado, el **ECM** es relativamente "nuevo" y, desde ya, carecemos de las numerosas publicaciones como en el caso de las otras propiedades motoras. Aunque, siendo sinceros, muy a pesar de su cantidad, poco han contribuido a la superación de los modelos tradicionales de entrenamiento. Recordemos que, para publicar un "paper", debemos perfilar un diseño experimental. Un aspecto clave del mismo es aislar o neutralizar toda una serie de variables intervinientes para, precisamente, concluir en una posible relación entre lo que el investigador entiende que es la variable dependiente de la independiente que manipula. La exclusión de variables intervinientes asegura que la relación no se contamine. Lo cierto es que, luego, en los contextos complejos en los cuales tenemos que aplicar el conocimiento publicado en "papers", nada sucede como el investigador forzó a las cosas para que sucedan. Nadie nunca saltó, corrió o estiró un músculo como hacemos que los sujetos convocados a un diseño experimental salten, corran o estiren.

Finalmente, entiendo que hay fenómenos que se justifican por sí mismos. Si afirmamos que en el deporte hay procesos cognitivos, tal sentencia justifica, naturalmente, según mi humilde opinión, entrenarlos. La evidencia sobre el resultado final es indemostrable, tal como tampoco podemos demostrar hasta qué punto la fuerza, la velocidad, la resistencia o la preparación física integral influyeron en el logro de un campeonato o un descenso de categoría. No obstante, más allá de eso, y para tranquilizar a los profesores de "escritorio", la evidencia actual sobre los efectos del **ECM** es abrumadora, sobre todo la publicada en los años posteriores a la pandemia. Desde ya, los "papers" no son necesarios para justificar el entrenamiento de facultades cognitivas durante el movimiento, sino para mejorar la calidad didáctica de nuestras intervenciones. Necesitamos publicaciones no para confirmar lo que, de suyo, es más que evidente sino, y he aquí el punto, para trabajar mejor en nuestras prácticas específicas del **ECM**. El problema no inhiere a la inclusión o identidad, sino a la calidad de intervención.

Con respecto al argumento que establece que al competir o jugar ya es ocasión para entrenar las propiedades o capacidades cognitivas, desde esa perspectiva, simplemente, no podríamos justificar ningún tipo de entrenamiento: ni de fuerza, resistencia, velocidad o, incluso, técnico o táctico. Se trata de una confusión muy frecuente, en nuestro medio, entre los principios de especificidad y transferencia. Si todo se "entrena" jugando o compitiendo, ya no sólo los preparadores físicos estaríamos de más, sino también hasta los mismos directores técnicos.

En definitiva, en todos estos años hemos tenido que lidiar con innumerables objeciones escépticas, y hasta deleznables hostilidades anónimas y descalificantes burlas en redes sociales (que no son otra cosa que la cloaca de la sociedad y el basurero del cerebro humano). Nada de esto nos perturbó entonces, ni debilita ahora. Al contrario, nos alienta a seguir por este camino. Lo que más nos interesa, y esto es irrefutable, es la apreciación de los mismos deportistas y otros entrenandos que, en definitiva, son los destinatarios finales y, al mismo tiempo, los dueños de la palabra calificada para juzgar nuestras propuestas.

Tres posibles confusiones

No es extraño que el **ECM** se confunda con otras disciplinas o quehaceres profesionales, ya sea de la psicología, la motricidad o la Educación Física. Entre ellas, las que más pueden prestarse a una incorrecta interpretación son la psicología deportiva, el Control Motor y el entrenamiento coordinativo. De allí la necesidad de subrayar las aclaraciones pertinentes.

Con respecto a la psicología deportiva, el **ECM** no comparte ni los problemas más relevantes ni los modos de intervención propios de la misma. El psicólogo deportivo no trabaja, necesariamente, con prácticas o tareas motoras sino con sus actividades profesionales particulares. El **ECM** propone ejercicios en salas y campo, no en consultorios o gabinetes, empleando tareas motoras que procuran objetivos puntuales. Nada más alejado de la realidad que confundir el **ECM** con la psicología deportiva y sus abordajes específicos. Es más, en nuestra experiencia en el Club Atlético Talleres de Córdoba, en el Club Santos Laguna de México y en la Asociación Deportiva Atenas de Córdoba, los psicólogos deportivos, lejos de objetar, colaboraban conmigo y los jugadores durante las sesiones de **ECM**.

Con respecto al Control Motor, Mark Latash (2021) lo define con extrema precisión: "…es un campo de la ciencia natural que indaga por las leyes de la naturaleza que gobiernan las interacciones entre el sistema nervioso central (SNC), el resto del cuerpo y el entorno durante los movimientos biológicos". El Control Motor toma como objeto de interés específico los aspectos sinérgicos de la actividad neuromuscular y los ajustes sensorio-motores, sobre todo en su relación con el contexto y no, necesariamente, los procesos cognitivos superiores, como es el caso del **ECM**. Sin embargo, el estudio del Control Motor depende, no exclusivamente, pero en gran parte, de los aportes de la neurofisiología aplicada. Por otro lado, evidencia reciente da cuenta de que el **ECM** parece mejorar el Control Motor (Herold, 2018; Jung, 2022).

El entrenamiento coordinativo tampoco debiera confundirse con el **ECM**. Las discusiones acerca de aquello a lo cual nos referimos cuando de Coordinación Motriz se trata probablemente prosigan, sin acuerdos en el horizonte, por los siguientes cien años. Por lo tanto, no será nuestra tarea, en este marco, resolver la controversia de manera definitiva y superadora. Lo que sí parece ser el rasgo común de todos aquellos que lo describen, es que el entrenamiento coordinativo apunta a mejorar, sobre todo, el control de las eferencias. Es decir, no toma necesariamente procesos cognitivos, a pesar de que las actividades propuestas sean parecidas. No obstante, si en el marco de sus propuestas representativas involucramos otros procesos cognitivos de jerarquía o relevancia significativa, entonces sí estamos hablando de **ECM**. Hacer "Foot Drills" en escaleritas no es **ECM** (tampoco coordinativo, como luego vamos a analizar y discutir). Pero si la consigna es, a la par que los hago, resolver un desafío cognitivo adicional, ya sea semántico, matemático u otro, entonces sí pasa a serlo. A la manera de información complementaria, un capítulo de este primer tomo estará dedicado, precisamente, a discusiones acerca de la noción de Coordinación Motriz. Considero este debate como absolutamente necesario.

Dos grandes modelos de procesos anticipatorios

Durante muchos años, en la Universidad, supe mostrar dos modelos diferentes de procesos anticipatorios como elementos constitutivos el acto motor. Reitero, todo acto, por el mero hecho de ser motor ya es, según mi humilde criterio, un proceso cognitivo. La principal diferencia entre los dos casos es la inclusión y participación intencional de procesos cognitivos, que puede ser más o menos significativa, es decir, de mayor o menor complejidad. Cuando la solicitud de procesos cognitivos es de baja complejidad, entiendo que estamos frente a un modelo elemental de Educación *del* Movimiento. Es el caso de la imitación típica propia de las clases grupales de gimnasios y demás ejemplos similares. Aun así, hay intervención cognitiva por parte del sujeto, poniendo en juego la percepción, la memoria o la simple decisión de hacerlo o no. Por ejemplo, puedo estar tomando una clase de, creo que se llama "zumba" o algo así y, por el caso, decidir no realizar tal o cual paso o recordar los anteriores: hay percepción y toma de decisiones. Lamentablemente, en la Educación Física en la escuela, poco hemos trascendido este modelo que, aún por elemental que sea, es preferible a no tenerlo.

Ahora bien, al ser ya más complejos los procesos cognitivos involucrados, estamos, según mi entender, frente a un modelo de Educación *por* el Movimiento. Si la propuesta es, a la par que nos movemos, resolver situaciones a partir de agudas precisiones perceptuales, memoria de puntuales acontecimientos pretéritos, toma de decisiones en un contexto de alta incertidumbre, calcular el número de pasos o brazadas, volver a situarme u orientarme a pesar del cambio de coordenadas espaciales y retos semejantes, entonces ya no sólo es Educación *del* Movimiento sino *por* el Movimiento. Confieso que es la manera en que he concebido siempre a la Educación Física: como una actividad profesional preocupada y ocupada en la Educación *por* el Movimiento y la Condición Física Básica, que colabora con la salud y calidad de vida de la población, sin dejar de lado sus facultades cognitivas. Una austera Educación Física que se preocupe, sin ostentación, por la Motricidad y Condición Física de la comunidad. Nada más ni nada menos, sin teñir de ideologías egoístas nuestras intervenciones, ni pretensiones de cambiar el orden mundial o subvertir los valores a los cuales cada ser humano, desde su autodeterminación, elige o no adherir.

Por otro lado, la Educación *del* Movimiento no es algo que acredite consideraciones peyorativas o el desprecio de sus alcances. Al fin y al cabo, no deja de ser Educación. Y es altamente preferible a que no la hubiere en absoluto. Por otro lado, es la condición inicial y necesaria para, luego, concentrarnos y hacer foco en la Educación *por* el Movimiento. Tampoco tiene sentido trabajar funciones cognitivas superiores sin haber resuelto, aunque mínimamente, el problema del alfabetismo motriz. Necesitamos una población, en primer lugar, alfabetizada postural y motrizmente, sin descuidar las demás propiedades motrices directamente ligadas a la salud integral de todo ser humano. Lograr los objetivos que la Educación *por* el Movimiento se propone constituye una meta formidable, aunque siempre subordinada a las garantías que las propuestas propias de la Educación *del* Movimiento aseguran. No es necesario apurarse, sino estar seguros que los cimientos de una formación motriz sólida son consistentes, incluyendo el desarrollo de todas las propiedades motoras. La Educación *por* el Movimiento, al menos desde mi humilde opinión, no es a priori.

Las facultades cognitivas y su relación con el movimiento humano

Se trata de una discusión o debate que, inexorablemente, tenemos que proponer. El primer obstáculo consiste, claro está, en acordar respecto a lo que entendemos por "cognitivo". Si aceptamos la definición clásica que entiende que el conocimiento es el proceso con arreglo al cual un sujeto se apropia intencionalmente de un objeto, es decir, la posesión intencional de un objeto por parte de un sujeto, siempre que haya algo distinto del sujeto mismo y una relación entre ellos, podemos hablar, entonces, de conocimiento. Precisamente la noción de "intencional" proviene del latín, "in-tendere", que quiere decir "tender hacia". Como, en rigor, lo mismo no puede tender hacia sí mismo, sino hacia algo alternativo o diferente, siempre que haya un sujeto que posee algo distinto de sí, podemos hablar de conocimiento. Incluso, hasta el proceso elemental de un reflejo podría considerarse como un acto cognitivo. Desde ya, todo se trata de una cuestión de interpretación y no pretendo decir algo mejor que lo que los especialistas en filosofía del conocimiento han escrito y enseñado durante siglos.

Lo cierto es que, para continuar con este libro, necesitamos explicitar cuales son las facultades cognitivas que, ya sea en el deporte o la motricidad laboral, infantil, cotidiana o la que fuese, no estaríamos en condiciones de refutar, es decir, de negar su posibilidad. Si bien en el siguiente capítulo vamos a profundizar en cada uno de ellas y reflexionar acerca de su carácter serial o paralelo, empecemos por identificar y (no describir) algunas de las propiedades cognitivas involucradas en la Motricidad Humana. La lista podría ser interminable, ya que cada cual, de acuerdo a su experiencia, podría agregar o, legítimamente, extraer alguna. Y muy posiblemente, no sea sino una manifestación alternativa de las que abajo enumeramos. No obstante, toda resta o anexo, si el lector lo considera, sería justificable. Aun así, prefiero enunciar los procesos cognitivos elementales, es decir, los difícilmente negables o refutables.

En primer lugar, consideremos los acontecimientos seriales o secuenciales, es decir, aquellos que necesitan de anteriores desplegarse como tales. Como mínimo, y con escaso margen de error, podríamos enumerar:

1. Sensación.
2. Percepción.
3. Representación.
4. Integración o estructuración témporo-espacial.
5. Lógica motriz.

6. Toma de decisiones.
7. Planificación o programación motriz.
8. Control inhibitorio.
9. Ejecución motriz.
10. Ajuste y control.

Si bien a todos los describiremos en el capítulo siguiente, el paso 4, la estructuración témporo-espacial merece un pequeño comentario preliminar. Se trata de un paso compuesto por dos tipos de orientaciones, integraciones u organizaciones: la espacial y la temporal. Las relaciones espaciales entre los cuerpos, ya sea fijos o en movimiento, y el propio cuerpo del deportista como, así también, los vínculos temporales determinados por el estado de reposo o movimiento de esos objetos, incluido el propio cuerpo, sus velocidades, y su integración final (estructuración témporo-espacial), proveen la materia prima para el cálculo probabilístico, o inferencia inductiva (lógica motriz), que el deportista o sujeto elabora antes de optar por un determinado plan de acción (toma de decisiones) para, finalmente, configurar una determinada secuencia neuromuscular o "melodía kinestésica". Esa integración témporo-espacial no sería posible sin la materia prima aportada por la percepción y sostenida en el tiempo por la representación post-perceptual y la memoria.

De manera paralela o "no serial" otros procesos cognitivos sostienen el proceso secuencial. Sería difícil dudar de la existencia de funciones como la memoria, la atención y sus expresiones fundamentales en el deporte, la motivación, los estados y procesos emocionales y otras que, a la par de las "seriales" justifican las notables diferencias entre deportistas que, sin grandes ventajas en las propiedades tradicionales como fuerza, velocidad o resistencia, obtienen pronunciados beneficios, precisamente, a partir de sus facultades cognitivas. Por otro lado, todo sujeto, deportista o no, debe, también, procesar información lingüística y matemática durante la mayoría de las acciones motrices, sobre todo las más cruciales para sus procesos adaptativos y sobrevivencia. De allí que también podemos transformarlas en "variaciones" cognitivas específicas y entrenarlas empleando distintos ejercicios ad-hoc. Por consiguiente, caemos en la necesidad de definir lo que entendemos, precisamente, por "variaciones cognitivas" en el acto motor.

Variaciones cognitivas en el acto motor

Se trata de un obstáculo, desafío o exigencia adicional en el itinerario propio del ciclo percepción-acción, que agrega más complejidad al mismo: el objetivo final es que, ya sin él, todo el proceso se vea favorecido y el tratamiento integrado de las funciones sea más dinámico, preciso y ágil, tal como aspiramos a lograr el mismo efecto con cualquier otra capacidad que entrenamos con sobrecargas específicas. De igual manera que entrenamos la fuerza con pesas y otras cargas similares, y luego entramos al campo de juego sin ellas, y nos sentimos más fuertes (supuestamente), la sobrecarga cognitiva busca lo mismo. Su objetivo no cambia, que no es otro que el de mejorar los procesos resolutivos (es decir, las funciones cognitivas implicadas) propios del deporte y la Motricidad Humana en general.

La variación cognitiva es, entonces, un obstáculo, reto o desafío entre la percepción y la elaboración de la solución motriz final. Una suerte de sobrecarga intencional, si prefiere verlo así. Supone una exigencia adicional que hace más difícil el proceso, incluso, hasta más lento. Sin embargo, su propósito es ya, sin ese obstáculo, o con otro similar y más específico, acelerar el proceso resolutivo, cuya materialización final es una descarga eferente -léase motriz- específica. Tal como cualquier otra propiedad motora entrenada respetando el principio de sobrecarga. La reciente publicación de Wu (2024) sorprende: los deportistas que realizan **ECM**, como respuesta aguda, es decir, mientras realizan las actividades que le son propias, retrasan el ciclo percepción-acción. Sin embargo, como adaptación crónica, en contextos deportivos específicos, el tiempo de reacción y la calidad resolutiva mejora significativamente.

Entiendo que la noción de "sobrecarga" quizás no simpatice con las tendencias contemporáneas. En el fondo, posiblemente, no importen tanto las palabras a la hora de trabajar con deportistas o con cualquier otro sujeto, en el día a día. Pero sí influyen en la interpretación general de la cuestión. La inquietud, más allá de las palabras, refiere a *donde* incorporamos o involucramos la variación cognitiva en el proceso integral del acto motor. Y es aquí donde se van perfilando las grandes propuestas contemporáneas en este tipo de entrenamiento, que en el siguiente apartado trataremos de identificar con cierta claridad. En el siguiente párrafo reflexionaremos sobre este tópico, sin olvidar que el séptimo capítulo de este primer tomo está dedicado a las grandes líneas de intervención, tanto en nuestro país como en otras regiones del mundo. Quizás el desafío sea descubrir las regularidades que sostienen las semejanzas, tal como los matices que justifican las diferencias.

Funciones cognitivas, acto motor y simultaneidad que entorpece

Podemos distinguir 2 tipos de funciones cognitivas en su relación al acto motor. Por un lado, las que pueden entrenarse con y sin acto motor de por medio, tales como percepción, memoria, cronopsia, organizaciones espaciales, cálculos matemáticos, atención, toma de decisiones. Sin embargo, hay algunas que no pueden desarrollarse al mismo tiempo que nos estamos moviendo, a menos que el movimiento sea cíclico, de baja complejidad o extremadamente lento. Me refiero a la representación ideomotora o imaginería y el autohablado. Sólo en caso de estar caminando o trotando o nadando lentamente puedo imaginar el movimiento al mismo tiempo o acompañarlo con precisas formulaciones lingüísticas. Procurar hacerlo al mismo tiempo que desplegamos acciones motrices acíclicas, rápidas y complejas supone perjudicar la fluidez del despliegue de la secuencia neuromuscular. El fenómeno es conocido como "parálisis por análisis". En definitiva, no puedo imaginar o hablarme a mí mismo al mismo tiempo que estoy haciendo un mortal atrás o pateando un penal. Afectaré de manera negativa el proceso regulativo el acto motor. El **ECM**, en el sentido de comprometer en simultaneidad funciones corticales cognitivas superiores, desde ya, tiene sus límites, como cualquier otra propuesta de entrenamiento.

Continuum Cognitivo-Motor y su relación con la tarea motora

Por consiguiente, nada impide pensar en términos de proponer una suerte de "continuum" Cognitivo-Motor que se extiende entre las funciones perceptuales y la toma de decisiones. Desde la percepción al movimiento identificamos: atención, representación, memoria, estimaciones espaciales y temporales, cálculos matemáticos, desafíos lingüísticos y, finalmente, lógica motriz y toma de decisiones. Cada una va anexando los procesos cognitivos que lo preceden. Incluso, la programación de las intervenciones propias del **ECM** pueden diagramarse desde dos vectores que contemplen un continuum en cuanto a la dificultad, tanto cognitiva como motriz. Puedo entrenar la percepción mientras voy corriendo, o la inteligencia matemática mientras controlo complejamente un balón de fútbol arriba de un BOSU. Precisamente, esta composición vectorial de fuerzas será tema de un capítulo puntual en este primer libro, en el capítulo dedicado a la Metodología General del **ECM**. En el siguiente, no obstante, dedicado a la "Secuencia Motriz", también desarrollaremos el problema de las facultades cognitivas implicadas en las acciones motrices en general, y las deportivas en particular. Sin embargo, vamos adelantando algo.

Debemos considerar dos vectores diferentes con sus respectivas complejidades graduales: las tareas motoras y las variaciones cognitivas. Tener en cuenta estas dos variables es crucial para decidir y cuantificar la carga en el **ECM**. De la interacción de estos dos vectores, el de la tarea motora y el de la variación cognitiva, surge el componente resolutivo final de la propuesta. Recordemos, nuevamente, que las variaciones cognitivas en el acto motor no son lo mismo que **ECM**. Son uno de los dos componentes de carga del **ECM**. La discusión, sin dudas, refiere a los criterios elegidos para clasificar las tareas motoras y la identificación de los procesos cognitivos con los cuales todos estemos de acuerdo. De allí que, en el capítulo dedicado "Metodología General del **ECM**", el criterio no será la simplificación ni, mucho menos, el reduccionismo, sino la sencillez y facilidad de identificación de tales componentes.

Respecto a las tareas motoras, rescatar las cíclicas, acíclicas no específicas y los gestos deportivos o no deportivos específicos es, entiendo, una buena opción. Cada una de ellas reconociendo las variables de intensidad y complejidad. Por ejemplo, si nos imaginamos caminando en la cinta o pedaleando en la bicicleta, el incremento gradual de la intensidad (velocidad y/o resistencia y/o inclinación) seguramente afectará la capacidad y calidad con la que resolvemos las variaciones o desafíos cognitivos. Lo mismo sucedería, vale el ejemplo, si estamos ejecutando un ejercicio de fuerza según su intensidad respecto al % de la MR o la velocidad máxima. Lo propio si consideramos la complejidad del gesto técnico. La tarea motora y la variación cognitiva son dos de los componentes más importantes en la estructuración metodológica del **ECM**.

La discusión que remite al paralelismo o "secuencialismo" de las funciones que nos convocan, también será tratada en el marco de este primer volumen. En realidad, no es fácil dilucidar este emblema. Resulta claro que hay procesos seriales y secuenciales, es decir, que dependen del anterior para producirse. Pero, también, sería muy difícil justificar que no haya procesos sincrónicos o paralelos. No se trata de un tema de importancia menor, y es por ello que le dedicaremos un desarrollo especial.

Inteligencia motriz

Sin dudas, el interés particular es no sólo promover deportistas más fuertes o resistentes, sino también más inteligentes, desarrollando esas facultades desde edades tempranas, detectando problemas y procurando resolverlos a tiempo. Ayudar a los jóvenes deportistas a potenciar estas virtudes y superar sus puntos débiles. Dentro de este marco, la pregunta se impone… ser un deportista más inteligente… ¿supone ser más pensante? Entendemos que ser más inteligente no es necesariamente ser más pensante, en el sentido de "conscientemente pensante", sino ser capaz de resolver situaciones complejas a alta velocidad y, precisamente, al margen de la consciencia. El objetivo es incrementar el stock de habilidades inconscientes a los efectos de promover resoluciones más efectivas a escalas temporales menores. Si entendemos pensar como un acto de conscientización, entonces no siempre resulta favorable para el deporte u otras situaciones similares de la vida cotidiana. Trabajar desde el principio de desafío o reto cognitivo para mejorar las capacidades resolutivas del deportista no otro, es el objetivo del **ECM**. La mayoría de las veces, incluso, sin pensar.

No debemos confundir capacidad resolutiva con conscientización. En el deporte necesitamos resolver sin conscientizar. Por ello el concepto de pensamiento nunca es el más pertinente en estos asuntos. Inteligencia motriz no es sinónimo, entiendo, de pensamiento. Pensar, a lo largo de la historia ha sido concebido como otra cosa. Es rodear, rumiar, atravesar, preguntar. Y siempre desde el acompañamiento de la consciencia. Ésta, por principio de fatalidad, siempre llega tarde. Es evolutivamente tardía. Está más allá del proceso perceptual y lo sucede. Eventualmente puede llegar a ser útil durante los aprendizajes, pero no todos. Es, inexorablemente, lenta e impertinente para las resoluciones deportivas. En ellas, nuevamente, genera parálisis por análisis.

De lo cual no se infiere que la conscientización no sea una herramienta útil. Por el contrario, es de alto valor. Tiene sus momentos oportunos para ser involucrada en el proceso de entrenamiento. Lo conscientizado luego emerge, al margen mismo de la consciencia, en momentos críticos. Lo que no podemos exigir, so pena de alterar su fluidez y fallar, es la conscientización del movimiento y sus posibles desenlaces al mismo tiempo que éste transcurre a escalas temporales muy breves, extremadamente limitadas.

No está de más subrayar que entiendo todo entrenamiento, no sólo el **ECM**, como un proceso de atesoramiento de experiencias como soluciones a problemas que emergen ante presiones de todo tipo, no sólo las contextuales. De lo cual se desprende la necesidad de enfocar cada sesión de entrenamiento desde la perspectiva de uno o varios, nunca demasiados, problemas a resolver. Es decir, definiendo la propuesta de tareas motoras desde su relación con problemas a resolver. Sobre todo, las actividades Cognitivo-Motoras. En definitiva, la inteligencia motriz no depende solamente de una facultad cognitiva, sino de la interacción adecuada y oportuna de todas. Y en caso de faltar alguna, por ejemplo, debido a la restricción de una fuente perceptual, la inteligencia motriz se sostiene en la capacidad compensatoria de los demás sistemas sensoriales y funciones cognitivas.

Para terminar este apartado, recordar que la inteligencia motriz es el producto final de la integración de todos los procesos de los que venimos hablando en las últimas páginas, tanto los seriales como los paralelos. La inteligencia motriz supone una óptima interacción de múltiples facultades cognitivas puestas al servicio de, precisamente, resolver al margen de la consciencia, complejas situaciones adaptativas. Incluso, si lo vemos con ojo helvético, hasta el ahorro de energía tiene que ver con la inteligencia motriz, y depende de la interpretación correcta, o no, de señales interoceptivas profundas antes de optar por un determinado plan de acción motriz. El **ECM** también puede contribuir a que los seres humanos sean más eficientes en cuanto al aprovechamiento integral de sus recursos energéticos, tanto para no malgastarlos como, así también, no acumularlos insensatamente en exceso.

Figura Nro.22: En el deporte de alto rendimiento no hay tiempo para conscientizar

Los pasos metodológicos del ECM

Un capítulo íntegro de este primer volumen estará dedicado, enteramente, a este tema que ahora apenas reseño de manera introductoria. Se trata de siete momentos metodológicos claramente definidos:

1. Estudiar: correlatos neurales.
2. Identificar: habilidades o capacidades.
3. Clasificar: ejercicios o actividades.
4. Distinguir: variables para dificultar.
5. Diagramar: una sesión modelo.
6. Dosificar: los distintos componentes de la carga.
7. Periodizar: configurando as distintas estructuras intermedias.

El primer paso supone no evadir el estudio de la neurobiología. Todo dispositivo electrónico complejo, al poco tiempo, termina por ser superado y aburre al deportista. No así cuando, desde la creatividad metodológica, el profesor nos propone siempre nuevos desafíos. Para ello, la lectura y el estudio como actividades que configuran no sólo un modo de vida, sino una actitud profesional, son irreemplazables. De ellos emerge la creatividad metodológica que ningún dispositivo electrónico puede reemplazar ni, mucho menos, superar. Menos que menos, la inteligencia artificial, que no es ni artificial ni, de más está aclararlo, inteligencia.

El segundo momento consiste en identificar, con cierta claridad, las habilidades o propiedades de carácter Cognitivo-Motor, por un lado, y las tareas motoras por el otro. El ejemplo típico es la visión, donde se han detectado, al menos, 11 habilidades visuales específicas directamente vinculadas con el rendimiento motriz en general y deportivo en particular. El resto de las propiedades cognitivas entrenables junto a tareas motrices intencionales también acreditan registros similares. El producto de la relación entre la tarea motora y la facultad cognitiva en cuestión, es la elaboración del ejercicio "tipo" o "troncal", quehacer principal del siguiente paso metodológico.

El tercer momento es la creación de los llamados ejercicios "troncales" que permiten, precisamente, el entrenamiento de cada habilidad cognitiva en particular. No es necesario que tales propuestas sean numerosas, sino claras y concretas a la hora de ser enseñadas e interpretadas por los deportistas y/o entrenandos.

El cuarto paso no es otro que el de la detección de las numerosas variables que permiten, a ese ejercicio "troncal", complejizarlo o facilitarlo indefinidamente de acuerdo a las dificultades expresadas por el sujeto y las exigencias contextuales. Es lo que permite que el mismo ejercicio, de sencillo para "Doña Rosa" o "Don Pepe", termine siendo complejo para un deportista consagrado de alto rendimiento.

La quinta tarea no es otra que la diagramación de una sesión modelo, a menos que solamente apliquemos ejercicios "sueltos" o "aislados" como parte de otros momentos del entrenamiento deportivo: acondicionamientos iniciales, pausas de recuperación u otros.

La sexta actividad, como veremos, refiere a las decisiones sobre los componentes de carga, tales como cantidad de ejercicios, series, repeticiones y pausas, duración de las estaciones en caso de proponer circuitos, a los efectos de que la calidad en las performances sea el valor no negociable, junto con la satisfacción del ejecutante respecto a los logros que, gradualmente, va consiguiendo.

La última instancia supone, y sobre todo para el deporte de alto rendimiento, la distribución ya no de estímulos individuales sino de sesiones especiales orientadas exclusivamente al **ECM** de acuerdo al tipo y duración de los microciclos a lo largo de la temporada deportiva, concentrándonos, específicamente, al menos en esta colección, en el ciclo anual de los deportes colectivos. De hecho, en el marco de ese mismo capítulo compartiremos pautas generales para la diagramación de una sesión especial de **ECM**.

La periodización no puede faltar en la estructuración del **ECM**. Finalmente, y de manera inexorable, pensar en términos de la distribución de ese tipo de sesiones de acuerdo a la composición de los distintos microciclos. Podríamos considerar numerosos pasos intermedios, pero entiendo que, en lo sustancial, estos 7 son los principales.

Espacios, contextos, áreas de incumbencia y destinatarios

Por "espacios" me refiero a los lugares en los cuales podemos desplegar las actividades propias y representativas del **ECM**. Desde ya, es bueno no remitirse a uno sólo de ellos, sobre todo alentando a salir del laboratorio, donde las posibilidades motrices son restringidas. Ellos son:

- **Laboratorio**: escaso o ausente compromiso motor, con empleo predominante de dispositivos electrónicos.
- **Sala**: compromiso motor intermedio, sin especificidad necesaria, en el sentido de similitud respecto al deporte, de patrones de movimiento.
- **Campo de juego**: compromiso motor elevado, con alta especificidad o semejanza deportiva de los patrones de movimiento propuestos.

Nuestra mayor experiencia es en los dos últimos. No he tenido la oportunidad de contar con los recursos económicos para adquirir complejos dispositivos electrónicos que, dicho sea de paso, entiendo que no están de más, pero tampoco son imprescindibles. Lo que podemos discutir es si, en el caso del primer contexto podemos hablar de **ECM**. Algunos podrían objetar que sólo se trata de entrenamiento cognitivo, no Cognitivo-Motor. Y están en su legítimo derecho. De allí que nuestra recomendación es, sin dejar de lado las ventajas que el contexto de laboratorio ofrece, no descuidar la dimensión motriz que todo **ECM** acredita.

Al referir a "contextos" aludo a aquellas dimensiones profesionales en las cuales estos saberes pueden tener un fértil campo de aplicación. Reconozco, por lo menos, estas 3 grandes áreas de incumbencia:

- Escolar.
- Deportiva.
- Terapéutica.

Reflexionar sobre estas diferencias resulta crucial, ya que las intervenciones propias del **ECM** varían sensiblemente de acuerdo a quienes son los eventuales destinatarios de las mismas:

- Adultos Mayores.
- Adultos normales.
- Ejercicio Físico Adaptado.
- Trastornos neurológicos.
- Rehabilitación.
- Escolares en distintos ciclos del sistema.
- Deportistas de distinto nivel, dedicación y rendimiento.

El gran experto en las aplicaciones en la Educación Física en la escuela no es otro que el Profesor Carmelo Pittera. Vale la pena conocer su trabajo que, a mi entender, es insuperable. Respecto al empleo del **ECM** en el contexto terapéutico, hay mucho publicado, sobre todo en relación a las enfermedades degenerativas del SNC en adultos mayores. Nuestra intervención en el Club Santos Laguna, tanto en categorías juveniles, femenil como el plantel profesional, incluyó actividades propias del **ECM** en los procesos de rehabilitación y readaptación deportiva. Por último, no hay dimensión deportiva o rama del deporte que no resulte beneficiada por estas intervenciones. Nuestra experiencia práctica ha permitido aplicaciones en todo tipo de deportes: colectivos, blanco y diana, tiempo y marca, combate, gimnásticos y demás. Hace tiempo que no empleo el predicado "sociomotrices" al referirme a los deportes, ya que, opino humildemente, ninguno omite esa dimensión.

Con respecto a los grandes momentos para la aplicación de **ECM**, entre otros podemos reconocer:

- Acondicionamientos iniciales.
- Pausas de recuperación.
- Entretiempos varios.
- Durante la misma sesión.
- En el restablecimiento final.
- En sesiones especiales dedicadas a dicho objetivo.

Como dato complementario, entiendo que cobra especial relevancia el **ECM** en el contexto de lo que hoy es conocida como "Readaptación Deportiva", cuyo desarrollo reservamos para el último tomo de esta obra. Seguidamente compartimos la experiencia que desplegamos entre 2017-2018 en el Club Santos Laguna de México, el último año en el que logró en campeonato de la liga profesional de ese país.

Un episodio en el deporte de alto rendimiento

Con respecto a las aplicaciones en el deporte de alto rendimiento, tal como referimos arriba, durante 2017 y 2018 tuvimos la posibilidad de enseñar y sistematizar, en el Club Santos Laguna de México, el **ECM**. La iniciativa fue del jefe del Departamento de Ciencias Aplicadas al Deporte de este club, mi querido amigo Eduardo Branderbourg, fisioterapeuta altamente calificado. El formato estaba dirigido a las divisiones formativas, llamadas "Fuerzas Básicas" en ese país. Tomaron la capacitación completa todos los directores técnicos y preparadores físicos. Comenzaron inmediatamente con la aplicación de las tareas propuestas y los resultados fueron más que positivos.

A la sazón, el plantel de primera división profesional queda sin Cuerpo Técnico, debido a los malos resultados deportivos y el coordinador de las divisiones juveniles, Robert Dante Siboldi, toma interinamente y decide implementar, con carácter obligatorio, una sesión de **ECM** a la semana para todo el plantel profesional. El equipo logró ganar el Torneo Apertura 2018 (creo que fue su último campeonato ganado hasta la fecha). Luego Robert deja el equipo y prosigue su carrera profesional en ese país, con grandes logros en otros clubes, incluyendo dos campeonatos más en primera división del fútbol mexicano. Su goleador, un africano, pedía tomar sesiones de **ECM** dos veces por semana, porque identificaba sus efectos favorables. El mismo Departamento de Ciencias Aplicadas al Deporte del Santos Laguna comparte estos reportes al preguntarse por los réditos de este tipo de entrenamiento:

- Favorece el manejo del estrés en la fase de readaptación y competencia.
- Mejora la flexibilidad cognitiva antes y durante la competencia.

- Mejora la toma de decisiones en situaciones específicas y el monitoreo de la tarea (funciones ejecutivas) a alta velocidad (mejora la performance).
- Mejora la evaluación de las relaciones espacio-temporales.
- Mejora la velocidad de reacción, de procesamiento mental y de anticipación.
- Desarrolla autocontrol.
- Amplía el campo mental (cantidad de información que se puede procesar simultáneamente).
- Disminuye la gravedad de las lesiones deportivas.

Figura Nro.23: Equipo de profesionales del Santos Laguna capacitados en ECM

Comparten, incluso, un estudio detallado de las acciones deportivas:

		TORNEO APERTURA 2017 (SIN ECM)	TORNEO CLAUSURA 2018 (CON ECM)	
1.	Balones perdidos	473	325	**31% menos**
2.	Balones perdidos por despeje	358	212	**41% menos**
3.	Balones recuperados	987	453	**54% menos**
4.	Tiros desviados	92	55	**41% menos**
5.	Remates de cabeza	10	17	**70% mas**
6.	Remates de cabeza desviados	29	21	**27% menos**
7.	Goles	21	27	**26% más**

De 7 acciones comparadas, mejoraron 6. Probablemente menos balones recuperados por mayor tiempo total de posesión. Con respecto a las lesiones deportivas, todo un misterio. La misma cantidad de lesiones, pero recuperadas en 54% menos de tiempo. Esto implica menor gravedad de cada lesión y menor tiempo de recuperación.

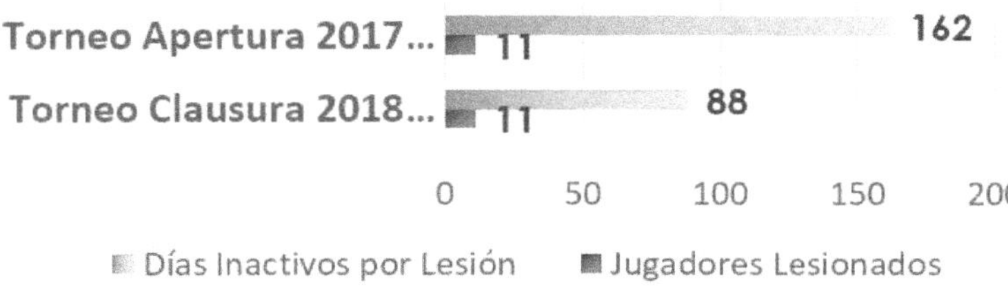

No sabemos muy bien a qué atribuir este resultado, es decir, desde la intervención diferencial con el **ECM**. Una posible explicación del fenómeno es la distracción analgésica. Las variaciones cognitivas podrían, eventualmente, "competir" con las sensaciones nociceptivas y elevar el umbral de dolor. O, simplemente, distraer al deportista de sus dolores limitantes. En realidad, no encontramos razones más consistentes, ya que todas las experiencias de HIE o Hipoalgesia Inducida por Ejercicio no refieren a **ECM**, sino a otros estímulos motrices, sobre todo las acciones isométricas prolongadas. Para finalizar este apartado, simplemente recordar que, en esta colección, dedicaremos un tomo completo a las aplicaciones deportivas del **ECM**, con énfasis prioritario en fútbol y básquetbol.

Figura Nro.24: Plantel Profesional del Santos Laguna, Campeón de la Liga Profesional 2018

Historia de una experiencia

Como señalaba más arriba, en 2018 recibo el honor de ser invitado al Simposio Internacional de Ciencias del Deporte organizado, en su Centro de Convenciones y Eventos, en el Camp Nou, por el Club Barcelona. El tema a desarrollar, era precisamente el que nos convoca en esta oportunidad, es decir, Neurobiología y **ECM**. Tuve la idea de cerrar la conferencia con alguna imagen o evidencia, aunque sea incipiente, de los efectos agudos de las intervenciones propias del **ECM**. Fue por ello que me comuniqué con mi amigo, el Dr. Silvio Marchegiani, dueño y director del mejor Centro de Diagnóstico por Imágenes de la ciudad de Córdoba, Argentina. No había intención alguna de diseñar un experimento, ya que no había tiempo para ello, sino alentar a futuros. Por ello, un par de semanas antes del Simposio, desarrollamos una experiencia piloto que luego compartí en el evento y, ahora, refiero sin profundizar demasiado en detalles.

Figura Nro.25: Agradecimiento al Dr. Silvio Marchegiani

Lo que quisimos fue comparar el efecto inmediato, en el cerebro humano y por RMF (Resonancia Magnética Funcional), de dos tipos de intervenciones. Ambas de 30 minutos: trabajo aeróbico, trotando a 10 km/h y actividades intensas de **ECM**, de carácter predominantemente perceptual, aunque también se incluyeron otras tareas cognitivas. Desde ya, ambas actividades comparadas con el registro basal, luego de 30 minutos de reposo, sugiriendo a los sujetos que no se concentren, dentro de sus posibilidades, en ninguna tarea mental. La experiencia se perfiló con 4 sujetos, siendo yo mismo uno de ellos. Los únicos antecedentes encontrados en la bibliografía daban cuenta de un incremento de la actividad e irrigación del cuerpo calloso luego del ejercicio aeróbico, ya sea en cinta o bicicleta. Pero nada encontramos, por entonces, respecto a otro tipo de tareas motoras, mucho menos con propuestas al estilo del **ECM**.

En las siguientes fotografías mostramos las 3 condiciones en los distintos planos: basal, aeróbico y **ECM**, sagital, coronal y transversal: lo que podemos observar, y hasta con cierta claridad, es la mayor activación de los lóbulos frontales. Se percibe con mucha intensidad en el caso del **ECM**. Lo mismo sucede con el cerebelo, quizás por la complejidad regulativa de las tareas propuestas.

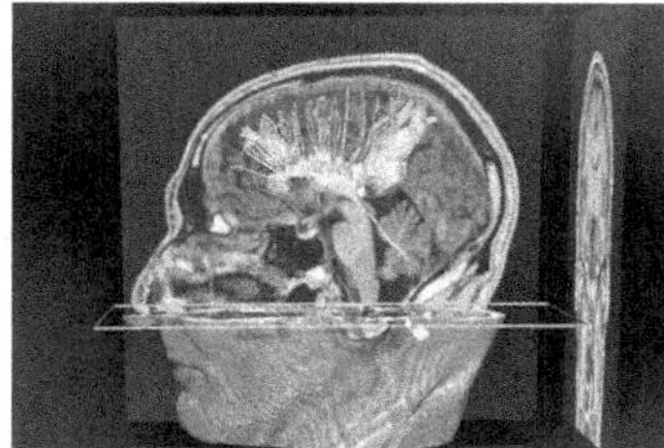

Figura Nro.26: Basal - Sagital

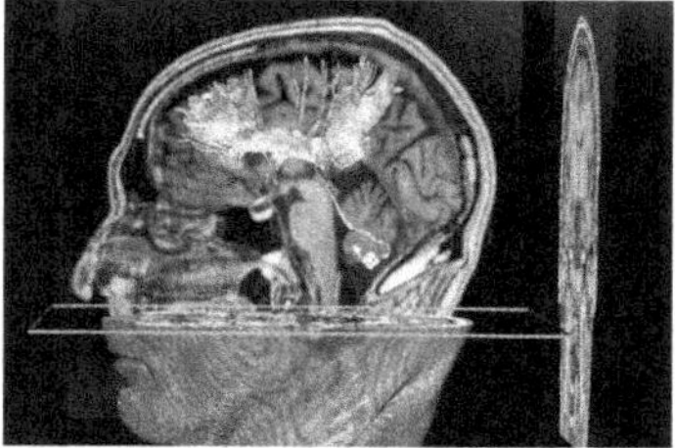

Figura Nro.27: Aeróbico - Sagital

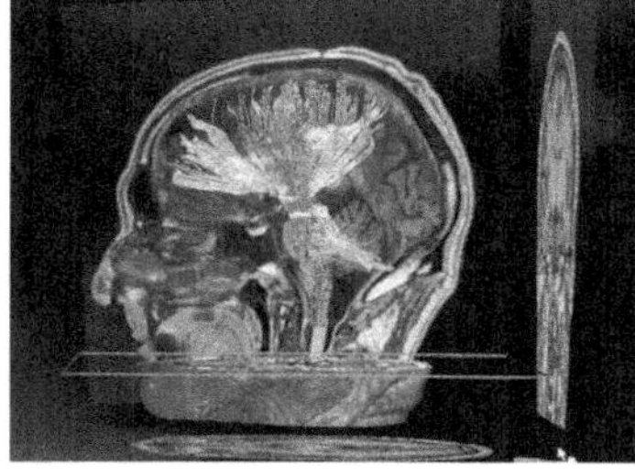

Figura Nro.28: Cognitivo-Motor - Sagital

En el plano coronal, si observamos atentamente, en la condición del **ECM** se intensifica la conexión interhemisférica. Se destaca una mayor activación del cuerpo calloso ya con el mismo ejercicio aeróbico. Pero con el **ECM** la conexión se manifiesta de forma más significativa.

Figura Nro.29: Basal - Coronal

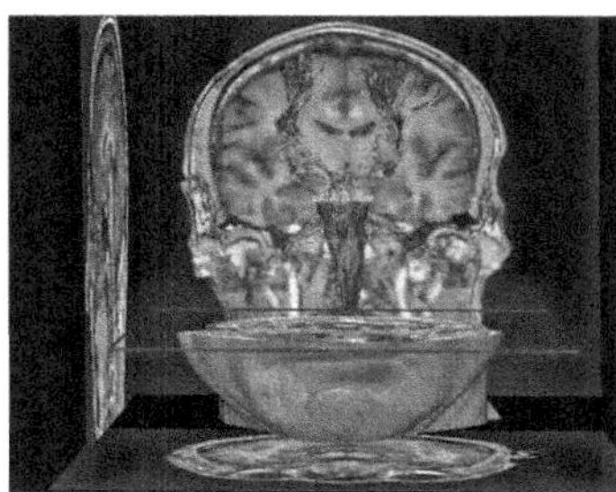

Figura Nro.30: Aeróbico - Coronal

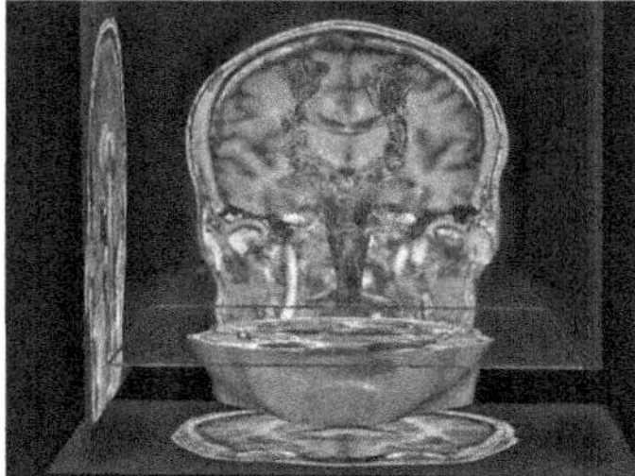

Figura Nro.31: Cognitivo-Motor - Coronal

En el corte transversal, las respuestas agudas son muy similares a lo que pudimos constatar con el corte coronal. Una progresiva y mayor activación del cuerpo calloso. En la condición de **ECM** sorprende como las fibras de asociación se intensifican su actividad.

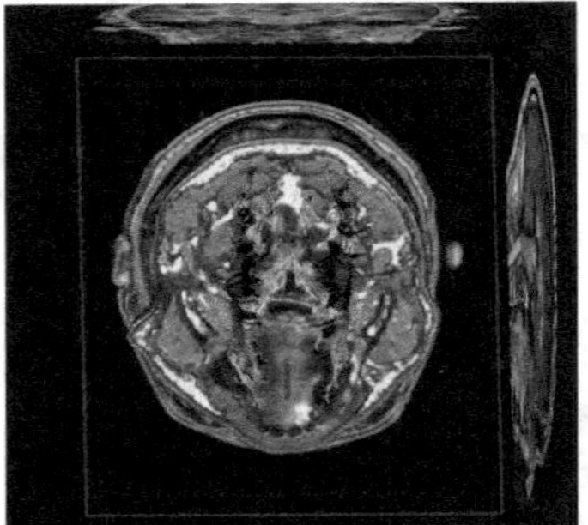

Figura Nro.32: Basal - Transversal

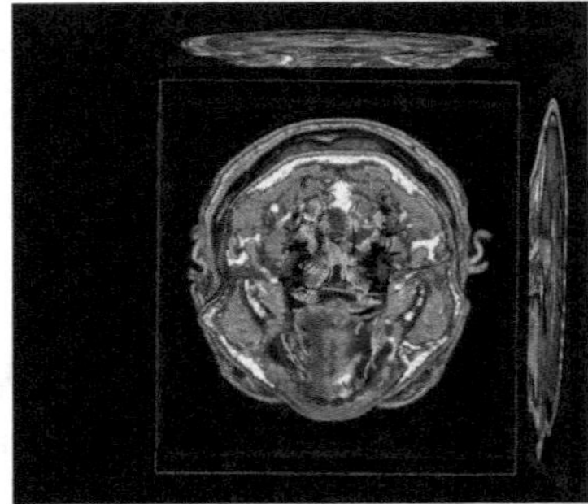

Figura Nro.33: Aeróbico - Transversal

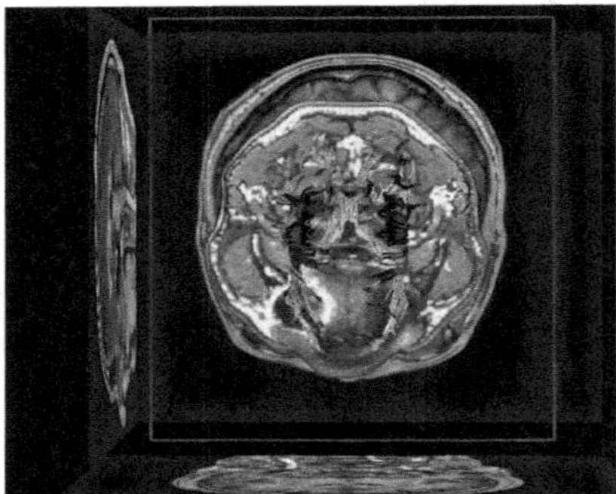

Figura Nro.34: Cognitivo-Motor - Transversal

En resumen, la experiencia del **ECM** permitió observar mayor activación en:

- Lóbulo frontal.
- Conexiones interhemisféricas.
- Cuerpo calloso.
- Cerebelo.
- MP1.
- CPM.

A la única conclusión que puedo llegar es acerca de la necesidad de seguir investigando. En el fondo, no sabemos mucho aún, en realidad casi nada, de los efectos agudos y crónicos del **ECM**. Entre tantas cosas que no sabemos podemos enumerar, y aun a riesgo de quedar cortos:

- Diferencias entre deportistas de élite.
- Efecto en el tratamiento de patologías del cerebro.

- Activación de otras zonas del cerebro.
- Duración de las activaciones.
- Adaptaciones crónicas.
- Diferencias entre sujetos (fuera de los que participaron en la experiencia).

Sobre todo, no sabemos lo que ocurre durante el movimiento mismo, por ejemplo, corriendo, saltando o resolviendo desafíos propios del **ECM**, ya que la RMF del cerebro es a posteriori de las tareas motoras, no durante las mismas. Incluso, la RMF del cerebro dura 8 minutos, y hasta podemos suponer que, transcurridos tanto tiempo, las respuestas agudas pueden cambiar. Los cascos que registran la actividad electroencefálica podrían, eventualmente, arrojar un poco más de luz en estas cuestiones. Quizás, también, más adelante surjan nuevos dispositivos que nos permitan comprender mejor lo que sucede en el sistema nervioso en general y en el cerebro humano en particular, al mismo tiempo que resolvemos problemas motrices.

Ahora bien, a pesar de que, por entonces, 2018, no disponíamos de otros registros experimentales, para la redacción de este libro en 2024-2025 las pesquisas de los últimos años nos han sorprendido. Es lo que compartimos en el siguiente apartado, lo cual confirma nuestras sospechas iniciales de los años anteriores. Sabemos que las imágenes compartidas recorrieron varios países y fueron analizadas por numerosos profesionales. Abrigo expectativas de que hayan inspirado (o quizás sea a ficción egocéntrica injustificada) al desarrollo de las investigaciones que a continuación referimos y comentamos.

ECM, evidencia experimental y activación cortical

Gran parte de los movimientos humanos son gatillados y regulados, primariamente, por los tractos córtico-espinales, que se originan en los lóbulos frontales y parietales, llegando a la médula espinal para inervar las porciones distales de las extremidades. Posiblemente la discusión contemporánea más apasionante remite a el "contenido" de la descarga descendente por la vía córtico-espinal: si se trata de comandos motores, predicciones o prognosis probabilísticas de carácter perceptual en general y propioceptivo en particular (lo discutiremos más adelante sobre la base de los trabajos de Friston y Adams). La MP1 o área motora primaria se conecta con las regiones que planifican el movimiento, tanto la CPM o corteza premotora, que organiza y guía el movimiento recibiendo, por otras vías, información sómatosensorial, y la AMS o área motora suplementaria, que contribuye a planificar movimientos conocidos, mientras la pre-AMS, los nuevos. Las funciones inhibitorias de la AMS serán estudiadas en el 5to tomo de esta obra, sobre todo las relativas al control inhibitorio y su relación con la conducta social.

La corteza prefrontal es clave para la regulación de las llamadas funciones ejecutivas. La CPF proyecta a la CPFDL o corteza prefrontal dorsolateral, que contribuye a las funciones ejecutivas y se conecta a la AMS. Respecto a las funciones ejecutivas, tan importantes en la sucesión de decisiones y acciones en la vida diaria, podemos identificar las de bajo y alto orden. Entre las primeras está la memoria de trabajo, entendida como la habilidad de mantener la información en la mente y ser capaz de manipular estos datos correctamente durante una tarea, siendo cruciales el rol de los ganglios de la base. También el control inhibitorio, o capacidad de restringir información, sobre todo la irrelevante. Finalmente, la flexibilidad cognitiva, o habilidad para cambiar entre dos o más actividades o formas de pensar. Las de bajo orden influyen en las de alto orden, que despliegan, finalmente, el plan de acción.

Ya Liu (2023) comprueba una relación entre mayor capacidad aeróbica y mejor performance en tareas cognitivas durante los ejercicios físicos. Sin embargo, lo más remarcable, es que la complejidad puede influir en la activación de centros nerviosos más elevados. La complejidad está relacionada a la dificultad de los ejercicios, la variabilidad y la incertidumbre. Kimura (2022) confirma un incremento de la actividad de la CPF en la ejecución de tareas duales durante ejercicios aeróbicos de moderada a alta intensidad: una alta activación de la CPF con actividades aeróbicas de moderada intensidad. Lee (2024) y Mirelman (2024) comprueban como el incremento de la complejidad al caminar aumenta la actividad de la CPF. Clauben & Heidelbach (2024), al aumentar la dificultad de los squats empleando superficies inestables, verifican mayor midriasis, o dilatación pupilar, lo cual da cuenta de una mayor actividad mental. Bafna & Hansen (2021) reportan que la conducta ocular indica la fatiga mental por activación noradrenérgica. Por su parte, Flanagan (2012) comprueba que la mayor complejidad en los ejercicios propuestos exige mayores demandas córticoespinales. Rosso (2024), verbigracia, da cuenta que las tareas duales mejoran la velocidad al caminar. En definitiva, suficiente evidencia que permite constatar la relación estrecha entre complejidad, tareas duales y activación cortical. El paso siguiente consiste en estudiar la posibilidad del incremento de las conexiones córtico-corticales como respuesta y adaptación al **ECM**.

La reorganización de las conexiones córtico-corticales merced al **ECM** también han sido demostradas. Hung (2013), Hülsdunker (2018) y Cavalen (2020) confirman mayor conectividad entre otras áreas corticales, no solamente mayor plasticidad córtico-motriz. Flanagan (2012) y Latella (2017) dan cuenta que, a mayor intensidad del ejercicio, más excitabilidad de las vías córtico-espinales, pero sin diferencias en las intracorticales, lo cual hace de la consideración de la intensidad del componente motor un aspecto clave del **ECM**. Para finalizar, Fontes (2020) confirma que la conectividad entre las distintas regiones corticales no se incrementa durante el entrenamiento tradicional, sino solamente entre las regiones corticales y el sistema locomotor. No obstante, conforme la carga se intensifica se desactivan algunas áreas corticales, principalmente las referidas a la cognición, mientras las áreas motoras permanecen activas.

Por consiguiente, tal como Diamond (2023) propone, cabe la posibilidad de considerar una modalidad de entrenamiento que solicite mayores demandas en cuanto a conexiones intracorticales se refiere, proveyendo adaptaciones neurales crónicas relacionadas a una mejor performance en las funciones ejecutivas, como producto de la interacción entre memoria de trabajo, flexibilidad cognitiva y control inhibitorio. Dallaway (2021), Díaz-García (2023), Lima-Junior (2023) y Staiano (2023) confirman como las funciones ejecutivas mejoran por efecto de las tareas duales que integran, unen y vinculan los desafíos físicos y los cognitivos, lo cual mejora la funcionalidad individual. Harold (2023) propone que las tareas duales propias del **ECM** pueden ser secuenciales o simultáneas. Tait (2017) entiende que las simultáneas son más parecidas a las AVD o ABC. Finalmente, y como complemento de tantos beneficios comprobados del **ECM**, Mahmood (2023) y Collado-Mateo (2023) verifican que estas tareas aumentan la motivación y adherencia a los programas de entrenamiento, aumentando la independencia y eficiencia de sus practicantes.

De alguna manera, nuestras sospechas de la década anterior son confirmadas por la reciente producción experimental. No sólo en sujetos no - deportistas, sino también en sujetos dedicados al alto rendimiento. Lo cierto es que nuestra actividad cerebral consume cantidades industriales de energía. La actividad digestiva compite con la cerebral, como así también la muscular y cardiovascular. De allí que, a mayor intensidad de trabajo físico, mayor predominio de conexiones córtico-espinales y no las córtico-corticales. Sin embargo, el **ECM** logra solicitar, promover y entrenar las segundas sin descuidar las primeras, y es ahí donde, en mi humilde opinión, radica su tremendo valor. No sólo la activación, por nosotros también registrada, de las cortezas prefrontal y dorsolateral, sino de otras conexiones córtico-corticales mientras estamos en movimiento. Sin dudas, todo un desafío y, paralelamente, estamos frente a un nuevo modelo de intervención para la condición física integral que, como tal, no puede dejar de lado ningún sistema funcional. Refuerzo la idea de que estos aspectos relativos a las ventajas del **ECM** inherentes a las respuestas y adaptaciones córtico-corticales no nos interesan solamente respecto a los deportistas, cualquiera sea su nivel de rendimiento, sino a la población en general. Todas las edades, condiciones y contextos socioeconómicos configuran el foco de nuestro interés por esta modalidad de entrenamiento.

Consideraciones finales

Se trata, apenas, de un primer capítulo de una colección que pretende, al menos, sumar 6 tomos distintos. El resto de este primer libro no abordará temas específicos como visión y deporte, propiocepción y su entrenamiento, memoria y su relación con el acto motor, aplicaciones en deportes específicos, y los otros tópicos que serán motivo de cada volumen del resto de la colección. No obstante, entiendo que dedicar un primer tratado para discutir estas cuestiones introductorias constituye un requisito insoslayable para una mejor comprensión y mayor aprovechamiento del resto de los tomos.

Nuevamente, recordar al lector que se trata ésta de una colección que considera, específicamente, al **ECM** en su relación con las bases biológicas fundantes aportadas desde las neurociencias. Describir y escribir acerca de toda posible relación entre movimiento humano y neurobiología acreditaría no una colección, sino una enciclopedia entera, y no estoy seguro hasta qué punto sería, incluso, suficiente. No obstante, a pesar de no poder tratarlos en esta obra, recomiendo muy especialmente el no dejarlos de lado, ya que todos son apasionantes. Por sólo citar un ejemplo, el tema de las neurotrofinas y su relación con el ejercicio regular es fascinante. En realidad, toda la fisiología del ejercicio es fascinante. Su estudio y profundización no es en vano, ya que sorprenden las consecuencias prácticas derivadas. Todas, sin excepción, a favor de una población general, cualquiera sea su status socioeconómico y condición, más saludable.

Para finalizar, entonces, recordemos que los siguientes 3 capítulos suponen un paréntesis obligado respeto al desarrollo del tema Cognitivo-Motor, para luego retomarlo a partir del capítulo 4. Entiendo que es absolutamente necesario, para continuar con esta obra y aspirar a una comprensión cabal de su mensaje, discutir los siguientes temas: la Secuencia Motriz, Modelos y Teorías de Aprendizaje y Control Motor e, inevitablemente, y de una vez por todas, trabajar sobre la noción de "Coordinación Motriz", tan omnipresente como ambigua, fuente de pintorescas y anecdóticas confusiones que se prolongan hasta la actualidad. Problema, por cierto, no resuelto aún. Recién luego, en los capítulos finales retomaremos el **ECM**, con su metodología general, los recursos didácticos para su implementación y el trabajo de algunos de sus precursores.

Capítulo 2
La Secuencia Motriz

En febrero de 1984 asistía al cursillo de ingreso para el Profesorado en Educación Física de Córdoba (IPEF). Su carácter era obligatorio y precedía a un exigente examen de admisión que se extendió por otras dos semanas completas. En esos catorce días previos a las pruebas, tanto teóricas como de performance motriz, teníamos clases con el Profesor Antonio García, al cual ya me referí en el capítulo anterior. En un pequeño grupo, durante una clase teórica que me tenía fascinado, recuerdo patente, Antonio me arroja una tiza y acierto en tomarla antes que caiga al suelo. Inmediatamente nos mira a todos y pronuncia esta pregunta que, más de 40 años después, aún no puedo olvidar ni, mucho menos, descifrar: ¿alguna vez se cuestionaron lo que sucede *entre que* Mario percibe la tiza *hasta que* extiende el codo y, finalmente, la atrapa con su mano? Tenía 17 años y apenas comenzaba a asomarme a un mundo que nunca imaginé que pudiera ser tan maravilloso. No atreví a enunciar respuesta alguna. Hubiera sido irreverente y, peor aún, irrelevante.

Sin embargo, aún recuerdo el rostro de mis compañeros, el del mi profesor y su atuendo (pantalón, saco y corbata bordó, impecable camisa blanca) y, pasados tantos años, la pregunta sigue sin poder ser respondida de manera satisfactoria. La motricidad en general, y la humana en particular, sigue siendo un misterio. Aun así, es uno de los fenómenos más fascinantes, ya que el movimiento, como componente final del acto motor, es nuestra única conexión entre el mundo interno y el externo, el puente ineludible en un viaje sin nave ni peaje. Como si fuera poco, incluye boleto de regreso ya que, del mundo exterior, los demás llegan a mí, también e inexorablemente, a través del movimiento. Tengo mucho para agradecer a esta carrera, la Educación Física, aunque nada tanto como haberme mostrado lo más extraordinario: el movimiento y su relación con el pensamiento humano. Junto a ello, la invitación a estudiarlos y descubrir sus vínculos inextricables. Incluso, considerar la posibilidad de emplearlos como herramientas educativas y de promoción de la salud de la población, como así también de prevención primaria.

Si bien todo puede ser controversial, sería difícil conceder argumentos que, como en el ejemplo de la tiza, pretendan justificar que no ha habido ni percepción ni acción. Un escepticismo natural y moderado es saludable. Ya como un fin en sí mismo, retrasa y estanca la evolución fluida del conocimiento. El sistema visual contribuye a detectar la aproximación de un objeto que, luego -milésimas de segundos- el procesamiento perceptual confirma como una tiza. La acción es inobjetable: muevo el miembro superior derecho y tomo la tiza. Muy probablemente, también lo hubiera hecho sin alcanzar a advertir que se trataba de una tiza. Los acontecimientos se sucedieron en el tiempo. Aunque algunos se dieron al mismo tiempo, no hubo sólo simultaneidad sino, también, sucesividad.

La percepción precedió a la acción, la cual, luego, realimenta el proceso. Se trata de un ciclo, conocido como percepción-acción. Sin embargo, nuevamente, tal como en la música, hay secuencia o sucesión y, a la par, hechos o eventos simultáneos. El acto motriz, tal como una sinfonía, era definido por Alexander Luria como una "melodía kinestésica". Como en toda canción o tema musical, a menos que se trate de un solo vocalista, hay sucesión y simultaneidad. En el movimiento humano nunca hay un solo protagonista, por elemental que sea. Apenas aun moviendo un simple párpado, tenemos que considerar que se trata, siempre, de una orquesta. Hay procesos seriales y paralelos, es decir, secuencia o sucesión y simultaneidad o correlatividad. También presente, inclusive, un alma casi imperceptible, como una suerte de "telón de fondo", tal como el bajo constituye la base de las buenas producciones en las bandas de rock y otros géneros musicales. Se trata del tono muscular, lo que está atrás y sostiene lo demás, a cargo, y las destaco, de las siempre injustamente desacreditadas, por lo especialistas en fuerza, fibras ST o slow twitch.

Tan parecidos son el movimiento, no sólo del ser humano, sino de todo organismo dotado de intención, y la música, que no es descabellado entender a esta última como consecuencia del primero. En el fondo, toda música es efecto del movimiento. No hay acorde musical que no sea producto de una actividad muscular, y no hay movimiento que no sea precedido por un proceso anticipatorio, es decir, una partitura, por elemental que sea. Tal como la música. Por eso, verbigracia, ésta puede ayudarnos, también, a entender mejor el movimiento humano. El lenguaje contribuye también a explicar este complejo fenómeno.

Bernstein solía describir, con prístina claridad, que los movimientos son frases hechas de palabras, las sinergias, cuyas letras son los músculos. Mejor explicado, quizás, imposible. Luria, como una melodía. Bernstein, como una frase. Los dos tienen en común el despliegue en el tiempo de acontecimientos que, también, se dan simultáneamente. Una inexorable partitura con la secuencia compactada, compuesta por instrucciones abstractas y rudimentarias, una decisión para iniciarla y un despliegue en el tiempo. En definitiva, un "grama" o registro abstracto, general, que no contiene información acerca de sus posibles versiones. Es por ello que su interpretación acredita manifestaciones de lo más variadas, sin importar los instrumentos que sean empleados, razón por la cual podemos, por ejemplo, reconocer los acordes de nuestro Himno Nacional más allá de que se trate de una variante clásica, lírica, folclórica y hasta, inclusive, cuarteto cordobés.

Por consiguiente, el propósito de este capítulo es plantear el problema de la secuencia propia del acto motriz o, en otros términos, la posibilidad de considerar al acto motriz como el despliegue de una sucesión prestablecida que, no obstante, incluye funciones en paralelo o simultáneas. Algunos lo llamaron modelo "cibernético". Otros, ciclo "percepción-acción". Quizás los nombres no sean lo más importante, sino la discusión acerca de la relevancia de su estudio como recurso para la creación e implementación de nuevas propuestas metodológicas, tanto para la Educación Física en la escuela como en los sistemas de preparación para deportistas, cualquiera sea su nivel de rendimiento.

Por lo pronto, prefiero no emplear nombres complejos y remitirme a la noción de "secuencia motriz". Con ella aludo a las etapas que se despliegan durante la ejecución de una acción motriz, a su esquema, correlatos biológicos y procesamiento. Se trata de una invitación a preguntarnos por lo que sucede en el cerebro y resto del sistema nervioso de un sujeto cuando ejecuta un movimiento, sobre todo intencional, es decir, una praxis voluntaria. Supone la clara detección de etapas diferenciales y susceptibles de ser estudiadas por separado para, luego, integrarlas y, junto con ello, construir posibles consecuencias didácticas, en tanto entrenadas como unidades funcionales específicas. No la llamo secuencia "neuromuscular" ya que esta dimensión es sólo una parte del itinerario completo, y ni siquiera, quizás, la última. Tampoco, necesariamente, la más relevante. Todos los componentes de la secuencia motriz son, inevitablemente, neurales. No todos, neuromusculares.

Dos tipos de procesos

El modelo de secuencia motriz, cuya presentación inicial es el objetivo de este capítulo, admite dos tipos de procesos: seriales y paralelos. Los seriales o secuenciales son aquellos que se dan en un orden temporal específico, dependiendo cada uno del anterior. Como luego compartiré, reconozco, con cierta claridad, al menos 10 grandes instancias o funciones caracterizadas por su encadenamiento sucesivo. Los procesos concomitantes o paralelos, por otro lado, sustentan todo el proceso, registrándose desde un primer momento, acompañando a los seriales y sosteniendo al movimiento hasta su resolución definitiva. Nuevamente, pocas dudas parecen quedar al reconocer, por lo menos, 5 grandes funciones paralelas. Posiblemente la única inquietud sea respecto a los que todos conocemos como "motivación", tratándose de un fenómeno que es más fácil de considerar como paralelo, aunque también podemos argumentar y postular su expresión como un paso concreto en la secuencia motriz. El plan de la secuencia motriz… ¿tiene un relevo obligado en el núcleo accumbens, u otros núcleos vinculados a la motivación, antes de ser proyectado hacia la MP1 o área motora primaria (4 de Brodmann)? En el fondo, no lo sabemos, aunque nada impide sospechar que se pueda tratar de un relevo previo a la ejecución motriz propiamente dicha.

Con respecto a los procesos secuenciales o seriales, con claridad, y sin ánimo simplificador, distingo al menos diez instancias:

1. Sensación.
2. Percepción.

3. Representación.
4. Integración témporo-espacial.
5. Lógica motriz.
6. Toma de decisiones.
7. Planificación de la secuencia motriz.
8. Control inhibitorio.
9. Ejecución motriz.
10. Control y ajuste regulativo.

Hay o podría, eventualmente, haber otros, pero éstos son los más fácilmente identificables. Lo importante es que, más allá de ser definidos, también son entrenables. De hecho, podrían considerarse innumerables pasos intermedios y hasta discutir acerca de si realmente son seriales o no. Sin embargo, comenzaremos por los arriba enunciados, que luego comentaremos, y no desde una mirada neurofisiológica profunda ya que, para esto, miles de textos especializados lo hacen con precisión helvética. El propósito es compartir reflexiones acerca de las posibles consecuencias derivadas para la construcción de una didáctica especial, tanto para la Educación Física como para el **ECM**.

Propongo la consideración de estos 10, ya que son difíciles de poner en tela de juicio. No sólo como funciones en sí mismas, sino en tanto su carácter dependiente de las precedentes o influyentes en las subsiguientes. Costaría, por ejemplo, dudar acerca de la posibilidad de que haya percepción sin sensación. O que pueda haber representación sin la previa presentación por parte del proceso perceptivo. La integración témporo-espacial sucede la percepción y precede a ese cálculo probabilístico de posibilidades que llamamos lógica motriz. Es difícil cuestionar, siguiendo la misma línea de razonamiento, que no tomemos decisiones basados en un proceso de lógica motriz, a margen o no de la consciencia, ya que hasta en una básica y elemental reacción refleja, puedo decidir anular la fase eferente o motriz a partir de la intervención voluntaria. Siempre decidimos. Aun cuando no decidimos, decidimos no decidir.

De la misma manera, sería difícil defender la idea que elaboramos una secuencia de acciones motrices sin que los pasos precedentes hayan anticipado dicha construcción. O que ejecutemos sin elaboración previa, a menos que se trate de un PGC o Patrón de Generación Central que, para las acciones locomotrices naturales, como la marcha, prescinden de descargas descendentes y/o señales aferentes o centrífugas. Aun así, los PGC pueden ser intervenidos por la voluntad, haciendo de lo que sucede, en caso de proponérselo, objeto para la consciencia. Los mecanismos de ajuste deben, claro está, esperar el inicio de la acción muscular, siendo muy poco probable que el proyecto inicial no acredite correcciones. El valor final es el corolario del proceso, nuevamente, difícil de negar.

Todo atento lector seguramente habrá notado, desde su mirada aguda, que no he incluido la descarga eferente central entre la elaboración de la secuencia y la ejecución motriz. El motivo es que, en el fondo, no sabemos a ciencia cierta lo que, en definitiva, se "descarga" descendentemente por la vía córtico-espinal. La mirada tradicional entendía que se trataba de "comandos motores". Sin embargo, ya por 1935 Bernstein enseñaba que el cerebro no puede codificar todas las variables constitutivas del movimiento humano, es decir, las que podemos efectivamente registrar y medir en un laboratorio estándar de fisiología neuromuscular aplicada.

Dicho de otra manera, nuestro cerebro no determina ni los grupos musculares que se contraen, o los músculos, fascículos ni, mucho menos, unidades motoras y su patrón de descarga. Todo lo que, eventualmente, podemos registrar con complejos dispositivos en laboratorios de fisiología neuromuscular, no puede ser prestablecido o regulado por la corteza cerebral. No sólo Bernstein entendía que la corteza motora no podría encargarse de tan oneroso menester, sino muchos otros especialistas en Control Motor. Entre ellos, Anatol Feldman y Mark Latash, en gran parte influidos por los trabajos del célebre investigador ruso. Lo que, eventualmente, desde la MP1 podría descargarse, lejos de ser una orden o comando motriz, es una predicción inductiva o "prognosis probabilística", de contenido principalmente propioceptivo, dejando al resto del sistema nervioso, sobre todo periférico, la concreción de la ejecución propiamente dicha. Más adelante, sin dudas, profundizaremos al respecto. Posiblemente, incluso, dedique un capítulo íntegro a este asunto en el penúltimo volumen de la colección.

A los procesos paralelos o concomitantes los llamamos así ya que es imposible atribuirles la propiedad de ser un "paso" en el proceso secuencial. Es decir, están presentes casi en todo momento y sustentan el itinerario completo, o gran parte del mismo. Algunos pueden darse o no, e intervenir con mayor o menor grado de relevancia en el resultado final. Como mínimo, podemos identificar los siguientes, aunque podrían sumarse otros:

- Feed-Back o realimentación.
- Atención.
- Memoria motriz.
- Motivación.
- Estados y procesos emocionales.

A continuación, comentaré algunos rasgos que entiendo son interesantes de estos procesos, tanto seriales como paralelos, aunque no aspirando a la profundización y sutileza neurofisiológica, sino en relación a posibles aplicaciones en nuestro campo de acción, que son las prácticas motrices específicas del **ECM**. Recordemos que luego, en otros volúmenes de esta colección, trataremos con mayor profundidad cada una de estas fases, adjuntando gráficos e ilustraciones para una mayor comprensión anatómica y fisiológica. De allí que, a continuación, solo consideraré los aspectos relevantes de estos procesos sólo vinculados al tema que nos convoca, la secuencia motriz y su relación con el **ECM**, como tópico introductorio insoslayable para la continuidad coherente de estos estudios.

Sensación

No todos los movimientos humanos tienen como punto de partida la estimulación sensorial. Sin embargo, la adquisición de los mismos, su aprendizaje inicial, difícilmente pueda omitirla: los sistemas sensoriales proveen el material insoslayable para los aprendizajes en general y los motrices no escapan a esta regla. La sensación es la primera etapa y de ella depende el acceso a la "materia prima" para la elaboración de la secuencia motriz. Es el proceso que se da entre la estimulación inicial de los receptores hasta la proyección de la información en un área estriada concreta, de recepción primaria, en la corteza cerebral. Permite captar rasgos no unificados del objeto, fragmentarios, sin posibilidad de identificación, ni codificación verbal y lingüística. En otros términos, la sensación provee los "escorzos" no unificados que, luego, serán amalgamados o ligados por el proceso perceptual, permitiendo el reconocimiento final del objeto.

Entre las funciones más importantes del sistema nervioso, está la de obtener información sobre las condiciones físicas y químicas del medio ambiente interno y externo, con sus variaciones. Esta información resulta crucial para conservar la homeostasis, contrarrestar la heterostasis, adaptarse a las condiciones del medio y, así, sobrevivir. En todos los sistemas sensoriales hay elementos y características comunes, tanto en la anatomía como en la función básica de sus componentes. Un sistema sensorial es el conjunto de órganos, vías y centros nerviosos especializados en la captación, codificación y transmisión de la información sobre las propiedades del medio externo o interno hasta el SNC. Su procesamiento es cruzado: lo que capta un hemicuerpo es procesado por el hemisferio cerebral contralateral. Los sistemas sensoriales, alguna vez llamados "analizadores" en nuestra profesión, constituyen el soporte anatómico y fisiológico del proceso. Al menos 5 componentes pueden identificarse, con claridad, en cualquier sistema sensorial:

1.   Receptores y para-receptores.
2.   Vía aferente o neurona sensitiva.
3.   Centro de integración y relevo.
4.   Área de proyección primaria.
5.   Vía moduladora eferente o motriz.

Se puede considerar a los receptores como verdaderos intérpretes que traducen y codifican todas las dimensiones del lenguaje analógico del medio ambiente al lenguaje digital del SNC. Los cambios del medio ambiente se presentan en la naturaleza en forma de variaciones graduadas y continuas, constituyendo mensajes analógicos, es decir, ondulantes y continuos. Pero las neuronas recogen, transmiten e intercambian información en forma de potenciales de acción, con características "todo o nada", con códigos digitales, discontinuos o cuánticos.

Los receptores son las estructuras encargadas de dar comienzo al proceso. Pueden ser o células no neurales especializadas o terminales nerviosas, por lo general no mielinizadas, que cambian su potencial de reposo al tomar contacto con una fuente específica de energía, ya sea mecánica, química o de otro tipo. En otros términos, inician el proceso de conocimiento. Admito haber pasado gran parte de la vida estudiando los receptores mecánicos al estiramiento: las fibras intrafusales en el interior de complejas cápsulas alargadas llamadas "husos neuromusculares". El interés por los otros propioceptores llegó un poco más tarde, y ayudó a advertir que son muchos más los receptores que nos pueden interesar para entender mejor el proceso de aprendizaje y control del movimiento humano. Conocer los receptores y sus estímulos adecuados ayuda a preparar a nuestros alumnos para los futuros aprendizajes. Permite dilucidar el modo de activar los canales sensoriales que proveen la información necesaria para construir aprendizajes y resolver situaciones contextuales. Incluso, la manera de inhibirlos, a los efectos de capitalizar al máximo la información provista por otros receptores o amplificar su captación específica, con utilidades varias.

Los para-receptores se denominan, también, estructuras anexas. Protegen a los receptores de la intensidad de las señales o amplifican la captación de las mismas. Tal es el caso de los párpados, pabellones auriculares y tantos otros. Muchas veces me he preguntado si, a nivel propioceptivo, las cápsulas que configuran los HNM (husos neuromusculares) no son, en definitiva, los para-receptores de los receptores propiamente dichos, las fibras intrafusales. Tal como la cápsula de los GTO (órganos tendinosos de Golgi) o las vainas que envuelven los órganos de Ruffini. Sea como fuere, los para-receptores colaboran con la función propia de los receptores y es útil considerar sus funciones.

La vía aferente o neurona sensitiva comunica el cambio del potencial del receptor hacia el SNC. Hay neuronas aferentes o sensitivas de distinto tipo, diámetro y velocidad de conducción. Las que particularmente nos interesan son las IA, IIA y las IB. Las dos primeras envían información al SNC acerca de los acontecimientos mecánicos de las fibras intrafusales y las últimas, desde los órganos tendinosos de Golgi. Las de conducción más rápida (90-120 m/s) son las IA, luego las IIA (60 - 90 m/s) y finalmente las IB (30-60 m/s). Todas mielinizadas. Para nuestros propósitos, la profundización en el estudio de la estructura y constitución profunda de las vías aferentes no reporta, opino modestamente, mayores ulterioridades o consecuencias metodológicas gravitantes.

Los centros de integración o "relevos", por otro lado, son de extrema importancia. Antes de llegar a la médula o al tálamo directamente, toda la información con la que luego construimos los movimientos es conmutada, modificada, filtrada. En otros términos, pierde su carácter inicial. Es tanto el procesamiento que los datos sufren desde su recepción inicial que, aunque nos esforcemos por afirmar lo contrario, nunca podríamos conocer el mundo como realmente es, sino como finalmente llega a nuestro SNC y finalmente es construido por nuestros presupuestos cognitivos. El mundo es como es, pero lo conocemos como, en este momento en la escala evolutiva, podemos llegar a conocerlo, es decir, como somos. Desde un punto de vista operativo, nos ayuda a entender que el mismo mensaje nunca será ni entendido ni interpretado de la misma manera por nuestros alumnos. Tal como Nietzsche afirmaba entonces, no hay hechos, solo interpretaciones.

Los GRD o ganglios de la raíz dorsal ya conmutan la información propioceptiva y nociceptiva antes de llegar a la médula. Luego, el relevo obligado de toda la información que nos puede interesar para el Control Motor y el **ECM** es el tálamo. Todo dato sensorial, excepto el olfativo, releva ahí. Es como el aeropuerto internacional al cual llegan los vuelos que, luego, se distribuyen al resto del territorio nacional. Antes de proyectar a la corteza, toda la información releva en el tálamo que, tal como el córtex, cartografía la distribución de los receptores en la periferia del resto de nuestro cuerpo. Respecto a este "mapeo", ya que es común a las áreas estriadas de proyección primaria, lo comentaré seguidamente de manera integrada.

Las áreas de proyección primaria en la corteza cerebral son específicas por modalidad y reproducen, en su extensión, la densidad de receptores propia de una determinada región de nuestro cuerpo. El concepto de "homúnculo sensorial" permite entender esta relación entre densidad periférica y el cartografiado cortical de las distintas regiones. Hay mucho para comentar acerca de lo que sucede en estas áreas de proyección primaria. La noción de "homúnculo" quiere decir, en definitiva, "pequeño hombrecito". Tal como si se tratase de una pequeña figura de cerámica, el tamaño de las partes de nuestro cuerpo se representa en función de la densidad de receptores que ellas posean. Más abajo vemos una fotografía, tomada por mí mismo, en el Museo de Ciencias Naturales de Londres, mostrando tales pequeños "homúnculos".

Figura Nro.35: Homúnculos sensorial y motor

Lo que no resulta enteramente claro, es porqué o para qué nuestro SNC necesita cartografiar o mapear, punto por punto, la distribución de los receptores en la periferia de nuestro cuerpo. Nicholas Humphrey, en su libro "una Historia de la Mente" (1992) entiende que es la condición necesaria para la emergencia de los procesos conscientes. Tanto el tálamo como la corteza, al representar o reproducir la distribución periférica de los receptores en sus propias células, posibilitan la consciencia. De hecho, tanto la consciencia como el cartografiado en tálamo y áreas estriadas, existen. Lo que no es claro es *como* se convierten en condiciones de posibilidad para los procesos conscientes.

Lo cierto es que las descargas ascendentes se distribuyen en los mapas talámicos y corticales de manera precisa, ordenada. Tal como si hubiera asientos a la espera de los únicos compradores de esos boletos exclusivos. Cada pasajero ingresa y se sienta en la butaca que le corresponde. No cualquier área o capa cortical recibe cualquier dato. La distribución es precisa, ordenada y sigue un itinerario secuencial. Sin embargo, es una recepción altamente especializada en cuanto a los rasgos particulares del objeto se refiere. No de su totalidad unificada o integrada. Neuronas sutilmente especializadas, en las capas granulares II y IV, disparan ante rasgos precisos y definidos del objeto, cualesquiera sean los componentes de los mismos. En las áreas de proyección primaria visual hay, por ejemplo, neuronas que responden sólo a líneas de tal o cual dirección, ángulos específicos y longitudes de onda puntuales. El misterio, tal como trataremos al considerar la siguiente función, es decir, la percepción, es el de la unión, liga o integración de todos estos datos fragmentarios en un solo objeto que permita luego, su reconocimiento e identificación.

Con el homúnculo motor, del otro lado de la cisura de Rolando, sucede lo propio. Los sectores con representación topográfica de mayor superficie, corresponden a los sectores con mayor densidad de motoneuronas. No necesariamente a la mayor densidad de fibras musculares. Son las zonas donde cada motoneurona toma menos fibras. Hay una correspondencia casi exacta entre el homúnculo motor y el sensorial. A mayor coordinación fina, mayor necesidad de captación diferencial de información sensorial, excepto en las zonas genitales, donde el predominio es sensorial, como condición más importante que la motriz para la reproducción de la especie.

Finalmente, todo sistema sensorial opera motrizmente. Los receptores dependen de la actividad de las fibras musculares, que reciben descargas desde sus motoneuronas específicas. El proceso sensorial no deja de ser, en definitiva, motriz. Por sólo citar algunos ejemplos, la actividad de la pupila depende de la mayor o menor relajación de los músculos del iris, la del cristalino, del músculo ciliar, la del oído, de la de los músculos que insertan en martillo, yunque y estribo, la de las fibras intrafusales, en tanto inervadas por el sistema motor gama… ¡de ellas mismas! Sin dudas, otro de los tantos misterios de la propiocepción.

Entre los procesos y propiedades básicas de la fisiología sensorial, si bien son muchos más los que podríamos citar, comenzaremos por estos 6:

- Transducción.
- Conversión analógico-digital.
- Estímulo adecuado.
- Campo sensorial.
- Post-descarga.
- Adaptación.

Procuraré explicar la transducción y la conversión analógico-digital de manera integrada. La transducción no es otra cosa que la transformación de un tipo de energía en otra. Ya desde el mismo momento en que un receptor modifica su potencial de reposo, se da el fenómeno de la transducción. Toda la energía en la naturaleza se comunica de manera analógica, ondulante. Sin embargo, no es la manera como nuestro sistema nervioso la transporta. Él solamente emite información de manera digital. El lenguaje de las neuronas no es analógico, sino digital. Para que esa transformación de un tipo de energía en otra se convierta en un mensaje neural y, finalmente, haya conocimiento, la neurona sensorial debe despolarizarse o, al menos, cambiar el patrón de descarga que tenía antes de la estimulación del receptor. Para este proceso, que no es otro fenómeno que la conversión analógico-digital, la transducción debe superar cierto umbral. Una vez que el mensaje analógico se reproduce como un código específico de descarga, nos encontramos frente a la conversión analógico-digital. Un estímulo analógico se transforma, finalmente en un mensaje digital.

Toda la información que circula por nuestro sistema nervioso lo hace, en definitiva, de modo digital. Por el complejo entramado del "cablerío" neural solo se despliegan ráfagas al estilo código "morse". Al menos, es lo que mejor se me ocurre como símil para poder explicarlo. Ya un mensaje transmitido en código binario (todo o nada) puede revestir gran complejidad. La codificación neural es compleja, a pesar de ser binaria. Incluye un código de frecuencia (número de descargas por unidad de tiempo), temporal (variación de la duración de los silencios entre potencial y potencial), de fase (relación temporal entre aplicación del estímulo y respuesta), duración de ráfagas de descargas y espacial (fibras que descargan dentro de una población total de axones). El misterio siempre ha sido, es y quizás siga siendo, el cómo a partir de ahí se presentan y representan imágenes para nuestra mente, y mucho más complejo aún, el cómo extraemos finalmente de semejante entramado o cablerío neural y códigos binarios, los significados. La historia y la psicología evolutiva, como así también la filosofía de la mente, podrían ayudarnos a dilucidar tan apasionante misterio.

Otro de los aspectos interesantes, que invitan a pensar, es la cantidad de estímulos que, quizás en este mismo momento, estén generando transducción en nuestros receptores, pero no alcanzan a superar el umbral mínimo como para promover conversión analógico-digital. Es decir, que no podemos llegar a conocer: rayos ultravioletas, ultra e infrasonidos, ondas magnéticas y vaya a saber que tantos otros. Por consiguiente, del mundo sólo podemos conocer lo que la complejidad de nuestros sistemas sensoriales hoy, en el grado actual de nuestra historia evolutiva, nos permiten conocer. Y no sólo depende de nuestros sistemas sensoriales, sino de todo el procesamiento perceptual posterior. Recordemos que muchos factores modifican el potencial del receptor como, por ejemplo, el grado de acidez del ambiente intersticial.

El estímulo adecuado es aquel para el cual el receptor está perfilado para responder de manera inmediata, específica, aunque no única. Supone la especialización de un receptor para un tipo de estímulo. Por ejemplo, conos y bastones en la retina responden al estímulo adecuado de la señal lumínica. No obstante, tanto sonidos como vibraciones próximas al globo ocular pueden gatillar, por ejemplo, sensaciones -no percepciones- visuales. En otros términos, los receptores responden no única, aunque preferentemente, a su estímulo adecuado.

El campo sensorial es la superficie en la que un número determinado de receptores es inervado por la misma neurona sensitiva. Ésta, junto con la totalidad de receptores que inerva, compone el campo sensorial o receptivo. A nivel táctil es sencillo advertir la extensión de un campo sensorial. Dos estímulos que impactan en el mismo campo sensorial son detectados como uno solo. Si apoya dos extremos agudos en la yema de los dedos, seguramente detectará dos pinchazos. Los campos sensoriales son muy pequeños, pocos receptores táctiles son inervados por muchas neuronas sensitivas y, por consiguiente, la sensibilidad es fina: siente dos puntas comprimiendo su piel. Si hace la misma prueba en el antebrazo, a pesar de preservar la distancia entre las puntas, seguramente sentirá un solo pinchazo, y deberá separar bastante esas puntas a los efectos de detectar los dos apoyos. En el antebrazo, muchos receptores son inervados por pocas neuronas sensitivas. Los campos sensoriales son más grandes y la sensibilidad es verbigracia, menor o, si lo prefiere, más grosera.

La post-descarga es la reverberación de las vías aferentes que siguen descargando al SNC, a pesar de que el estímulo ya no genere transducción en el receptor. La información prosigue circulando por las vías aferentes y seguimos sintiendo la deformación, tal como cuando nos sacamos un sombrero y continuamos creyendo que lo tenemos puesto. En el caso de los receptores mecánicos no es difícil encontrar numerosos ejemplos de esta propiedad de los sistemas sensoriales, sobre todo debido a la configuración plástica de las cápsulas que los protegen. No es el caso de los exteroceptores, como la vista y el oído.

Exactamente lo contrario es la adaptación. Se trata de la propiedad de la actividad sensorial que, quizás, más merezca ser comentada y tenida en cuenta para nuestros propósitos. Alude a la reducción de la capacidad de un sistema sensorial debida al acostumbramiento de sus receptores. Un ejemplo típico es cuando escuchamos música con los auriculares, vamos subiendo de a poco el volumen a lo largo del día, los apagamos a la noche y al día siguiente, al encenderlos, nos sorprendemos del alto del sonido con el que terminamos el día anterior. En nuestro universo del Control Motor, se trata de una propiedad a tener en cuenta. Un ejemplo emblemático es el bloqueo por estereotipia, es decir, cuando el deportista no puede mejorar sus marcas, o se encuentra, de pronto, con dificultades para aprender nuevos movimientos o desplegar con calidad los ya aprendidos. Este estancamiento mucho tiene que ver con, precisamente, la adaptación de los receptores propioceptivos. De allí que una posibilidad metodológica concreta para superar esta meseta es, precisamente, cambiar el escenario kinestésico.

Del conocimiento de los sistemas sensoriales se desprenden numerosas consecuencias para quienes abrazamos con pasión el estudio del movimiento humano, como así también el Aprendizaje y el Control Motor. Son los canales de acceso de información y de su capacidad de recogerla y transmitirla depende el resto del proceso. Los sistemas sensoriales son altamente entrenables, no sólo en edades tempranas, sino toda la vida. El proceso psicomotriz subsiguiente depende de la calidad de esta etapa. No debemos olvidar que, precisamente, por ahí se inicia todo el ciclo de la secuencia motriz. Cada deporte tiene sus sistemas sensoriales predilectos. Lo fascinante es la variabilidad en la preferencia sensorial por la que cada deporte se caracteriza. Los sistemas sensoriales proveen la materia prima, sin la cual, tanto los aprendizajes como los ajustes posteriores serían imposibles. Detectarlos, saber cómo evaluarlos y entrenarlos es fundamental para que, luego, no se transformen en una limitación para la evolución motriz del sujeto. De allí que, como capítulo especial de este tomo, dedicado a la Metodología General del **ECM**, repasaremos la didáctica especial del entrenamiento de los sistemas sensoriales, con consecuencias particulares para el mundo de la motricidad y el deporte.

Percepción

Se trata del proceso posterior a la sensación, más complejo, y sustentado por ella. No todos entienden que son fenómenos diferentes, argumentando que, en definitiva, se trata de un mismo acontecimiento fisiológico. Lo cierto es que, en definitiva, son pocos los que postulan esta tesis y sus argumentos no son tan consistentes como los que distinguen, cabalmente, sensación de percepción. Esta última permite la identificación del objeto, habiendo analizado e integrado los rasgos fundamentales de la información provista por las sensaciones. La percepción opera relacionando tales datos con similares del pasado, integrándolos (problema de la unión), permitiendo identificar y, desde ya un problema a discutir, finalmente nombrar. La calidad de la percepción depende de la sensación, aunque luego anexa muchos otros procesos que la complejizan. También es entrenable, tanto como la sensación.

Una de las teorías de la percepción que más consistentes me parecieron, de tantas que he estudiado a lo largo de la vida es, paradójicamente, bastante antigua. Alexander Luria la explicaba, pidiendo disculpas por anticipado por las limitaciones lógicas de mis propias palabras, de la siguiente manera: conforme las áreas estriadas de proyección primaria van recibiendo información parcial y fragmentaria del objeto, conexiones córtico-corticales van dando cuenta al lóbulo frontal de tales aspectos constitutivos, aún no integrados. El lóbulo frontal, en base a esta data parcial, va elaborando una hipótesis acerca de la identidad del objeto. Cuando sus conjeturas son confirmadas, y el sujeto puede, finalmente, identificar el objeto, entonces recién ahí, el proceso perceptual culmina. Desde ya, susceptible de yerro. Se trata, en definitiva, de una hipótesis que se puede confirmar o refutar.

Un ejemplo que suelo dar a los alumnos de la Facultad de Educación Física es el siguiente: si cerramos los ojos y nos colocan un objeto en la palma de la mano, inicialmente no lo reconocemos. De a poco vamos obteniendo información parcial del mismo a partir de sensaciones. Lo palpamos, lo olemos, recorremos sus contornos, consideramos su peso, lo vamos relacionando con posibles objetos similares que, en el pasado, hayan pasado por nuestras manos. Durante ese lento proceso, nuestro lóbulo frontal va elaborando conjeturas o hipótesis acerca de la identidad del objeto… ¿será una pelota o una fruta? Las pelotas no suelen tener apéndices… ¿será una banana, una pera o una manzana? Y así las preguntas se van sucediendo. Finalmente, el sujeto arriesga un supuesto acerca de la posible identidad del objeto. Al abrir los ojos confirma su sospecha y constata si su hipótesis fue la correcta o no.

Lo cual demuestra que la percepción es una construcción creativa y conjetural acerca de la identidad del objeto, altamente susceptible al error. Nuestras experiencias previas inciden en la velocidad del proceso y la menor o mayor probabilidad de yerro o acierto. El ejemplo que suelo compartir, a propósito de esto, es el del sujeto perdido en el desierto que, de pronto, se encuentra con un objeto extraño tapado, en parte, por la arena. Lo observa desde distintas ubicaciones. Lo toca, recorre sus ángulos y anfractuosidades. Intenta levantarlo para testear su peso. Aún no sabe lo que es. Su lóbulo frontal va proponiendo hipótesis acerca de la posible identidad de lo que tiene al frente. Si, a la sazón, el sujeto es un aviador perdido, muy posiblemente tarde poco tiempo en identificar tal objeto como, para este ejemplo, los restos del fuselaje de un avión siniestrado. Sin embargo, si nuestra experiencia respecto a esas cuestiones de navegación aérea es escasa, seguramente tardaremos más o, sencillamente, fallaríamos al atribuirle una posible identidad.

Desde ya, conforme a lo que venimos desarrollando, si bien la sensación no es causa de error, la percepción sí puede serlo. En otros términos, la sensación provee prístinamente el material con el que construimos, sobre la base de hipótesis, supuestos y conjeturas, la identidad del objeto. Y es aquí donde podemos fallar. El ejemplo típico de Renato Descartes, aclara la cuestión: cuando introducimos una barra recta de metal al agua, la percibimos deformada, tal como si se quebrase. Sin embargo, las señales visuales, aun las que llegan hasta la misma corteza estriada, no acreditan error. Sólo a través de un proceso cognitivo más complejo que la misma sensación, podemos caer en la cuenta que el agua distorsiona la realidad. La percepción, en definitiva, es un proceso constructivo y creativo: una interpretación acerca de los hechos. Nuestras percepciones están influidas por las experiencias anteriores, las cuales aceleran el proceso, reducen la tasa de error o pueden, eventualmente, y debido al exceso de confianza, incrementar las posibilidades de desacierto.

El problema de la unión aún no tiene solución, al menos hasta el momento. Sólo disponemos de conjeturas varias compartidas y discutidas por neurólogos. Sin correlatos neurales detectados con claridad, se trata de la integración de los fragmentos aportados por las sensaciones. Quizás, el sentido común de Aristóteles. No hay un centro anatómico de unificación, o algo así como un "lugar" concreto en el cerebro donde toda la información converja y se unan las piezas, como si se tratase de un rompecabezas, menos aún con un supuesto "homúnculo" atareado en su armado. Muchos han postulado la posibilidad de que neuronas especializadas de "unión", largas y con escasas proyecciones, que atraviesen varios lóbulos, expliquen el fenómeno. Como una suerte de autovía de circunvalación, y no necesariamente periférica, que se encargue de las asociaciones cuyos correlatos aún desconocemos.

Otros, como Francis Crick, formularon la hipótesis de la sincronía en hertzios, planteando que cuando las neuronas sensoriales que responden a los datos parciales del objeto descargan a la misma frecuencia (40 HZ), entonces es ahí, precisamente, que se da la percepción unificada del objeto. Sea como fuere, sigue siendo un misterio, sin correlato neural identificado, ni siquiera claras aproximaciones, a pesar de tantos años de desarrollo de las neurociencias. Lo cierto es que, una vez unificados los fragmentos aportados por la sensación, identificado el objeto y culminado el proceso perceptual, varios pasos nos quedan por comentar antes de la elaboración de la secuencia neuromuscular propiamente dicha.

Figura Nro.36: Clases de "Neurociencias y Motricidad Humana" en la FEF: debate y pasión por el estudio del movimiento humano

Representación ideomotriz

Alude a una "nueva presentación" de los datos unificados por el proceso perceptivo, ahora, claro está, sin la participación integral de los sistemas sensoriales. Al menos, los receptores periféricos no están activados ya que, en definitiva, estamos hablando del acto de imaginar movimientos o imaginería motora. Neurológicamente se registra la misma actividad zonal que durante la percepción, aunque sin que se involucren muchas de las estructuras anatómicas que respaldan el proceso sensorial y sus funciones inherentes. No sólo se trata de una recreación del dato perceptivo, sino que permite, también, la modificación creativa. Ello puede implicar ventajas para el movimiento, siempre de acuerdo a como se emplee esta instancia como herramienta, es decir, no se trata de simplemente imaginar por imaginar. El problema de la integración sigue siendo el mismo que el de la percepción, es decir, un misterio aún no resuelto. Quizás la neurofisiología necesite de la colaboración de la filosofía en general, y la de la mente en particular, para resolver este enigma.

Como bien sabemos, representar movimientos genera activación neuromuscular y anticipación sensorial, facilitando no sólo las vías eferentes o descendentes, sino también las ascendentes o aferentes. Con solicitud propioceptiva inclusive. Activamos todo el proceso central y periférico, tanto sensorial como motriz. La magnitud no alcanza a generar movimientos, aunque es más que suficiente para la activación de vías y las respuestas isométricas. Supone una suerte de pre-ejecución facilitadora, con muchos otros efectos fisiológicos interesantes. Hacia la década del 70 del siglo XX se la llamó "Reacción Ideomotora de Martin", y se pensaba que existía, en el cerebro, algo así como un "centro ideomotor", lo cual, posteriormente, fue refutado.

Si bien en esta modesta colección le dedicaremos, en el tomo IV, capítulos específicos a la imaginería motriz, dentro del marco de la secuencia motriz es necesario reconocer la diferencia entre lo que es un paso o estación en el itinerario propio del ciclo percepción-acción, y lo que es la oportunidad de hacer de ese escalón, precisamente, una herramienta didáctica. Me explico: las neuronas reverberan, es decir, siguen descargando luego de la excitación inicial. Más allá del acto de voluntad o nuestra intención consciente, siempre hay representación. Es así como la consideramos un paso o instancia serial, y realmente importante, en la Motricidad Humana. Ahora bien, en tanto acto voluntario, consistente en hacer de esas representaciones el objeto para nuestra consciencia, ya estamos hablando entonces de entrenamiento ideomotriz o imaginería motora como herramienta o recurso didáctico puntual, al cual le consignaremos bastante desarrollo en esta obra.

El "Efecto Carpenter" también forma parte del stock de herramientas que pueden mejorar la performance propia de la secuencia motriz. Alude al impacto que la representación y emisión de palabras, es decir, ya sea solo pensadas o también proferidas, aunque sea como mímica de labios, tienen sobre el movimiento, tanto para mejorarlo como, eventualmente, como muchas veces también sucede, empeorarlo. El correlato biológico candidato a sostener dicha función es el área de Brocca, en honor al neurólogo francés Paul Brocca, en la circunvolución frontal ascendente. Platón entendía que la palabra es, también, una imagen. Lo cierto es que forma parte del acto motriz y su aplicación práctica es una herramienta que también analizaremos más adelante en este compendio, llamada "autohablado" o "self-talk". Tal como a otros recursos instrumentales, le dedicaremos una buena cantidad de párrafos en esta colección, junto con la observación e imaginería motora.

Estructuración témporo-espacial

La discusión razonable acerca de este proceso quizás pueda centrase en si lo debemos considerar como un fenómeno posterior a la percepción, o como parte constitutiva de la misma. Sea como fuere, es difícil argumentar que no preceda a la lógica motriz, la toma de decisiones o la secuenciación de las acciones neuromusculares. Sin caer en una concepción kantiana del proceso de conocimiento, reconocer que, en la Motricidad Humana, las dos formas a priori de la sensibilidad, que permiten la configuración del fenómeno, son difíciles de negar. Se trata del espacio y del tiempo, admitiendo que es legítimo reclamar su intervención como parte del proceso perceptual y no a posteriori del mismo. Sea como fuere, espacio y tiempo están inexorablemente presentes y unidos en la Motricidad Humana. Son indisolubles (uno no puede considerarse sin el otro) y debemos comentar sus tres procesos constitutivos.

Por un lado, la organización u orientación espacial. No depende solamente, aunque en gran parte sí, de la percepción visual. También otros sistemas sensoriales, como el auditivo, colaboran con este cometido. Incluso la sensibilidad háptica, que resulta de la integración entre tacto y propiocepción: aún sin disponibilidad visual, podemos estimar con precisión didascálica, la distancia entre dos objetos que hayamos tocado. Este proceso permite lo que conocemos como "localización" y la estimación de las distancias entre los objetos que percibimos. Respecto a la localización propiamente dicha, nos faculta para estimar la posición de nuestro propio cuerpo en el espacio, como así también del resto de los cuerpos y objetos que rodean al deportista, con sus relaciones correspondientes: abajo-arriba, izquierda-derecha, adelante-atrás, cerca-lejos.

La estimación de las distancias supone admitir un escalón cognitivo más complejo, que depende de nuestra educación y hasta el país con su cultura, ya que depende de las escalas espaciales que nos enseñen: metros, pies, varas o codos. Un aspecto crucial de esta facultad en muchos deportes, no infrecuente en los representantes de élite, es la identificación, lo más rápida y precisa posible, de los espacios libres. Lo que debemos remarcar es que el reconocimiento de esta facultad cognitiva permite generar una gran cantidad de ejercicios "tipo" o "troncales", tal como lo veremos en el tomo IV de esta obra.

La estimación temporal, es decir, de la relación entre tiempo y movimiento, es lo que conocemos como cronopsia. Los grandes deportistas, sobre todo los especializados en pruebas de tiempo y marca, son capaces de estimar las duraciones de sus gestos y sus correspondientes secuencias, con exactitud sorprendente. Se trata de una facultad cognitiva crucial para las acciones humanas en general y las deportivas en particular y, lo que es más interesante aún, son muchísimos los ejercicios que se pueden proponer para entrenar esta habilidad.

Finalmente, espacio y tiempo se unen e integran en lo que conocemos, precisamente, como estructuración témporo-espacial. Posiblemente, y como constructo más familiar, su expresión más emblemática en el deporte es lo que todos conocen como "cálculo de trayectorias", que permite no sólo interceptar con precisión los objetos sino, además, guiar adecuadamente nuestro cuerpo por el espacio y en relación a otros cuerpos que también están en movimiento. Esta facultad de integrar en espacio y tiempo los datos aportados por la percepción no sólo importan en el deporte. Imagine una persona cruzando la calle: la decisión acerca de cruzar o no, y de hacerlo caminando o corriendo depende, precisamente, de este cálculo de trayectoria del vehículo que se aproxima y la estimación o prognosis de la posible respuesta de las propias facultades motrices. Si la persona está lesionada o convaleciente de una cirugía, aunque el vehículo se acerque lentamente, muy probablemente la decisión adecuada sea esperar que el auto pase para, recién luego, cruzar, y claro está, por la senda peatonal.

Figura Nro.37: Las estimaciones témporo-espaciales como componentes cruciales de las acciones deportivas

En definitiva, espacio y tiempo son imposibles de dividir, aunque podemos entrenar con mayor énfasis uno u otro. Los ejercicios para ello son puntuales e interesantes y, tal como lo venimos anunciando, los desarrollaremos en los siguientes volúmenes de esta obra.

Lógica motriz

Sobre la base de los datos aportados por los procesos precedentes, y en escalas temporales muy variadas, que pueden ir desde milésimas de segundos hasta años inclusive, nuestro lóbulo frontal está permanentemente generando un cálculo inductivo de probabilidades. La lógica motriz es, y en esto hago un humilde aporte estrictamente personal, enteramente inductiva. Las inferencias deductivas son distintas a las inductivas. En un razonamiento deductivo, la conclusión ya está contenida en las premisas. Si digo que todos los hombres son mortales y Sócrates es un hombre, no cuesta nada inferir deductivamente que Sócrates es mortal. Sin embargo, la lógica inductiva solo aporta probabilidades, más o menos atinentes de acuerdo a, precisamente, la fuerza inductiva y verosímil de sus premisas. La lógica motriz concluye, finalmente en probabilidades. Que el sol vuelva a salir mañana es solamente probable. Por cierto, altamente probable, verosímil, pero no verdadero.

El acierto o desacierto en la Motricidad Humana es cuestión, en definitiva, de probabilidades. Si quiere verlo de otra manera, es un problema que nos remite a la famosa tasa riesgo-beneficio, no de seguridades o certezas predecibles. La consistencia perceptual y la precisión témporo-espacial contribuyen a la calidad de las premisas con las que el lóbulo frontal del deportista construye, reitero, en escalas temporales extremadamente breves, ese cálculo de probabilidades que conocemos como inferencia o razonamiento motriz inductivo. El lóbulo frontal, particularmente su sector ventromedial o corteza prefrontal ventromedial, sopesa alternativas. Tasa permanentemente las ventajas y desventajas de las distintas opciones, sin inclinarse por una de ellas, lo cual ya nos remite al evento de la decisión propiamente dicha.

Figura Nro.38: Motricidad Humana y Lógica Motriz: continuo cálculo de probabilidades

Este proceso ocurre, la mayoría de las veces, al margen de la consciencia. A veces es conscientizado a posteriori, cuando el deportista analiza lo sucedido al ser interpelado ya sea por un periodista, técnico o compañeros. Lo que entendemos que acelera y mejora la calidad de este proceso es el ensayo consciente a priori, es decir, el entrenamiento cognitivo fuera del campo de juego. De ello no se desprende la consigna de "conscientizar" en el campo de juego ya que, como lo hemos subrayado reiteradas veces, perjudicaría al movimiento por el famoso fenómeno conocido como "parálisis por análisis". Quizás, el proceso lógico en cuanto a movimientos se refiere, no difiera del que se da con enunciados verbales. La diferencia es que no tenemos tiempo de codificar lingüísticamente ni el proceso anticipatorio ni, mucho menos, la secuencia motriz.

Toma de decisiones

La lógica motriz presenta a la toma de decisiones, claro está, y luego de un proceso delicado de tasación probabilística, distintas alternativas. Lógica motriz y toma de decisiones son funciones altamente entrenables, y el estudio de sus correlatos neurales puede alimentar interesantes líneas metodológicas. No supone, primariamente, elaborar detalladamente el proyecto de intervención neuromuscular, sino seleccionar el plan adecuado para, recién luego, concretarlo como una secuencia motriz determinada. El lóbulo frontal de ambos hemisferios es, probablemente, la sede de tales complejos procesos. Aunque, tal como desarrollaremos luego, son varias las áreas candidatas. No obstante, si bien el lóbulo frontal elije el posible plan de acción, la decisión de ponerlo finalmente en marcha parece provenir de estratos más profundos, los ganglios de la base.

En otros términos, al hablar de toma de decisiones, más allá de dedicarle un tomo entero en esta colección, debemos reconocer, al menos, tres procesos distintos e interdependientes: tasar alternativas, elegir entre las opciones sopesadas y, finalmente, montar la elección definitiva en el circuito motriz. Todos estos pasos acreditan correlatos neurales diferentes, y de su estudio se desprenden valiosas consecuencias para la Educación Física en general y el entrenamiento deportivo en particular. Sin dudas, entre a percepción y la acción, la lógica motriz y la toma de decisiones son de los fenómenos más atrapantes. Las derivaciones de su estudio trascienden el ámbito del deporte y se trasladan a muchos ámbitos, entre ellos, el jurídico.

Precisamente, en los últimos años, la Motricidad Humana ha pasado a ser objeto de interés para algunas actividades como, por ejemplo, la abogacía. Estados Unidos nos aventaja, y mucho, con estos fascinantes artículos que mal no les vendrían a nuestros vernáculos leguleyos. Desde ya, y de suyo, nada haría suponer, por adelantado, la inimputabilidad y evasión de la responsabilidad jurídica por parte de los malhechores. La biología explica, o al menos procura hacerlo, pero no necesariamente justifica. Muy lejos de ello está, al menos de mi parte, y de más está aclararlo, sumar argumentos para sostener un sistema garantista que, justificado desde falaces y dudosos argumentos, promueve la violencia y la inseguridad social. El valor de la investigación científica no corre por ese lado. Su propósito es, al conocer más en profundidad el obrar humano -que, inexorablemente, es motriz-, ayudar a la mayor cantidad de sujetos posibles. Incluso, para reducir la tasa de delincuencia, reincidencia y violencia urbana.

Planificación de la secuencia motriz

En la década del 80 del siglo XX, no era extraño escuchar o leer, en referencia a esta fase, el concepto de "programación neuromotora". Denominación coherente con las teorías computacionales vigentes por entonces y que, hasta nuestros días, siguen considerándose en el marco de las teorías de Control y Aprendizaje Motor, con sus lógicas consecuencias prácticas. Más allá de cómo lo nombremos, esta etapa del itinerario consiste en establecer montajes específicos de secuencias de activaciones de grupos musculares primarios, con el respaldo estabilizador y la colaboración de otros secundarios, tradicionalmente conocidos como sinergistas. Consiste en, en definitiva, en la configuración de la "melodía kinestésica" apropiada según todo el proceso precedente. Se trata, en otras palabras, del ensamblaje de los componentes eferentes o musculares ejecutivos de la secuencia motriz. Durante mucho tiempo -y muchas páginas escritas- los autores se refirieron a este fenómeno como el acto de "programar" movimientos. Lo entendían y explicaban como el fenómeno consistente en "parametrar" invariantes o actualizar engramas, con la probable participación de las áreas 6, premotora o corteza premotora (CPM), y la AMS o área motora suplementaria, siempre bajo la nomenclatura de Iván Brodmann.

El acuerdo, más allá de las denominaciones, es que hay algo que no cambia, como un conjunto de instrucciones abstractas relativas a la organización espacial y temporal del movimiento, que no incluye los aspectos contingentes, que siempre cambian -y por eso lo son- llamados parámetros. Entre ellos, los grupos musculares, músculos, fascículos y fibras musculares. Acerca de parametrar invariantes, no hay grandes desacuerdos. Sobre la localización de los engramas, invariantes o instrucciones generales y abstractas, tampoco grandes disensos. Casi todos coinciden en "ubicarlos" ya sea en la corteza somestésica o en la motora, tal que, en algún momento de la historia, se formuló la posibilidad de que hubiere engramas sensoriales y motores, de acuerdo a su posible residencia.

Lo que no es claro, y justifica de grandes controversias, es quien se encarga de parametrar tales invariantes. Una posibilidad señalada arriba es atribuir esa responsabilidad a la CPM o corteza premotora. Sin embargo, Bernstein entendía que ni la corteza cerebral en general y ninguna área en particular, podía encargarse de semejante tarea, ya que los ajustes son numerosos, indefinidos, y tal responsabilidad debe estar a cargo de otras estructuras. No podría haber plan o secuencia motriz que pueda desplegarse tal como pudo, eventualmente, prestablecerse en un primer momento. Me atrevo a afirmar que el movimiento humano en nada se parece a la representación de un libreto prestablecido o la recitación de un guion escrito con anterioridad. Es, más bien, un diálogo improvisado, caótico e imprevisible entre sistemas y subsistemas.

La corteza cerebral no tiene un rol menor, desde ya. Sin embargo, no determina las variables computacionales y periféricas del movimiento, sino que, siempre según Bernstein, se encarga de una suerte de "prognosis probabilística", es decir, opera por Feed-Forward, o proacción, sencillamente, anticipando. Descarga intenciones y no comandos motores, tal como lo formula la teoría de la inferencia activa, encabezada por Friston y Adams. Como veremos más abajo, el mecanismo encargado de la determinación de los protagonistas ejecutivos del movimiento, y sus correcciones, involucra la longitud muscular, el umbral de las fibras intrafusales y su relación con un componente contextual, que no es otro que la carga que se ofrece como resistencia y configura un torque específico.

Respecto al engrama, lo entendemos como el registro mnémico del movimiento, es decir, lo que preservamos de él como aprendizaje. Excluye músculos, velocidades, reclutamiento de unidades motoras, frecuencia y sincronización. Recordemos que estos últimos son, precisamente, parámetros contingentes, que la corteza cerebral no parece determinar. Si bien lo vemos, sería una sobrecarga innecesaria para la misma. Si entendemos al engrama como el conjunto de instrucciones abstractas relativas a la dimensión teleológica del movimiento humano, es decir, su intención y finalidad, dos serían sus componentes principales:

- **Estructura espacial:** esquema de relaciones entre miembros, segmentos, núcleos articulares, hemicuerpos, trenes y su vínculo con el resto de nuestro cuerpo.
- **Estructura temporal:** refiere a la proporcionalidad temporal de cada parte de la acción respecto a la duración de la secuencia general, siendo el faseado o "phasing" su componente clave.

Recordemos que, al hablar de engramas, aunque cueste admitirlo y, quizás, desilusione un poco, nadie ha encontrado nada parecido a ello en la historia de la neuroanatomía. Por más que diseccione un cerebro y desgrane su materia prima, no encontrará, por mucho que se lo proponga, nada parecido a un engrama. Se trata de una formulación teórica e hipotética, como conjunto de instrucciones generales y abstractas, sin localización precisa o, quizás, alguna detectable. No hay, en nuestro cerebro, algo así como una "biblioteca" de engramas. La noción de acervo o almacén motriz no es, por ello, desacertada. Pero no es factible localizarla. Quizás tales instrucciones estén distribuidas entre numerosas asambleas neurales, y no una en particular. La noción de "grama" remite a registro gráfico o escrito. Nuevamente, nadie nunca ha encontrado nada parecido a un registro "gráfico o escrito" en el entramado de nuestras neuronas con sus correspondientes conexiones.

"En" - grama quiere decir "dentro de" y "pro" - grama alude a "delante de". Es por ello que la tradición Ciencias del Movimiento identificó la noción de "programa" con lo que se piensa hacer. Dicho de otra manera, la constitución de las partes que componen el acto o acciones a realizarse o, si prefiere considerarlo así, la secuencia de instrucciones codificadas que componen el plan propuesto para resolver un problema. Instrucciones (engrama) y un plan secuencial de actividades o un conjunto ordenado de acciones que se piensa realizar, con los protagonistas designados y preparados para tal cometido (programa). En las Ciencias de la Computación hay quienes elaboran esas instrucciones -léase programas, software- y luego se insertan en un mecanismo carente de intención, es decir, una máquina -léase hardware-, si se quiere. Antes lo hacían los llamados "programadores", mientras que hoy hasta los mismos algoritmos se encargan de ello. Muy probablemente, en este campo de la informática, todo se haya ido de las manos. Felizmente, no sucede lo propio en los seres humanos, al menos no aún.

Con respecto a "engrama" también la tradición relacionó esta idea con huella mnémica o restos de excitación neurofisiológica que la sensación, la percepción y la experiencia "dejan", hipotéticamente y como registro, en nuestro sistema nervioso y que, verbigracia, luego influyen de manera más o menos duradera en el transcurso de posteriores excitaciones similares. Sin embargo, nuevamente, nunca se han encontrado, que sepamos, registros o trazos, tal como senderos visibles, en nuestro SNC. Quizás se trate, y sin ánimo de simplificar, de "disposiciones" o "tendencias" a la conectividad tridimensional entre asambleas neurales. Pero nada parecido a una huella anatómica similar a las que trazan los vehículos al transitar reiteradas veces por el mismo camino.

Por lo tanto, ya sea "programa" como "engrama" son conceptos que acreditan revisión y discusión, no sólo en el campo de las Ciencias del Control Motor, sino en la neurobiología en general. Sea como fuere, es tan fascinante este tema que, en un volumen específico de esta colección, lo desarrollaremos en profundidad, junto con el problema del movimiento voluntario y la discusión neurológica y filosófica relativa al libre albedrío.

Control inhibitorio

Aún preparada ya la secuencia neuromuscular, podemos no desplegarla hasta que el control inhibitorio es, precisamente, inhibido. Cuantas veces hasta repasamos mentalmente, de manera reiterada, lo que le diríamos a alguien y, finalmente, no lo hacemos. Sucede lo mismo, claro está, con el resto de los movimientos, sean o no deportivos. Las áreas inhibitorias, particularmente la AMS o área motora suplementaria, se encarga de frenar y hasta vetar el paso a la acción muscular propiamente dicha. Los excesos verbales, como así también las acciones dolosas para con el adversario -por ejemplo, las faltas violentas en el deporte- son un claro ejemplo de fracaso en el control inhibitorio. Lo interesante es que, tal como otras facultades cognitivas, el control inhibitorio es altamente entrenable. No solamente podemos trabajar sobre el control inhibitorio motriz, que permite no precipitar una acción muscular cuyos efectos no sean apropiados, sino que, también, podemos entrenar el control inhibitorio de muchas otras fuentes distractoras, tanto internas como externas lo cual nos remite, como y trataremos más adelante, al fenómeno de la atención.

Ejecución y control

Una vez que la secuencia de acciones musculares queda prestablecida, aún antes de la descarga final desde la MP1, varias de esas copias son distribuidas por numerosos lugares del SNC. Una suerte de "facsímil" que es repartido, aún sin ejecución, por varios sectores de nuestro SNC. Las áreas sensoriales de la corteza reciben la copia de esa "prognosis probabilística", predicción o previsión, tal como el cerebelo y las estructuras encargadas de respaldar el movimiento con el tono muscular preciso, particularmente los ganglios de la base y ciertos centros específicos del tronco encefálico. Ello permitirá, entonces, la preparación del óptimo esquema tónico para, -recién luego, al comenzar el despliegue de las acciones, el cerebelo y otros ganglios de la base- ser los primeros en recibir datos inherentes al estado actual de ejetractora y actuar, consecuentemente, de manera correctiva.

La ejecución está a cargo de los músculos estriados esqueléticos, pero con la supervisión del SNC para corregir el plan inicial o, directamente, reemplazarlo por otro. El papel de los procesos realimentarios (y no retroalimentarios) o Feed-Back es decisivo desde el primer momento de la ejecución. El cerebelo es, por ejemplo, una de las estructuras que recibe la información realimentaria y su función es, precisamente ajustar, corregir y coordinar. Compara el contenido de la intención o prognosis inicial con los valores en curso de la ejecución del movimiento. Sopesa la diferencia entre el valor previsto con los resultados parciales del despliegue del movimiento. También, de hecho, continúa haciéndolo una vez que la tarea motriz, en su totalidad, ha sido terminada. Sin cerebelo, la gestión del movimiento humano enfrentaría serias dificultades. No supone lo mismo la tarea de corregir o de cambiar el plan de la secuencia motriz. Cambiarlo, como veremos en el tomo IV, lleva mucho más tiempo que corregirlo.

La noción de "coordinación" es, quizás, una de las más controversiales en nuestro campo, de allí la decisión de dedicarle un capítulo completo en este volumen. La prognosis es probabilística simplemente porque, en definitiva, nunca es seguro que las acciones sucedan como las hemos previsto. La cantidad de variables que intervienen una vez comenzado el movimiento hace muy difícil el cumplimiento a "rajatabla" de la estimación inicial. La tarea del cerebelo, junto con otros agrupamientos o asambleas neurales, es aumentar la probabilidad de que lo que suceda finalmente se asemeje a lo que pronosticamos. Es decir, sea más factible o viable la concreción de la predicción inicial. Tal como defenderé más adelante en este mismo volumen, de eso se trata la "coordinación", cualquiera sea el momento o fase del Aprendizaje Motor. Y no existen, por lo que alcanzo a vislumbrar, algo así como "ejercicios" de coordinación o tareas semejantes. Desarrollaré esta discusión un par de capítulos más adelante.

Las intervenciones correctivas del plan de acción inicial suponen la participación de múltiples asambleas neurales localizadas tanto en el cerebelo como en ganglios de la base y el resto del SNC. Estas mediaciones, que incluyen también complejas interacciones a nivel espinal, se materializan a través de irrupciones, tanto inhibitorias como excitatorias, ya sea operando directamente a nivel de la vía córtico-espinal, proyecciones a la CPM o corteza premotora y también, incluso, sobre la misma MP1 o corteza motora. Los ajustes también suponen, calor está, mediaciones córtico-corticales. Los errores de predicción pueden ser numerosos y la actividad refleja colabora con sus ajustes correctivos. Muchas veces, vale acotar, el error de predicción es tan grande que no queda otra alternativa que cambiar el plan de acción, más que intentar ajustarlo o corregirlo. Esta última opción, claro está, consume mucho más tiempo (en escala de milisegundos) justificando, entre otras cosas, la ventaja de las acciones de disuasión, vulgarmente conocidos como movimientos de "amague". Muchísimo más podríamos decir acerca del fenómeno de ejecución y control o ajustes regulativos. Evitamos esa profundización porque no se trata de una obra específica de Control Motor, aunque, y como sugerencia respetuosa al lector, sumergirse en ese océano constituye una experiencia formidable, sin los riesgos típicos de los exploradores marinos. Desconocemos, aún, la hondura definitiva de sus fosas más oscuras.

Los procesos paralelos o concomitantes, por su parte, merecen un breve comentario y, tal como los demás temas tratados en este capítulo, más adelante acreditarán un desarrollo especial en esta obra.

Feed-Back

Desde las primeras milésimas de segundos transcurridas desde el inicio de la acción motriz, los sistemas sensoriales reportan al SNC lo que va transcurriendo. Incluso antes el SNC ya anticipa, y las áreas de proyección primaria en la corteza sensorial se activan, recibiendo la información inherente a las predicciones motoras o valor previsto de la acción motriz, lo cual acelera el procesamiento posterior de la información realimentaria. Sin dudas, toda una ventaja evolutiva. Vale la pena señalar que se trata de un proceso realimentario y no retroalimentario, ya que estamos considerando un sistema biológico dotado de intención, y no un termostato. Permítanme una aclaración necesaria. En un sistema inorgánico, la información que reingresa se encuentra con la misma estructura, intacta, que no ha sufrido cambios, es decir, que no ha aprendido. En los sistemas orgánicos, por el contrario, y particularmente en el ser humano, la información al reingresar ya no se encuentra con las mismas disposiciones, ya que cada experiencia nos lleva a cambiar, a aprender si prefiere verlo así. Un termostato regula su encendido, temperatura y apagado de acuerdo a la información retroalimentaria e instrucciones prestablecidas montadas por un programador. No aprende y tampoco lo necesita para sobrevivir. En los sistemas orgánicos, en particular en los seres humanos, la experiencia nos cambia y, por ende, la información que reingresa no se encuentra con disposiciones "intactas", sino con nuevas configuraciones.

En todo movimiento humano hay, inexorablemente, información que reingresa. No puede haber movimiento sin Feed-Back, tal como aprendí en las clases de Control Motor en Memorial University of Newfoundland. No obstante, otra cuestión es que esa información tenga o no chances de corregir el movimiento antes de que termine. Hay movimientos que, por su velocidad, y sin prescindir de Feed-Back, éste no puede hacer nada para modificar el destino final de la acción. Tal es el caso de los llamados movimientos balísticos. Arrojamos una piedra y vemos lo que sucede, hacia donde se dirige y a qué velocidad, como acelera y desacelera. Incluso, si da en el blanco o no. Es decir, hay Feed-Back. Sin embargo, como todo proyectil que no seamos nosotros mismos, nada podemos hacer para modificar el destino final de la acción. Es para el siguiente intento que realizamos los ajustes necesarios para mejorar. Es decir, operamos por Feed-Forward o proacción. Entre intentos, y para corregir los siguientes, distintas estructuras regulativas, entre ellas, nuevamente, el cerebelo y los ganglios de la base, hacen el trabajo necesario: o intervienen cambiando la parametrización del engrama o, eventualmente, aunque lleve más tiempo (en escala de milisegundos), sugerir y promover la elección de otro conjunto de instrucciones.

Precisamente, lo que en el deporte llamamos acciones de "disuasión" consisten en inducir a nuestro rival a planificar una secuencia motriz determinada, cuyo cambio por otra lleva más tiempo que el despliegue mismo de las acciones que hemos previsto. Cambiar una secuencia motriz por otra es oneroso desde el punto de vista del tiempo que perdemos. De allí que, por ejemplo, los buenos defensores en deportes como fútbol, básquet, rugby o handball, al advertir el avance de un delantero rival, actualizan no una, sino distintas soluciones motrices y se disponen en una posición, una postura integral, que facilita montar la secuencia motriz elegida lo más rápidamente posible en el circuito neuromuscular. En lugar de una, varias predicciones o previsiones probabilísticas son consideradas. La decisión final por una u otra, en los deportistas más diestros, depende, quizás, de la lectura interpretativa final de la gestualidad corporal del eventual adversario que se tiene por delante.

El tema de Feed-Back, Feed-Forward y corrección de fallos es tan importante, que en el penúltimo volumen de esta colección le dedicaremos, como mínimo, dos capítulos con un extenso análisis teórico y, sobre todo, una lista, bastante operativa entiendo, de consecuencias prácticas. El propósito de la mención que compartimos aquí es su consideración como proceso paralelo, en el sentido que opera desde antes, el inicio, el final y aún luego de toda acción motriz, sin tratarse de un escalón o paso serial en el despliegue de las acciones motrices.

Atención

Se trata de otro de los procesos biológicos que acompañan todo el itinerario propio la secuencia motriz sin posibilidad, al menos aparente, de adjudicarle algo así como un lugar "entre" otros acontecimientos constitutivos del transcurso del acto motor claramente definidos como seriales. No sólo antes, sino también durante el movimiento, al sujeto le llegan un inmenso número de estímulos, la mayoría de ellos operan como fuentes distractoras. Sin embargo, selecciona los más importantes y hace caso omiso a los demás. Potencialmente puede elegir entre un stock o repertorio vasto de soluciones motrices posibles. Nuevamente, destaca algunas y descarta las demás. Surgen, también, una elevada cantidad de asociaciones, pero retiene solo algunas esenciales para su actividad y hace abstracción de otras que entorpecen el flujo normal de su pensamiento.

Precisamente por ello, Luria (1975) define la atención como "el proceso selectivo de la información necesaria, la consolidación de programas de acción elegibles y el mantenimiento de un control permanente sobre el curso de los mismos". De no existir ese carácter optativo, una selectividad consistente, la cantidad de opciones sería tan grande y desordenada que, sin dudas, el sujeto colapsaría y ninguna actividad sería posible. Se trata, en definitiva, de un proceso inhibitorio que neutraliza el acceso de información irrelevante y asociaciones que emergen sin control, lo cual permite tanto el pensamiento organizado como el despliegue de tareas motoras orientadas a un fin.

Formalmente, Luria distingue 3 componentes de la atención, que son el volumen, la estabilidad y las oscilaciones. Por volumen entendemos el número de señales aferentes (ascendentes) o asociaciones fluyentes (descendentes) que pueden mantenerse en el centro de una consciencia lúcida, adquiriendo carácter dominante. La estabilidad es la permanencia con la que los procesos destacados por la misma pueden conservar su carácter dominante. Las oscilaciones aluden al carácter cíclico del proceso con arreglo al cual determinados contenidos de la actividad quieren valor focal o lo pierden.

Quizás lo importante es entender a la atención como una función entrenable y, lamentablemente, capaz de involucionar a niveles sorprendentes, incluso patológicos.

Supone, desde ya, el esfuerzo por parte del sujeto para que otras fuentes distractoras no invadan el foco de procesamiento en un momento determinado. En el ámbito del movimiento humano en general, y deportivo en particular, varios factores irrelevantes pueden intentar tomar el foco central y malograr los resultados finales. Por lo general son fuentes perceptuales distractoras, ya sea el ruido normal o el visual, aunque antiguas e ineficientes soluciones motrices pueden también irrumpir y alterar la secuencia motriz seleccionada. Por consiguiente, se trata, en definitiva, de una gimnasia de la inhibición, la cual supone un esfuerzo voluntario por parte del sujeto, que no es otro que el de preservar en el foco del procesamiento central, los aspectos relevantes y evitar la irrupción de lo no pertinente. Entrenar la atención quizás sea el desafío por excelencia, en definitiva, de perfeccionar la intercepción de información irrelevante, tanto descendente como ascendente o, si prefiere considerarlo de otro modo, no pertinente para el fin de las acciones motrices.

Como comentario actual, y creo que en esto todos van a coincidir, las redes sociales están destruyendo esta capacidad tan desarrollada en nuestros antepasados. Dice la leyenda que el maestro de Santo Tomás de Aquino, Alejandro, era capaz de escuchar una clase de no menos de una hora de duración y reproducirla, luego, palabra por palabra. No voy a desplegar una reflexión crítica sobre las redes sociales, cloaca de la sociedad y basurero del cerebro (como ya lo precisé en párrafos anteriores), sistema adictivo que controla y domina las consciencias, que han destruido lo social para pasar a ser ellas, en sí mismas, lo social propiamente dicho, ya que nos desviaríamos del tema que nos convoca: el acto motriz y su relación con los procesos cognitivos. Simplemente decir que, a veces los entrenamientos, y con seguridad los partidos o torneos, son el único momento en que nuestros niños, jóvenes, y adultos también, descansan del influjo adictivo de las redes. Al menos por un rato. Ya ni una película los jóvenes pueden ver sin ser distraídos por su celular. Al menos, un partido, una clase de zumba o de entrenamiento funcional lo distraen por una hora, ya que, en los gimnasios, en las salas de musculación, los sujetos no pueden evitar las temibles redes, pierden tiempo, malgastando interminables minutos en procura de capturar la mejor "selfie" (o, mejor dicho, "selfish"), alterando la dinámica de los entrenamientos y, desde ya, logrando pocos efectos fisiológicos.

Respecto al movimiento, y la secuencia motriz, el tratamiento de la atención nos lleva, inexorablemente, a comentar el fenómeno de la automatización. En definitiva, es un proceso que tiene a la atención como protagonista principal. Permite, precisamente, ya no atender el despliegue de la secuencia motriz y, por consiguiente, hacer foco en otros objetivos, lo cual es altamente positivo y saludable. El movimiento automatizado no implica inconsciencia. El sujeto es plenamente consciente, no ya del movimiento. No está dormido ni drogado ni en estado vegetativo, sino en plena vigilia. Simplemente, no hace del movimiento el objeto concreto de la acción de pensar o el foco para su consciencia. Vamos con un ejemplo frecuente: cuando usted aprende a conducir un automóvil, es objeto para su consciencia la acción miométrica o concéntrica de los flexores plantares izquierdos, para luego hacer lo propio con los aductores y flexores del hombro y poner, así, la primera marcha. Como condición propia del aprendizaje inicial, debe atender sigilosamente la co-contracción de grupos musculares homólogos contralaterales, flexores plantares, ahora de manera excéntrica los izquierdos (que controlan el embrague) y miométrica o concéntrica los derechos (que ajustan el acelerador), de manera lenta y controlada. Si se distrae, todo falla y el auto "corcovea" y se detiene o sale impulsado como un peligroso proyectil sin control. Con el tiempo, ya no tiene que concentrarse en esa sucesión que involucra, también, otros acontecimientos simultáneos. Puede hacerlo atendiendo otros focos, como sus propios pensamientos, la conversación con un acompañante o, temible e irresponsablemente, el empleo de su celular. El ensamblaje de los distintos componentes de la secuencia motriz ya no requiere hacer de ello el único foco para su consciencia, y pueden irrumpir otros contenidos para la misma, y atender otros contenidos u objetos. El movimiento, sencillamente, se ha automatizado. Si así no fuera, no podría, por ejemplo, decidir hacia dónde dirigirse o el contenido de su conversación.

Automatizar es un objetivo importante en el Aprendizaje Motor. Es una manera de "hacer lugar" para otros aprendizajes y disponer variablemente de lo aprendido. Ese ensamblaje que, inicialmente exigía el tutelaje milimétrico de coaliciones neurales del lóbulo frontal, prescinde de él ya que, según Marsden (1973) son las proyecciones desde los ganglios de la base, particularmente el cuerpo optoestriado, hacia la CPM y la MP1, que se encargan de ese cometido, "liberando" a esas agrupaciones neurales frontales para optar por otros focos atencionales. Una vez automatizado, el movimiento es perjudicado por exceso de atención en él, y/o la reflexión crítica y racional sobre su acontecer, durante el despliegue propiamente dicho.

El fenómeno se conoce como "parálisis" por análisis y el consejo es, simplemente, dejar que el movimiento aprendido "fluya" por sí mismo. Pocas veces un movimiento, a pesar de ser practicado durante toda una vida, es automatizado en su totalidad. Siempre hay algo que atender, por ejemplo, el momento en el que el tenista lanza la pelota antes de pegarle para el saque, o el final de la acción cuando el gimnasta debe estabilizar su caída luego de una salida de la barra, o para retomarla luego de soltarla para finalizar, por ejemplo, un "Katchoff". Lo bueno del automatismo, es que no es cerrado o rígido, sino que permite resolver situaciones contextuales desde el principio de plasticidad y disponibilidad variable. No sucede lo propio con la estereotipia, como expliqué al analizar el fenómeno de adaptación e insensibilidad propioceptiva. Desde ya, más adelante en esta misma obra, propondremos herramientas didácticas para, precisamente, promover automatismos plásticos y adaptables a entornos variables y evitar herméticas estereotipias.

Los psicólogos cognitivos y otros especialistas han identificado cerca de diez tipos diferentes de atención. Probablemente sean cuatro los que más nos interesan para el deporte: la selectiva, la sostenida, la dividida y la focalizada. Claro está, mucho de esto desarrollaremos desde un punto de vista didáctico en otros tomos de esta obra. La selectiva permite eliminar la información distractora no relevante, la focalizada intensificar la atención sobre un objeto, la sostenida prolonga esa focalización y, finalmente, la dividida, alternar entre algunas fuentes distintas de información. Todas son importantes y entrenables y, desde ya, aceptable el argumento que solicita la consideración de otros modos de atención para algunas especialidades deportivas.

En definitiva, el fenómeno de la atención acompaña toda la secuencia motriz, sin acreditar el status de "paso" o "etapa" serial y su entrenamiento supone aprender a emplearla en su justa medida, sin entorpecer por exceso el movimiento automatizado y sin permitir que información irrelevante interfiera en los focos atencionales necesarios para cumplir los propósitos teleológicos del movimiento que, a la sazón, estamos desplegando. Lo relevante es, en definitiva, su entrenabilidad través de recursos didácticos puntuales que luego analizaremos y el rescate del deporte como una herramienta que, al menos por algunos momentos, distrae al sujeto de la colonización algorítmica deletérea de las redes sociales. Quizás también el deporte ayude a contrarrestar la "nomofobia", conocida como el miedo actual a quedarse sin celular e internet, que genera ansiedad y depresión, afectando la salud emocional y física de la población.

Memoria

La impresión, retención o preservación y reproducción de los movimientos como consecuencia de las experiencias anteriores nos remonta al problema del Aprendizaje Motor, y no es el tema central de esta obra. Sin embargo, en la secuencia motriz, no hay posibilidad de procesos seriales sin memoria, al menos y como mínimo, la ultra-corta y a corto plazo. Los procesos de reverberación, es decir, la autoestimulación del circuito por apéndices que, desde las neuronas postsinápticas se proyectan hacia atrás, a las presinápticas, son uno de los mecanismos fisiológicos que fundamentan esta memoria ultra-corta. Desde el punto de vista de la secuencia motriz que estamos describiendo en este capítulo, la consideración de la memoria como proceso paralelo no es difícil de justificar. No podría haber percepción si olvido lo provisto por la sensación. No podría representar si se diluye lo presentado por la percepción. No podría tomar decisiones si pierdo lo representado y mucho menos, aún, elaborar un plan de acción motriz si olvido lo decidido. La memoria no tiene un "lugar" entre el resto de los procesos que sí lo tienen. Es omnipresente, sosteniendo toda la secuencia motriz. En sus manifestaciones más complejas y prolongadas, compone el conjunto de condiciones necesarias que fundamentan el Aprendizaje Motor y su preservación en el tiempo permitiendo, de acuerdo al estado actual del resto de las propiedades motoras, la reproducción de movimientos a pesar del tiempo que haya pasado desde la última vez que los ejecutamos.

Nuevamente, aunque reiterativo, en el marco de esta obra dedicaré al menos un capítulo a este tema de la memoria motriz, con consecuencias didácticas interesantes para la práctica en el marco del Aprendizaje Motor y el entrenamiento de la técnica. Precisamente el 4to tomo de esta obra estará dedicado a varios temas apasionantes en los cuales la neurobiología nos aporta muchísimo para la renovación y creación de nuevas propuestas metodológicas. En él trataré varios procesos cognitivos intermedios, es decir, entre la percepción y la elaboración de la secuencia motriz propiamente dicha: memoria, lógica motriz, toma de decisiones, creatividad motriz, cronopsia y otras. No obstante, vale la pena recordar que la memoria es, quizás, la variación cognitiva por excelencia en el marco del despliegue de la secuencia motriz. No sólo Carmelo Pittera, sino también otros, han hecho de ella el epicentro de sus propuestas de **ECM**.

Motivación

Varios núcleos y asambleas o coaliciones neurales parecen estar relacionados con lo que todos entendemos como procesos motivacionales, siendo el núcleo accumbens, quizás, el más representativo. Algunos neurotransmisores, como, por ejemplo, la dopamina, dentro de las numerosas funciones en las cuales participa, despliega un rol fundamental en el inicio y preservación de los procesos motivacionales. La secuencia ya había sido anticipada por el filósofo de la mente, el padre Anthony Kenny (1962): motivo, intención y acción. Varios circuitos corticales son, de alguna manera, reforzados por las dosis adecuadas de dopamina, y los motrices no son la excepción. Por consiguiente, la motivación claramente podría categorizarse como proceso en paralelo, acompañando el resto de los pasos seriales que configuran el ciclo percepción-acción. No obstante, en una clase de Control Motor que, a la sazón, dictaba el Doctor David Behm, en la escuela de Ciencias del Movimiento Humano, de Memorial University of Newfoundland, un episodio narrado por él mismo nos llevó a considerar a la motivación, por qué no, también, como un acontecimiento serial.

El ejemplo fue el siguiente: queda menos de un minuto para que el partido de hockey termine y el equipo gana uno a cero. El rival remata al arco y el arquero se estira con toda su humanidad, hasta arriesga su salud exponiendo su rostro para tapar esa última bocha del cotejo. En otra circunstancia hubiera sido demencial desplegar una acción de semejante envergadura. Sin embargo, ese gesto podría llevarlos a ser campeones. Behm planteaba la posibilidad de que, en la secuencia motriz, hubiere un relevo obligado en el núcleo accumbens, con arreglo a lo cual, el arquero hace lo que, en otras circunstancias nunca haría. Es decir, el proceso motivacional inhibe la inhibición. Ahora bien, el argumento es consistente. Una descarga dopaminérgica lleva a que hagamos lo que, de otro modo, no haríamos. ¿Supone este argumento, entonces, atribuir a la motivación la categoría de relevo serial obligado? Difícil de responder.

Lo cierto es que uno de cuatro circuitos dopaminérgicos, el mesocortical, llega hasta el área motora suplementaria (AMS), y la inhibe. Recordemos que la AMS es inhibitoria, es decir, permite o no el paso final de la secuencia hasta el último relevo de la secuencia, la MP1 o área motora primaria (área 4 de Brodmann). Por consiguiente, si bien quizás el circuito mesocortical no opere como un escalón o relevo obligado en la secuencia motriz, bien puede, por su descarga dopaminérgica, inhibir la inhibición característica de la AMS y promover acciones que, ante la falta de suficiente dopamina, nunca desplegaríamos. Pensemos un instante en cuantas acciones que, en condiciones normales no ejecutamos y, sin embargo, con una buena descarga de dopamina, o de alcohol inclusive, finalmente desplegamos o emitimos, por simple inhibición de la AMS, principal correlato neural de la supresión de los movimientos. Algunos, incluso, llamaron a esta área, correlato neural de la prudencia y la sensatez: no hacer o no decir, a veces, es mejor para nosotros y los demás. Sea como fuere, y a pesar de las dudas y controversias, nuestros corgumentos no son, aún, lo suficientemente consistentes como para atribuirle a la motivación el status de relevo serial, o un lugar "entre" otros que, pocas dudas de por medio, si lo son.

Estados y procesos emocionales

Otro caso de acontecimientos paralelos, quizás menos controversial, son los estados y procesos emocionales. Como bien sabemos, no existe algo así como un "comando general" para el tratamiento de todas las emociones, o una suerte de "lugar" donde todas sean procesadas o conmutadas. Cada una tiene sus correlatos neurales específicos y, paradójicamente, todos distintos, incluso hasta alejados entre sí. De ellas se ha hablado tanto en los últimos años, que abruma y, por qué no, opino humildemente, hasta aburre. No obstante, poco se sabe, concreta y científicamente, acerca de cómo influyen en la secuencia motriz. De la ira, el miedo, la tristeza y alegría apenas podemos dar cuenta, no de sus correlatos y bases fisiológicas, sino de cómo repercuten, en detalle, en la resolución de las acciones motrices.

Si bien son procesadas desde correlatos o coaliciones neurales diferentes, todas gatillan cambios inexorables en el tono muscular, aspecto que en otros libros he tratado en profundidad. Poco sabemos, sin embargo, reitero, de su impacto en la regulación fásica de la acción motriz. Desde un punto de vista tónico, todas las proyecciones descendentes desde los núcleos de la emocionalidad humana relevan en el tronco encefálico, particularmente en el núcleo rojo. Desde allí, por la vía rubroespinal, es comprensible como operan funcionalmente sobre el sistema motor gama, gravitando en el tono muscular a través del bucle gama-alfa. El estudio anatómico y fisiológico de ese circuito hace más accesible la comprensión de porqué el tono muscular aumenta ante la ira y el miedo o, eventualmente, disminuye por la tristeza. El miedo incrementa el tono flexor, la ira el extensor, lo cual es fácil advertir. Nuevamente, subrayamos, desde la regulación tónica los estados y procesos emocionales acompañan y sostienen toda la secuencia motriz, sin poder adjudicarles el status de "relevo" o "paso obligado" entre otros fenómenos que, por el contrario, son claramente seriales. Aún sin la intermediación del núcleo rojo, la vía rubroespinal y el bucle gama-alfa, los neuropéptidos liberados por los estados emocionales gravitan en el tono de las fascias, las cuales, por sus filamentos de actina y fibras lisas, se tensan y contraen al margen de los lazos neurales, no pudiendo escapar de sus presupuestos químicos.

De la misma manera que los estados y procesos motivacionales operan inhibiendo áreas inhibitorias, los emocionales pueden inhibir centros tanto inhibitorios como los excitatorios. A nivel de la AMS no es misterio reconocer como la ira promueve verborragia y acciones de las cuales luego nos arrepentimos, o el miedo la hiperactiva y ni decimos ni hacemos aquello que, luego, admitimos que nos hubiera gustado decir o hacer. El miedo evita y la ira promueve, más allá de la conveniencia situacional o contextual del veto o la descarga motriz. Por su lado, la tristeza es tan extraña como la alegría, claro está, desde el punto de vista motriz. Considerado desde la perspectiva de la moderación, todas las emociones nos favorecen, ya que se perfilaron a lo largo de la historia evolutiva como ventajas adaptativas para la sobrevivencia. En su justa medida, siempre nos ayudan. Incluso, hasta la tristeza, enseñándonos a valorar las pérdidas. Ya cuando su magnitud, y me refiero a *todas* las emociones, excede las dosis adaptativas adecuadas, tanto desde el punto de vista tónico como fásico, es poco lo que pueden aportar como ventaja contextual. Por lo general nos perjudican y mucho de ello hablaremos en el penúltimo tomo de esta obra, al considerar el problema del movimiento voluntario y su relación con el libre albedrío humano.

Sea como fuere, y volviendo al cometido de este capítulo, es imposible, por lo que alcanzo a dilucidar hasta el momento, el atribuirles a las emociones el carácter de "estación" o "relevo", como a otros procesos que ya hemos descripto y estudiado. Podrán gravitar en mayor o menor medida en momentos críticos del itinerario, pero están siempre sustentado el ciclo completo, tanto tónica como fásicamente.

Figura Nro.39: Los estados y procesos emocionales acompañan y sostienen íntegramente la secuencia motriz.

Procesos seriales, paralelos y variaciones cognitivas

Luego de este itinerario descriptivo de los poco cuestionables pasos o etapas seriales o "secuenciales", y de otros tantos procesos denominados "en paralelo", debido a la imposibilidad de adjudicarles el status de "escalón" o "relevo" entre otros, necesitamos profundizar en aquello que, en el capítulo anterior, definimos como "variaciones cognitivas" en el acto motor. Tal como lo explicamos, las entendemos como desafíos, retos o exigencias complementarias y, en este caso, a partir de repasar varios de los procesos que componen el acto motor, estamos en condiciones de dar cuenta con mayor precisión lo que entendemos como variaciones cognitivas, como exigencias adicionales, tanto en las funciones seriales como en las paralelas.

Por un lado, pueden ser requerimientos adicionales en algunos de los procesos seriales propiamente dichos. Evidentemente, el más reconocido como oportunidad de variación cognitiva es la percepción y, tal como analizaremos en próximos capítulos, muchas propuestas de **ECM** agudizan las funciones sensoriales y perceptuales, con ejercicios específicos y tareas complementarias mejorando, entre otras cosas, las fijaciones visuales, detecciones, seguimientos, distinciones entre figuras y fondo, y demás componentes de cada uno de los procesos de adquisición de la valiosa información, tanto exteroceptiva como interoceptiva, que necesitamos para la construcción de los actos motrices. Sin embargo, no sólo la percepción es ocasión de variaciones y propuestas concretas que la desafían y entrenan. También otros procesos seriales, tales como, representación post-perceptual, estimación témporo-espacial, lógica motriz, toma de decisiones y control inhibitorio, por citar tan sólo algunos. Para cada uno podemos identificar ejercicios específicos, tal como para el resto de las propiedades motoras conocidas: fuerza, flexibilidad, velocidad, resistencia o equilibrio, por sólo nombrar algunas.

Por otro lado, los procesos paralelos son otra gran oportunidad para la creación e implementación de propuestas originales que los desafían y entrenan. La atención y la memoria son funciones emblemáticas que acreditan posibilidades inagotables de entrenamiento dirigido y sistemático, con numerosos ejemplos que luego perfilaremos en el cuarto tomo de esta colección. No obstante, más allá de estas dos reconocidas funciones, con cierta tradición en el **ECM**, otras variaciones cognitivas no seriales pueden, también, entrenarse a la par que desplegamos la secuencia motriz: cálculos matemáticos, desafíos semánticos, conocimientos lingüísticos y otros, por más inespecíficos que parezcan respecto a los procesos cognitivos característicos de un deporte particular.

Lo propio del **ECM**, su cometido principal es, precisamente, y durante el movimiento, plantear situaciones contextuales con arreglo a las cuales estas variaciones cognitivas sean solicitadas de manera deliberada e intencional, siendo el propósito principal en cuanto a la resolución de la tarea propuesta se refiere. Estas variaciones cognitivas pueden ya sea enfatizar y desafiar un proceso serial o paralelo u otros, inclusive, que no hemos descripto hasta el momento. Lo más frecuente es, y así lo constatamos desde la práctica cotidiana de estas actividades, que tanto los procesos seriales como los paralelos sean motivo de variaciones cognitivas en el mismo modelo de tarea motora. Por lo general, las funciones perceptuales difícilmente puedan ser omitidas, aunque no, necesariamente, enfatizadas. Acentuar el desafío de varias funciones cognitivas a la par no es, claro está, lo ideal al comienzo de este tipo de entrenamiento. Sin embargo, conforme el sujeto avanza, sorprende el desarrollo de las habilidades que le permiten sortear complejos retos cognitivos, simultáneos inclusive, sin dejar de moverse en momento alguno.

Conclusiones provisorias

Luego de un primer capítulo en el cual planteamos aspectos introductorios, junto con problemas y precisiones conceptuales que no podíamos omitir bajo respecto alguno, consideré importante, antes de profundizar en las dimensiones del **ECM**, tratar al menos 3 grandes tópicos necesarios para que la obra en general, y este primer tomo en particular, no adolezca de unidad de coherencia lógica. El tratamiento de la secuencia motriz es necesario para entender no sólo las "estaciones" o "pasos" seriales en el acto motor humano sino, sobre todo, el cómo las variaciones cognitivas podrían adquirir ya sea este carácter o ser, también, procesos paralelos que incrementan la complejidad general del evento completo.

En primer lugar, cada proceso serial es susceptible de ser desafiado y complejizado, es decir, entrenado. Sin excepción. Sensación, percepción, representación, integración témporo-espacial, lógica motriz, toma de decisiones, elaboración y descarga eferente, sus ajustes y demás, son viables para una intervención metodológica que mejore, tanto cualitativa como cuantitativamente, sus expresiones y prestaciones. Por otro lado, en segundo término, también los acontecimientos paralelos, lo que hemos citado (atención, memoria, por nombrar algunos) y comentado como, así también, todos los que, con seguridad hemos omitido son factibles de ser, también, entrenados. Lo que no podíamos omitir es, precisamente, la discusión acerca de, tanto su identidad, es decir, si estamos de acuerdo o no respecto a su existencia como fenómenos, y su carácter serial o paralelo. Tanto su identidad, como su carácter serial o paralelo, son problemas que no podíamos dejar de tratar a los efectos de que el resto de esta colección tenga unidad de coherencia, sentido teórico y consistencia en sus consecuencias prácticas.

El problema que trataré en el siguiente capítulo es el de los modelos y teorías que, a lo largo de la historia, se postularon para explicar el movimiento humano. Desde un punto de vista estrictamente personal, siempre tuve dificultades para entenderlas, como así también al Aprendizaje Motor, hasta que profundicé en el estudio del acto motor propiamente dicho, es decir, fue de gran ayuda entender un poco más la secuencia motriz. Motricidad y movimiento como componentes inextricables del acto motor, protagonistas de una secuencia cuya comprensión hizo medianamente entendibles tanto las teorías y modelos como el Aprendizaje Motor propiamente dicho. Abrigo expectativas racionales de que al lector le suceda algo semejante o que, al menos, ayude en sus procesos cognitivos.

Con respecto al problema de la Coordinación Motriz… ¡cuántas controversias y dolores de cabeza! Necesitamos dedicarle, como mínimo, un capítulo completo antes de proseguir con el tratamiento de las cuestiones relativas al **ECM**. No crea, estimado lector, que se trata de una discontinuidad o desorden conceptual. Le aseguro que he pensado decenas de veces la configuración de este primer tomo. Decidí, finalmente, organizar la sucesión de contenidos de esta manera, y no de otra, para una mejor comprensión de los asuntos aquí tratados. Ya desde el siguiente capítulo iremos avizorando, en integración con éste, lo que trataremos en el relativo a la Coordinación Motriz y sus aspectos polémicos, discusiones, acuerdos y desacuerdos.

Capítulo 3
Teorías de Control y Aprendizaje Motor

A partir de mediados del siglo XX, y aún más en las últimas décadas, se ha desarrollado un especial interés por las teorías que procuran explicar el fenómeno del Control Motor, el Aprendizaje Motor y sus posibles aplicaciones en Educación Física, deporte y rehabilitación. Las teorías suelen basarse ya sea en modelos de función cerebral y el resto del sistema nervioso en el Control y Aprendizaje Motor, o en otros aspectos -sin descartar los biológicos-, tales como los contextuales, psicológicos, ecológicos, evolutivos y demás. En el marco de esta obra, dedicar un capítulo exclusivo para el tratamiento de algunas de las principales formulaciones teóricas respecto al Control y el Aprendizaje Motor es, entiendo, imprescindible para que las aproximaciones al **ECM** sean más concretas y consistentes para el lector.

Para empezar, podemos distinguir, con cierta claridad, dos tipos de teorías:

- **Teorías de Control Motor:** que formulan modelos explicativos de los posibles mecanismos inherentes a la regulación del movimiento humano.
- **Teorías de Aprendizaje Motor:** que postulan cómo el desarrollo de tales modelos promueve cambios más o menos permanentes de conducta.

Las teorías de **Control Motor** reflejan las concepciones propuestas, y discutidas por los diversos autores, sobre la manera en que el movimiento humano es regulado y gobernado por el sistema nervioso sin descartar, naturalmente, otras influencias y marcos de interpretación. Difieren, de acuerdo a mi humilde interpretación, en el énfasis puesto en los distintos componentes neurales o instancias críticas que participan en el control del movimiento. Son, en definitiva, modelos explicativos acerca de la regulación integral del movimiento humano y el rol protagónico, mayor o menor, asumido por los distintos procesos neurales involucrados. De allí que, como el lector podrá notar, aspectos tratados en el capítulo anterior son, necesariamente, reforzados en éste. Si bien pueden ser más, y cada cual puede considerar otras como las más relevantes y significativas, comentaremos las siguientes:

- Teoría de los actos reflejos.
- Teoría del procesamiento de la información.
- Teoría del control jerárquico.
- Teoría cibernética.
- Teoría de la programación motora.
- Teoría de los sistemas dinámicos.
- Teoría de la acción dinámica.
- Teoría del procesamiento de distribución en paralelo.
- Teoría orientada de la actividad.
- Teoría ecológica.

No desplegaré un desarrollo integral y extenso de cada teoría, sino breves reflexiones y comentarios, principalmente en lo que puedan aportar al objetivo general de esta obra. El propósito, y vale la pena admitirlo desde un primer momento, es detectar aquellas formulaciones que nos puedan aportar el marco de fundamentación más sólido para nuestra propuesta de **ECM** y contribuir a su evolución, instando a nuevas investigaciones.

Teoría de los actos reflejos

Ya a comienzos del siglo XX, Charles Scott Sherrington sentó las bases de la teoría refleja del control del movimiento humano. Estudió y postuló a los reflejos como los componentes básicos del comportamiento complejo para lograr un objetivo común. Describió esta conducta en función de reflejos compuestos y su combinación sucesiva o encadenamiento. Las respuestas a un estímulo son, las veces, los nuevos inputs para las sucesivas y siguientes respuestas. Tuve la oportunidad, en 2010, de leer "La Función Integrativa del Sistema Nervioso" (1906), en su idioma original, conforme participaba en estudios en el laboratorio de Fisiología Neuromuscular Aplicada de la Escuela de Human Kinetics de Memorial University de Newfoundland, Canadá. Ocho de los diez capítulos Sherrington los dedica a reflejos que, junto a otros artículos relativos al tema, me instruyeron acerca de los descubrimientos de la época sobre el reflejo miotático de tracción, inhibición recíproca, rascado y el extensor cruzado, descripto por Phillipson algunos años antes. Lo interesante del libro de Sherrington, y este hallazgo me sorprendió gratamente. es que no niega lo que está "más allá" de los reflejos. Simplemente admite que, por aquellos momentos, no estaba en sus posibilidades experimentales indagar sobre los otros procesos mentales, mucho menos el problema de la consciencia, dejando esta tarea y responsabilidad a los investigadores del futuro.

Por su parte, Iván Pavlov en Rusia, y en la misma época, formulaba explicaciones similares, entre otras cosas, sobre la base de la distinción entre reflejos condicionados e incondicionados. Las teorías de Sherrington permitieron grandes evoluciones en el conocimiento de la fisiología humana en general y de la conducta motriz en particular. Sin embargo, en Rusia, al decretarse a la pavloviana como la fisiología "oficial" del sistema político vigente, por cierto, dictatorial y opresivo, en lugar de permitir el crecimiento de este campo de conocimiento, limitó con proscripciones, persecuciones y hasta desapariciones a quienes, en desacuerdo con Pavlov y los pavlovianos, se atrevían a formular teorías alternativas. Nikolai Bernstein, por sólo citar un ejemplo, tuvo que pagar un alto precio por pensar diferente: un cruel exilio académico sin posibilidad de retorno, hasta su misma muerte el 16 de enero de 1966. Tal como sucede con innumerables casos similares, el problema no fue Pavlov, sino los "pavlovianos".

Entre otras, las principales limitaciones de la teoría refleja del movimiento humano son las siguientes:

- No explica los movimientos espontáneos ni los voluntarios como formas aceptables de conducta.
- Tampoco cómo un solo estímulo puede producir respuestas variadas.
- No permite entender cómo el contexto puede condicionar la variabilidad de respuestas.
- Tampoco explica la capacidad de realizar movimientos nuevos.

Muy bien, como vemos, muchas son las limitaciones de la teoría refleja para explicar el movimiento humano, aunque somos injustos si nos olvidamos de sus aportes. Probablemente, la noción de "reflejos" no sea precisa y atinente. Quizás sería más apropiado hablar de interacciones sensoriomotoras, ni más ni menos complejas que otras, que se perfilaron a lo largo de la historia evolutiva como ventajas adaptativas para la sobrevivencia y hasta, inclusive, la reproducción de la especie. Personalmente los entiendo como condición de posibilidad para el despliegue de secuencias motrices. Reitero y enfatizo, no necesariamente más complejas, sino con funciones adaptativas diferentes. Son el sostén, base, telón de fondo y, al mismo tiempo, el fundamento del ajuste sinérgico final del acto motor en general y del movimiento en particular. Constatarlo no es difícil cuando observamos algunas alteraciones neurológicas, donde todo falla cuando las interacciones sensoriomotoras que definimos como reflejos, también lo hacen.

Ahora bien, antes de pasar a la segunda teoría, debo admitir que siempre estuve convencido que tanto Sherrington como Pavlov no estaban tan alejados de la realidad. En primer lugar, los reflejos son conductas complejas. Aún el reflejo más básico y elemental, el RMT o reflejo miotático de tracción, supone procesamiento pre-espinal en los GRD o ganglios de la raíz dorsal, y proyecciones hacia las estructuras supramedulares del SNC. Incluso, la evidencia actual (Behm, 2024), da cuenta que, producto de la práctica de estiramientos, cambia el modo de conmutación refleja en médula espinal, es decir, hay cambios, aprendizaje. Más allá de eso, bien sabemos que los estudios de los reflejos mucho aportaron a la teoría de la conducta, lo que todos conocemos, y nos enseñaron a aborrecer, como conductismo.

Sin embargo, invito a que pensemos por un instante solo en un par de ejemplos: cuando el alumno universitario solo estudia por inminencia de una fecha de examen y el temor a desaprobar… ¿en qué difiere de la salivación del perro de Pavlov cuando escucha la campana? El otro ejemplo es, aún, más triste, ya que, por definición, las redes sociales son el modo contemporáneo de la tristeza, la tecnotristeza. Cuando veo a mis alumnos en la Facultad de Educación Física, alejados del movimiento y del estudio, todo el tiempo hipnotizados por sus celulares y las redes sociales… ¿Qué tan equivocados estaban Sherrington y Pavlov? La mayoría de los vínculos humanos se tejen a partir de la Teoría de la Conducta, lamentablemente. Y los únicos "bichos raros" que, eventualmente, podrían mostrar opciones se llaman docentes. Sin embargo, como los pescados y otros animales, también ellos están atrapados en redes.

Con respecto al **ECM**, poco es lo que esta teoría podría llegar a sumar, por fascinantes que sean las discusiones planteadas y otros tantos temas apasionantes para estudiar y debatir. Tampoco obstaculiza. Probablemente, el estudio de esta teoría sirva, principalmente, para pensar y diseñar estrategias para salir de este modelo como patrón de conducta dominante. Admitimos que opera en gran parte de las acciones que desarrollamos en la vida, como reseño más arriba. Por consiguiente, estudiarla, podría contribuir a conocernos más a nosotros mismos. El **ECM**, por lo que alcanzo a ver, poco o nada puede usufructuar de esta teoría, excepto, quizás, para trascenderla en el marco de las clases de Educación en general y de Educación Física en particular.

Más que enseñar a odiar este tipo de teorías, sin estudiarlas en profundidad, desde las casas de estudio de Educación Física, debiéramos investigarlas con mayor profundidad. Si aceptamos la tesis de la "inferencia activa", admitiendo que, desde la corteza motora no se descargan comandos motores sino predicciones propioceptivas, siendo el rol de los reflejos, precisamente, las correcciones de los errores de predicción, entonces, pensándolo delicadamente, los reflejos aportan una colaboración invaluable operando en los ajustes periféricos, "liberando" a la corteza cerebral para mayor calidad cognitiva y predictiva. El director de la orquesta, muy probablemente, logre variaciones más creativas y, en definitiva, trabaje mejor, si los ajustes *de* y *entre* sus músicos -verbigracia, los grupos musculares, músculos, fascículos y fibras-, no son de su estricta competencia.

Teoría del procesamiento de la información

Luego de la segunda guerra mundial, esta teoría surge como alternativa al conductismo y la Gestalt. Sin embargo, sus bases se crearon *antes* y *durante* el conflicto bélico, con el surgimiento de la informática y los negocios entre inescrupulosos empresarios estadounidenses y los nazis por sus dificultades para clasificar, nombrar y hacer listas de las víctimas del holocausto: fichas, placas, troqueles y otros recursos "informáticos" para que ningún judío pueda liberarse del odio y yugo alemán. Controlar y que nadie escape a la posibilidad de ser identificado. Tal como lo lee: entre las emergentes empresas dedicadas al procesamiento de la información y los nazis los negocios fueron prolíficos, aún después de la guerra. Las ciencias de la computación, la informática, internet y el control de la mente de los seres humanos siempre estuvieron vinculados. La bibliografía que describe estos surgimientos y empleos efectivos para la vigilancia de las consciencias es abundante y seria. Mal que nos pese, aún, y admitiendo que muchos, quizás todos, amen internet, considerándola una simple "herramienta" que, por cierto, de inocente nada tiene.

Procesar información fue necesario como mecanismo de control y reconocimiento de los seres humanos, y esta tendencia no ha sufrido retrocesos desde entonces. Lejos de ello, se ha agudizado, y las redes sociales, convertidas hoy en "lo" social en sí mismo, han dejado de ser un simple recurso para el atontamiento progresivo y definitivo de la población mundial. Subieron de categoría y operan, casi a la perfección, como mecanismo de control e inspección social. Su nueva versión para multiplicar e intensificar esa manipulación mental se llama, en la actualidad, inteligencia artificial (IA), que poco tiene de ingenua, inteligente ni, mucho menos, de artificial.

Volviendo al asunto que nos convoca, esta teoría, en el plano del movimiento humano, no persigue fines tan cuestionables, por no decir execrables. En esencia, se pregunta acerca de cuánta información puede un sujeto procesar correctamente de acuerdo a la etapa del aprendizaje en la que se encuentre, durante, claro está, el despliegue de la secuencia motriz. Una de sus mayores inquietudes ha sido acerca de cómo el sujeto selecciona información y descarta lo irrelevante cuando aprende y resuelve tareas motoras. Desde lo didáctico, por ejemplo, se ha preguntado cómo evitar la saturación de la capacidad de procesar información en cada etapa del Aprendizaje Motor y la performance de las tareas inherentes. Para los profesores ha servido para reflexionar acerca de cuánta información aportar en cada momento del proceso y cómo dirigir la atención del alumno, aprendiz o deportista hacia los aspectos relevantes de la acción motriz y/o el contexto y evitar las distracciones que, a veces, pueden resultar fatales.

Sus limitaciones, para ser sinceros, no son muchas, aunque no debemos olvidarlas: poco o nada tiene en cuenta los estados y procesos emocionales, las motivaciones y el ambiente, con todas sus manifestaciones que operan como perturbaciones a la hora del aprendizaje y la performance motriz. Sin embargo, el gran énfasis puesto en el proceso de atención ha sido muy valioso. Para el **ECM** los aportes de esta teoría son, en ese sentido, dignos de consideración: es crucial que los desafíos o variaciones cognitivas no lleven al colapso en la capacidad de procesamiento de información en nuestros deportistas. Más allá de las aplicaciones didácticas en la clase de Educación Física como, por ejemplo, la dosificación de la información impartida por el profesor, el estudio fisiológico de la atención permite diseñar estrategias para contrarrestar las, a veces no poco frecuentes, fatales distracciones del deportista. Mucho de ello será desarrollado en siguientes tomos de esta obra.

Teoría del control jerárquico

Esta formulación se desprende de la teoría del procesamiento de la información y sostiene que el SNC se organiza de forma jerárquica: médula, ganglios, cerebelo, estructuras subcorticales y corteza. Cada nivel superior ejerce control sobre el inferior en una estricta jerarquía vertical. Las líneas de control no se cruzan y los inferiores nunca ejercen su regulación sobre los superiores. Esta teoría permite explicar con mayor facilidad los procesos maduración, es decir, los agentes primarios para el cambio en el desarrollo conforme la corticalización del encéfalo va en aumento. Un aspecto clave de su aporte es la comprensión de los procesos de automatización y los vínculos entre corteza y subcorteza. Entre sus limitaciones, no explica cómo un reflejo que se encuentra dentro del nivel inferior de la jerarquía es el que puede llegar a dominar la acción motora, por sobre los supuestos controles superiores, como en el caso del reflejo de retirada y otras claras situaciones patológicas.

Ahora bien, hay mucho para comentar y reflexionar respecto a esta teoría. En primer lugar, las nuevas líneas de investigación en lo que conocemos como "Neurociencia del Cuerpo" (Castellanos, 2023) pone en duda la supuesta "jerarquía" de las estructuras centrales. En realidad, y me fascina este aspecto de su formulación, cuestiona la noción de "jerarquía" propiamente dicha. Mucho antes, Antonio Damasio (2018) en su libro "El Extraño Orden de las Cosas", objeta la naturalización del cerebrocentrismo y, más aún, el córticocentrismo al cual las neurociencias nos tenían tan acostumbrados. Mucho antes, Nikolai Bernstein (1935) sentenciaba que el cerebro no podía encargarse de regular, ajustar o controlar los numerosos parámetros (grupos musculares, músculos, fibras y demás) puestos en juego durante la ejecución de movimientos en general y de aquellos orientados a un fin (teleológicos) en particular. Por lo tanto, la supuesta organización jerárquica, como modelo teórico, podría ayudar a explicar, eventualmente, la maduración y el desarrollo de la Motricidad Humana, y el Aprendizaje Motor, aunque poco nos ayuda a, luego, explicar, por ejemplo, diferentes interacciones en los niveles de organización biológica o subsistemas responsables del movimiento humano. Sin embargo, para el **ECM** podría haber ciertas aplicaciones que no podemos pasar por alto sin, por ello, legitimar la teoría como único modelo explicativo del acto motor humano.

Con respecto a la automatización, recordemos que solo disponemos de teorías y postulados, no de certezas, tal como lo hemos explicado en el capítulo anterior. La hipótesis de Marsden (1972), por lo que observo y entiendo, aún sigue vigente o, al menos, no he podido dar con formulaciones alternativas más consistentes. Durante el movimiento -supuestamente- automatizado, el sujeto no está inconsciente. Su estado es totalmente consciente, aunque no es, precisamente, el movimiento y su regulación, el objeto para la consciencia. Precisamente por ello es que puede hacer de otros focos de atención, el objeto para la misma. Lo cual, evidentemente, se trata de una gran ventaja adaptativa, ya que si al movernos para sobrevivir, las mismas secuencias motrices fuesen el objeto de atención, poco podríamos resolver o de poca calidad serían nuestras decisiones. En la hipótesis de Marsden, las proyecciones entre cuerpo optoestriado y corteza premotora (CPM) y motora primaria (MP1), se ocupan del ensamblaje y secuenciación de las distintas fases del movimiento.

Durante las etapas iniciales de aprendizaje, dicho ensamblaje ocupa nuestro foco de atención, casi en su totalidad. Lo cual, de hecho, no permite atender otras cuestiones, ya que la atención es restringida en su volumen. Luego, conforme aprendemos y mejoramos la performance motriz, lo que antes era focal, ya no lo es, precisamente porque las estructuras subcorticales se ocupan de dicho proceso regulativo, liberando a la corteza para atender otros asuntos, probablemente mucho más relevantes que el movimiento mismo como, por ejemplo, su finalidad adaptativa.

Ahora bien, el ensamblaje, en el sentido de fluida interacción entre los distintos componentes de la acción motriz, no agota todo lo que, en cuanto al control del movimiento humano, es puesto en juego. Sobre todo, en las interacciones sensoriomotoras complejas. La acción espinal, el rol del sistema nervioso periférico (SNP) y tantas otras estructuras funcionales regulativas son cruciales, y su jerarquía no es menor a la de otros correlatos. Es aquí donde esta teoría quizás muestra sus puntos débiles. Lo cierto es que no hay una teoría cuya consistencia y consideración de aspectos regulativos, propuestos, estudiados y postulados como fundamentales, sea lo suficientemente completa o satisfactoria. Ninguna, por otro lado, tiene esa obligación o responsabilidad. Cada una, y en esto está el inconmensurable valor de las mismas, aporta aproximaciones. Esta teoría, en particular, nos ayuda mucho a entender los problemas arriba formulados.

Lo que, entiendo, para el **ECM** nos puede resultar útil, es entender que las tareas motoras propuestas para que, durante su despliegue, podamos integrar las variaciones cognitivas, deben estar primero, suficientemente automatizadas. Es decir, no pueden ser los componentes regulativos el movimiento mismo, el objeto focal de atención. Las mismas variaciones cognitivas deben serlo y, para dicha factibilidad, el ensamblaje de los distintos componentes del acto motor no puede absorber nuestra atención: tales procesos deben estar automatizados. Y es desde esta perspectiva, precisamente, que esta teoría podría sernos valiosa. Para que las variaciones cognitivas puedan operar de manera consistente, ya sea en serie o, mucho más aun, en paralelo, sin entorpecer y/o generar frustración, la secuencia motriz y la fluidez en el ensamblaje de sus partes constitutivas debe estar garantizada de antemano, es decir, el movimiento automatizado. Cualquiera sea el movimiento o tarea motora que, en cuestión, hayamos elegido para llevar adelante las propuestas representativas del **ECM**. Profundizaremos más sobre este tópico al considerar teorías de Aprendizaje Motor.

Teoría cibernética

Surge, también, de la teoría del procesamiento de la información. Pone su acento en los mecanismos de realimentación, o Feed-Back si prefiere, como elementos cruciales del Control Motor. Debemos a Weiner el nacimiento de la cibernética, y no discurriré en asuntos ajenos a sus consistentes aplicaciones en lo relativo al control del movimiento humano, ya que al tratar la teoría del procesamiento de la información expuse, de manera resumida, mi pensamiento al respecto. Por consiguiente, vamos a lo que esta formulación ha aportado, en la segunda mitad del siglo XX, a la comprensión del movimiento humano.

Cibernética, etimológicamente, viene del griego. Ciborg o "cyborg" refiere a timón o "timonel". En otros términos, guía, gestión y autogestión de los procesos, con la mayor independencia posible de los controles o regulaciones exógenas. En el asunto que nos convoca, claro está, del movimiento y su control. Mis primeras lecturas de esta teoría datan de finales de la década del ochenta del siglo XX, durante los pasos iniciales como profesor universitario en la carrera de Educación Física. Entiendo que, como encargado titular de materias en las cuales el Aprendizaje y el Control Motor fueron, y seguirán siendo, cruciales, esta teoría realmente ha sido de gran utilidad. Al menos, durante muchos años intenté capitalizar sus aportes a favor de los aprendizajes motrices de mis alumnos en las materias gimnásticas.

En sus aspectos centrales, la cibernética aplicada al estudio del Aprendizaje y el Control Motor, propone hacer del Feed-Back su aspecto central, educando al alumno o deportista para hacer buen uso de la información que reingresa, autocorregirse y, así, depender menos de los controles exógenos. Es lo que, quizás, debiéramos lograr en nuestros deportistas: aprender a capitalizar las aferencias que reingresan a los sistemas funcionales y depender así, cada vez menos, de las correcciones de terceros. Un buen entrenador o director técnico debiera, idealmente, no corregir sino enseñar a autocorregirse, instruyendo acerca de cómo hacer buen uso del proceso realimentario. Para lograr este cometido, un buen profesor debiera ayudar a dirigir la atención del deportista hacia la información relevante, descartando la que no es fundamental para la satisfactoria ejecución del movimiento orientado a la resolución del problema contextual.

El ejemplo que, en la práctica cotidiana, suelo compartir, es el de las tomas de peso corporal. El ruido o sonido de los pies es el dato relevante por excelencia. Más ruido, peor técnica. Menos ruido, mejor calidad de ejecución y mayor protección al sistema articular y miofascial. Por lo general, muestro una mala y una buena técnica, y pido al deportista que se concentre en el sonido que emiten mis miembros inferiores a la hora de la toma de peso corporal. Luego, los dejo solos. Y no me necesitan para saber si es buena o mala su performance. Aprendieron a dirigir su atención a uno de los datos más relevantes que protegen su sistema articular. Y así para un sinfín de acciones y tareas motoras, haciéndolos menos dependientes del control exógeno.

Sus limitaciones no exceden a las de cualquier otra teoría. No explica por qué algunos movimientos pueden ejecutarse ante la eliminación completa de algunas fuentes de Feed-Back, como en el caso de la restricción de flujo de sangre e insensibilización táctil del segmento o miembro con xilocaína u otros fármacos. En realidad, esto es propio de los movimientos ya aprendidos, aunque para aprender, la información realimentaria parece ser imprescindible. La cibernética explica más que lo que no, y sus consecuencias didácticas, poco explotadas por la mayoría, aportan grandes y favorables ventajas didácticas. A pesar del tiempo transcurrido, sus aportes para una gestión motriz autónoma son poco conocidas. El aprovechamiento de la información realimentaria permitiría, para un equipo, por ejemplo, la independencia del control exógeno, regulándose de manera autónoma como las "bandadas de los pájaros", tal como lo propone la Teoría de los Sistemas Dinámicos. Ello no supone menos trabajo para el director técnico, sino tareas diferentes e, incluso probablemente, más exigentes: no corregir, sino enseñar a hacerlo por propia cuenta, no advertir errores, sino enseñar a orientar la atención para que los jugadores lo hagan por sí mismos.

Respecto al **ECM**, rescato algunos puntos valiosos que esta teoría puede aportar:

- Permite al deportista advertir hasta qué punto los procesos cognitivos son gravitantes en su performance motriz.
- Igualmente, detectar el grado de influencia que los mismos tienen en las distintas modalidades deportivas.
- Sobre todo, entender un fenómeno recurrente en el deporte: el error en la toma de decisiones, analizando sus consecuencias y rescatando la necesidad de su entrenamiento específico.
- Reconocer, a través del estudio de los errores, las propias limitaciones y generar tareas específicas para superarlas.

Tal como todo agudo lector puede percibir, la construcción de nuestra propuesta de **ECM** no emerge de la nada, ni de la simple práctica o un fanatismo doctrinario. La experiencia misma ha sido crucial: eso no lo podemos objetar. Sin embargo, las lecturas iniciales, sin aún comprender mucho, y la obstinada perseverancia a través del estudio que, aunque ayuda, tampoco garantiza la apropiación integral del objeto de conocimiento, ha permitido erigir un "formato" interior que, sin alcanzar el status de convicción o posición indeclinable, facilita la continuidad en el proyecto que ahora, en las postrimerías de una carrera profesional sin mayor relevancia, es compartido con humildad y confianza a través de estas publicaciones.

Teoría de la programación motora

Esa teoría se aleja del concepto reactivo, explorando la naturaleza fisiológica de las acciones en lugar de las respuestas a estímulos, sobre todo externos. La acción motora puede gestarse tanto como reacción a un estímulo sensorial o, y he aquí su aporte, por procesos centrales que no necesitan de un input aferente. Es por ello que postula un patrón motor central: es posible el movimiento aún en ausencia de acción y reacción refleja y, también, eventualmente, sin realimentación o reaferencias al SNC. Su principal limitación es que no considera que el SNC deba tener en cuenta las variables musculo-esqueléticas y ambientales para lograr el control adecuado de la acción motriz. Sin embargo, las consecuencias terapéuticas han sido muy positivas, tanto para la recuperación de funciones, el entrenamiento de músculos aislados y el recurrir a efectores alternativos, lo cual nos pone en consideración de lo que llamamos carácter funcional del movimiento humano.

En la primera mitad del siglo XX, Thomas Graham Brown hipotetiza acerca de la posible existencia de circuitos responsables de acciones motrices que pueden activarse y desplegarse sin aportes aferentes iniciales, y sin regulación cortical descendente. Los llamó PGC o Patrones de Generación Central. Posiblemente todos hayan visto vídeos o de manera directa animales que, a pesar de ser decapitados, siguen caminando durante segundos o minutos inclusive, como gallinas, pollos u otros. Lo cual indica la independencia respecto a controles encefálicos descendentes. Brown luego bloquea las aferencias hacia el SNC y, nuevamente, el animal podía seguir caminando. Ello le llevó a conjeturar la posibilidad de que circuitos medulares se encarguen de algunas acciones motoras específicas, puntualmente las relativas a la locomoción, ya que son éstas las acciones más complejas que pudieron continuar a pesar de la decapitación y la suspensión de las fuentes aferenciales periféricas. En otros términos, podemos caminar sin intervención cortical o Feed-Back periférico, lo cual resulta ventajoso para, durante esas acciones, las locomotoras, desplegar otros movimientos o resolver problemas complejos que requieren sutiles y precisas decisiones contextuales.

Esas acciones motoras complementarias pueden "montarse" sobre los PGC, favoreciendo la resolución de situaciones deportivas o salir delante de complejos problemas adaptativos. No obstante, recordemos, no podemos aprender sin la participación de las regulaciones centrales o las aferencias sensoriales periféricas. Hellen Kelller aprendió y mucho. Era ciega, sorda y muda. Pero no le faltó SNC u otro tipo de aferencias como, por ejemplo, las táctiles y las propioceptivas, con su integración háptica. No olvidemos, para concluir estas referencias, que los PGC pueden intervenirse voluntariamente, es decir, ser objeto para la consciencia en sus detalles, aún los más útiles, y es precisamente por esto que pueden reaprenderse, recuperarse, corregirse, perfeccionarse. Los pedestristas y corredores todo el tiempo, merced a la intervención didáctica de sus profesores y técnicos, ajustan y mejoran estos patrones.

Los PGC brindan grandes oportunidades al **ECM**. Precisamente las acciones de marcha o carrera son las más sencillas y viables para incorporar diferentes variaciones cognitivas en el acto motor. Óptimas para adultos mayores y principiantes, aunque, luego, en este tipo de entrenamiento, las tareas motoras van complejizándose de manera progresiva, con semejanzas cada vez mayores a los gestos motores propios de cada deporte. Ahora bien, la teoría de la programación motora no se circunscribe solamente a los PGC y los actos motores básicos de marcha y carrera. Durante la segunda mitad del siglo XX, recordemos, la informática crece de manera insospechada, y la noción de "programa" perfunde a las ciencias del movimiento humano. La noción de programa y programación motora se cuela de manera tan consistente en nuestras disciplinas, la Educación Física y las Ciencias del Deporte, que aún nos cuesta limitar o, directamente, erradicar su empleo en nuestro lenguaje cotidiano.

Lo cierto es que la noción de programación motora, y aclaro que en otros volúmenes de esta colección seguiremos profundizando sobre este tema, no deja de ser una formulación hipotética. No es evidente y es por ello, verbigracia, fue postulada por diferentes autores. Las ciencias de la computación, cuyo crecimiento en la década del 70 fue vertiginoso, repercuten en otras disciplinas y la noción de "programación", inevitablemente, empieza a emplearse en las ciencias de la Motricidad Humana. La palabra "programa" pasa a ser habitual en la explicación del movimiento humano. Hasta se definieron los patrones de movimiento como "programas prestablecidos" de montajes de vínculos entre el sistema nervioso y el muscular. También, como era de esperar, se formuló la certeza de que, en nuestro cerebro, existen programas motores instaurados de antemano, es decir, como entidades anatómicas en sí mismas y localizables. Como éstas, muchas otras afirmaciones que descontaban la existencia de programas motores o la seguridad de que, durante distintos movimientos, particularmente los voluntarios, nuestro cerebro "programa" las acciones motrices.

Uno de los libros emblemáticos que despliegan esta teoría es, precisamente, de la década del 80 del siglo XX. Jacques Corraze (1982) en sus "Bases Neuropsicológicas del Movimiento Humano", plantea un modelo explicativo de la programación motora (supuesta) que es más que interesante. La entiende como el acto de parametrización de los engramas. Estos últimos suelen llamarse invariantes, es decir, las instrucciones fijas y abstractas descriptas mucho antes por Nikolai Bernstein. Los parámetros es lo que, precisamente varían. Son los componentes protagónicos del movimiento: grupos musculares, músculos, fascículos, fibras musculares, velocidad, duración completa de la acción. En algo hay acierto: la diversidad motriz depende de que haya componentes que, precisamente, no varíen. Son los engramas. No podríamos tener un engrama diferente para cada posible variante de cualquier movimiento dado. Imagine todos los modos de patear un balón de fútbol: indefinidos, por no decir infinitos. Si de cada uno debemos tener un engrama diferente, nuestra cabeza estallaría. Las instrucciones no varían. Lo que cambia, es la manera de parametrizar esas invariantes.

La gran diferencia entre Bernstein y los modelos de programación que surgen luego de su óbito, es que el genio ruso entendía que la parametrización de las invariantes o engramas no podía ser responsabilidad del cerebro, sino de procesos neurales que no lo comprometen, es decir, periféricos. Anatol Feldman (1962) perfila la HPE o hipótesis del punto de equilibrio que le da consistencia a esta formulación de Bernstein, incluso antes de su muerte. Por su parte, las interpretaciones computacionales de los años 70 y 80 le otorgan a la corteza cerebral, particularmente la premotora o CPM, esa responsabilidad. Ésta sería la candidata, como correlato neural, y siempre según estas formulaciones de finales del siglo pasado, a ser la encargada del armado o compaginación de un programa motor, con todos los detalles imaginables relativos a las dimensiones protagónicas del movimiento humano (orientación espacial, faseado temporal, grupos musculares, músculos, fascículos, fibras musculares, velocidad y demás).

Una vez configurado el programa, y liberado de la inhibición de la AMS o área motora suplementaria, el mismo "pasa" a la MP1 y comienza la descarga secuencial, a través de órdenes o comandos motores hacia los distintos músculos, tal como fue prestablecido por la CPM. Los mecanismos reaferenciales se encargan de comunicar al SNC si la ejecución corresponde o no con las intenciones iniciales del programa y distintas estructuras como, por ejemplo, el cerebelo, se encargan de ajustar, corregir las descargas descendentes para que, en definitiva, lo que ocurre se asemeje a lo que estaba previsto que ocurra.

Por nuestros días, esta teoría "hace agua" por todos lados. Procuraré, en las siguientes viñetas, de resumir estos puntos "débiles":

- Nunca nadie ha encontrado, bisturí en mano, TAC, TEP o RNMF, algo así como un "programa" en el cerebro humano, es decir, nada justifica otorgarle el status de "correlato anatómico" o existencia concreta.
- Tampoco hay evidencia de una actividad funcional que pueda postularse como algo parecido a un "acto" de programación motora.
- Es muy poco probable, por no decir imposible que, en la escala del movimiento humano, un conjunto de comandos prestablecidos pueda desplegarse tal y como fueron "programados": desde los primeros milisegundos luego del inicio del movimiento, nada parece ocurrir tal como pudimos haberlo previsto.
- Las variables ambientales son tan poderosas que, bajo respecto alguno, lo inicialmente prestablecido podría desplegarse con precisión o escaso margen de error.

Sin embargo, hay una actividad que, si bien desarrollaremos extensamente el tomo IV de esta colección, conviene comentar. La imaginería motora, como acto voluntario de representación del movimiento antes de su ejecución, permite una performance motriz de mayor calidad. El presentar a la consciencia lo que la percepción presentó en su momento, y con más calidad aún, facilita la performance posterior de la secuencia motriz. Desde ya, sería un error conceptual otorgar a este hecho el carácter de evidencia que justifique la afirmación de la existencia de programas motores o actos de programación. Lo que ya no sería un yerro, es admitir que la corteza cerebral hace lo suyo. Aunque no programe, interviene. El cómo lo hace, es tema de controversia y debate actual. A pesar de ello, aprender habilidades que permitan usufructuar su influencia en el despliegue de las acciones motrices, ostenta una larga historia y abundante evidencia. No es sensato dejarla de lado.

Teoría de los sistemas

Una versión elemental, simplificada y, posiblemente, incorrecta, plantea que no se puede entender el Control Motor sin comprender las características de los sistemas implicados: afirma que los movimientos no son dirigidos ni central ni periféricamente de manera exclusiva, sino que dependen de la interacción de muchos sistemas. Interpreta al cuerpo humano como un sistema mecánico complejo sometido a fuerzas de distinto origen, dirección e intensidad. Por consiguiente, un mismo comando central puede ocasionar movimientos muy dispares debido a la interacción de fuerzas, tanto internas como externas, y las variaciones de las condiciones iniciales. De ahí que el movimiento pueda regularse desde comandos distintos según las fuerzas (inercia y gravedad), las variaciones iniciales y las interacciones que, a partir de ello, los distintos sistemas construyen. Su principal limitación es, quizás, que no considera la interacción del individuo con el ambiente. Lo dicho, eventualmente, supone una descripción apresurada y no contribuye lo suficiente a una comprensión más aguda de sus aportes. Procuremos, entonces, ser más precisos.

La Teoría General de los Sistemas es propuesta en la década del 50 por Ludwig Von Bertalanffy. Era biólogo, y su objetivo no fue otro que descubrir y proponer una serie de leyes generales que sirviesen para explicar el funcionamiento de cualquier sistema, sea o no orgánico. Nos interesan, claro está, los orgánicos. Definía un sistema como un conjunto de elementos que interactúan de manera constante siendo, precisamente, la interrelación y sus particularidades, incluso en los pequeños detalles, lo que constituye el principal foco de interés. No sólo se trata de una teoría, sino también de un enfoque, un modo de interpretar e intervenir sobre la realidad y sus fenómenos. La Teoría General de los Sistemas evoluciona gracias a numerosos aportes complementarios y las nuevas ediciones a cargo del mismo Bertalanffy. Surge, a partir de ella, la TSD o Teoría de los Sistemas Dinámicos, es decir, aquellos que, producto de las interacciones, más o menos complejas, entre sus elementos constitutivos, precisamente, cambian. Como era fatal y previsible, la TSD llega a los estudiosos del movimiento, y es la década del 80 la que marca ese maridaje tan atractivo, como fiel y duradero. La producción bibliográfica al respecto es tan prolífica como apasionante.

Recordemos que, hasta 1980, predominaban la exclusivamente las hipótesis relativas a la existencia de programas motores corticales y PGC espinales, las del procesamiento de la información y algunos resabios de las teorías reflejas y los asociacionismos conductistas. Scott Kelso, sus colaboradores y otros autores introducen la teoría homeocinética, el problema de los DOF o grados de libertad y, a partir de allí, las teorías de la programación central empiezan a ser criticadas y debilitarse. La TSD considera los sistemas biológicos como un conjunto de procesos no lineales, con oscilaciones de ciclo límite unidos y coordinados por distintos niveles de organización. Los patrones de coordinación que emergerán se podrían, por consiguiente, predecir. Teniendo en cuenta, claro está, las propiedades no lineales de las oscilaciones de ciclo límite.

La TSD considera no sólo al SNC en Control Motor, sino que suma los aportes del SNC y el esquelético junto con las de los propios de la mecánica y la biomecánica, como la gravedad, la inercia y otras fuerzas, sin dejar de lado las demás variaciones contextuales. Su tesis principal es que SNC aislado no puede anticipar el movimiento, mucho menos pre-programar una acción: la TSD ve al movimiento como una propiedad emergente que surge de interacciones múltiples. El movimiento nace de la interacción de múltiples elementos que se autoorganizan en función de ciertas propiedades dinámicas de tales elementos en sí mismos, lo cual incluye la integración de las fuerzas mecánicas generadas por el propio cuerpo en movimiento, exactamente como Bernstein sentenciaba. Este aspecto relativo a las fuerzas mecánicas pasa a ser un factor clave en la emergencia de sinergias resolutivas y eficientes. Por eso, en la HPE (Hipótesis del Punto de Equilibrio) de Anatol Feldman, las fuerzas mecánicas representan un factor ambiental crucial en la regulación del movimiento humano.

Con respecto a los aportes de esta teoría al ECM, entiendo que son fundamentales. Las variaciones cognitivas en el acto motor configuran un sistema o subsistema en sí mismo, que no deja de interactuar con los otros, repercutiendo, finalmente en el resultado final, entendido como la emergencia de soluciones sinérgicas (las estructuras coordinativas propuestas por Scott Kelso) a los problemas planteados por el entorno y la relación del sujeto con el mismo. Las variaciones cognitivas, sean las que fuesen, ya sea desafíos mayores en los procesos seriales o paralelos, retos adicionales que operan como multitareas cognitivas, no dejan de integrarse con el resto de los sistemas que interactúan: SNC, SNP, fuerzas mecánicas exógenas, endógenas y demás. El resultado final no será el mismo de acuerdo a los sistemas intervinientes y el modo en que se vinculen. Las variaciones cognitivas, y en esto pocas dudas me quedan, participan en la autoorganización final, dejando de lado todo problema relativo a un posible comando central prestablecido y sus consecuencias derivadas.

Teoría de la acción dinámica

Esta nueva teoría surge del estudio de las sinergias. Considerando el principio de autoorganización, afirma que cuando un sistema de partes individuales comienza a unirse y relacionarse, sus elementos se comportan colectivamente de forma ordenada, no siendo necesario un centro superior que envíe instrucciones para lograr la acción coordinada. Esta teoría reduce la importancia de los comandos descendentes del SNC. El movimiento surge de elementos que interactúan sin necesidad de programas motores, siguiendo un comportamiento no lineal. Cuando un parámetro se altera y alcanza valor crítico, el sistema genera o, mejor dicho, ingresa en un patrón de comportamiento completamente nuevo. Su principal limitación, quizás, es que supone que la relación entre el sistema físico del sujeto y el ambiente donde opera determina principalmente su comportamiento, profundizando poco en otras posibles variables que podrían intervenir. Desde ya, como no es difícil advertir, se trata de una derivación lógica y coherente de la TSD. Incluso, tal vez, superadora.

Con respecto al problema de los sistemas dinámicos y las interacciones de sus elementos constitutivos, puede quedar, como "flotando en el aire", la idea de que, en definitiva, todo se explica por ello y, en el fondo, nada queda explicado. Desde ya, al hablar de sistemas, interacciones, autoorganización y demás, ningún autor, a menos que no sea serio, elude la explicación relativa a *como* dichas relaciones se producen. Los distintos profesionales que representan estas teorías especifican estos vínculos, hasta con formulaciones matemáticas. Por ejemplo, la teoría de la inferencia activa, con Karl Friston y Rick Adams como unos de sus principales exponentes, que postula que no hay comandos centrales que descarguen órdenes a nuestros músculos, sino predicciones propioceptivas, es consistente y fascinante.

Con respecto al **ECM**, las derivaciones son, aún, más favorables y promisorias. Si el cerebro no descarga comandos motores, sino que la regulación del movimiento humano depende de la interacción de varios subsistemas distribuidos sin organización jerárquica, esta condición permitiría, aún con mayor facilidad, que la corteza cerebral acepte el reto o desafío propio de las variaciones cognitivas. Si la corteza cerebral no tiene la responsabilidad de diagramar la secuencia motriz, emitir descargas motoras descendentes, ajustar todo detalle relativo al control y precisión del movimiento, evidentemente su tarea respecto a emitir adecuadas predicciones basadas en más agudas resoluciones cognitivas, podría verse, por lógica descompresión de compromisos periféricos, facilitada. Mi hipótesis personal es sencilla: si la corteza emite predicciones, por decir, las ya citadas *"prognosis probabilísticas"* de Bernstein, las variaciones cognitivas entrenadas de manera intencional, podrían contribuir a una mayor precisión en tales pronósticos sensoriomotores.

Teoría del procesamiento en paralelo

Describe la manera en que el SNC procesa la información para actuar: el SNC operaría tanto por procesamiento serial (empleo de vías secuenciales únicas) como en paralelo (interpretando y encauzando información por vías múltiples en simultaneidad). El supuesto fundamental es que el cerebro es un ordenador con células que interactúan en diversas formas, y las redes neurales son sus sistemas computacionales esenciales: los modelos consisten en elementos que están conectados por circuitos. Son propuestos, incluso, esquemas matemáticos para describirlos. Los sistemas computacionales pueden ser afectados por otros en forma positiva o negativa. Su principal limitación es que los modelos basados en esta teoría no imitan, con precisión, el procesamiento de la información durante el aprendizaje y el desempeño motriz real y concreto en el ser humano.

No obstante, al problema del procesamiento serial y paralelo le hemos dedicado un capítulo completo y lo relacionamos, en profundidad, con el **ECM**. En mi humilde opinión, el SNC no obedece a un solo modo de procesamiento, ya sea serial o paralelo. Los dos modelos coexisten e interactúan, y el **ECM** puede solicitar funciones correspondientes a los dos sistemas de procesamiento. Lo cierto es que, tal como podremos apreciar en el resto de esta colección, la mayoría de las propuestas representativas del **ECM** no podrían perfilarse a menos que un tratamiento en paralelo fuese posible. Tal como señalamos en nuestros comentarios sobre las dos teorías precedentes, el que el cerebro no deba ocuparse de la descarga de comandos motores o los ajustes sutiles de la actividad sinérgica, refuerza la idea de que las variaciones cognitivas puedan desplegarse en paralelo a la ejecución de movimientos de diferente grado de complejidad en tanto y en cuanto, claro está, ya aprendidos, perfeccionados y automatizados.

Teoría orientada a la actividad

También conocida como teoría de las "Goal Directed Actions" o acciones dirigidas a un objetivo. De acuerdo a esta formulación, el objetivo del Control Motor es el dominio de la secuencia motriz para efectuar una acción particular, no para realizar movimientos por el sólo hecho de moverse, sin finalidad alguna o propósito funcional. En definitiva, el control del movimiento se organizaría alrededor de conductas funcionales dirigidas a objetivos. Su limitación principal es que no informa sobre cuáles son las actividades fundamentales del SNC y los elementos esenciales que controlan una acción motriz.

Posiblemente, otra de las limitaciones de esta teoría, por cierto, fascinante, es que hay un sinfín de movimientos que el ser humano realiza durante el día que no parecen tener una finalidad identificable con claridad. Al menos para el mismo sujeto que las despliega, y como propósito conscientemente advertido como tal. Este problema nos pone al frente la paradojal encrucijada relativa a la conscientización de la finalidad y la responsabilidad humana en sus acciones. Más adelante, en esta colección, tenemos previsto retomar esta discusión. El problema del movimiento voluntario, la conscientización de una finalidad, el sentirnos agentes protagónicos responsables de las decisiones que tomamos y movimientos que realizamos, y otras inquietudes afines, serán motivo de un análisis diferencial, no necesariamente pormenorizado.

Teoría ecológica

Esta teoría, que tiene a James Gibson, quizás como su mayor representante, explora cómo nuestros sistemas motores nos permiten interactuar más efectivamente con el medio ambiente a fin de tener comportamientos orientados a objetivos. Su estudio se centra en cómo detectamos la información pertinente del entorno para nuestras acciones y la empleamos, luego, para controlar nuestros movimientos. El individuo explora activamente su entorno el cual, a su vez, sostiene su actividad, de tal manera que las acciones están orientadas a un ambiente particular. Su principal limitación es que enfatiza poco en todo lo que respecta a la organización y función del sistema nervioso en lo relativo al planeamiento, ejecución y ajuste del movimiento humano.

Esta teoría pareciera ser una suerte de "reprimenda" o recordatorio de los que habitualmente pasamos por alto: el ambiente y su repercusión en las decisiones y acciones desplegadas por los seres humanos. No se trata de un problema menor, y los expertos en Aprendizaje y Control Motor han aprendido, a lo largo de los últimos años, a tener en cuentas tales influencias. No podemos entender el movimiento humano sin tener en cuenta las influencias y repercusiones ambientales, la dimensión ecológica que opera sobre cada individuo. Sería ingenuo interpretar que, al hablar de la dimensión ecológica, nos restringimos al medio ambiente externo, el clima, los árboles, el smog, el campo de juego o todas esas cosas. Hay muchas otras influencias tanto o más importantes que ellas: las relaciones interpersonales, nuestras reacciones emocionales frente a las expresiones emocionales de terceros, los estados y procesos mentales, los cuadros más o menos provisorios de tristeza, alegría, miedo o ira, y tantas otras influencias que cualquiera que haya sido deportista, sin un gran esfuerzo de memoria, reconoce como fundamentales. Todas ellas operan de manera gravitante en los movimientos que elegimos, los que decidimos luego iniciar y finalizar o no, y sus regulaciones sinérgicas particulares.

Con respecto al **Aprendizaje Motor**, existen muchas definiciones y teorías, todas interesantes y pertinentes. Para finalizar este capítulo, expondremos sólo algunas de manera simple, definiendo al Aprendizaje Motor como el conjunto de procesos internos, asociados a la práctica y experiencia, que producen cambios relativamente permanentes en la capacidad de producir actividades motoras. Lo aprendido se almacena en la memoria, siendo aún tema de debate y controversia lo que, en todo caso, queda "guardado" en nuestro SNC. Mucho más polémico, aún, es la localización de aquello que, supuestamente, queda almacenado. En esta oportunidad, repasaremos dos modelos, cada uno de tres fases: el de Bernstein, y el de Fitts y Posner. No se trata de un análisis profundo y detallado del fenómeno del Aprendizaje Motor, ya que no es el objetivo de esta obra. La inquietud principal es relativa al hecho de si el **ECM** puede o podría favorecer el aprendizaje de las habilidades motrices y, eventualmente, el resto de los procesos cognitivos, tal como el proyecto de investigación del gran Carmelo Pittera sugiere. Es lo que procuraré desarrollar al final de estas breves descripciones.

Modelo de 3 fases de Bernstein

El modelo de Bernstein otorga un rol clave al control de los grados de libertad del movimiento a lo largo del proceso de Aprendizaje Motor. Es decir, considera el número independiente de movimientos necesarios para completar una acción, como un componente central del aprendizaje de una nueva destreza motora.

FASE INICIAL	FASE AVANZADA	FASE DE EXPERTO
El individuo simplifica el movimiento reduciendo sus grados de libertad	El sujeto comienza a ganar grados de libertad, permitiendo el movimiento en mayores números de articulaciones incluidas en la tarea	El individuo posee todos los grados de libertad necesarios para llevar a cabo la tarea, con la mayor efectividad y de manera coordinada

Al comienzo del proceso, como principiantes, rigidizamos, congelamos grados de libertad. Los movimientos son más uniformes, los recorridos articulares más parecidos. Conforme mejoramos, variamos los recursos, las rutas articulares son distintas. En definitiva, repetimos sin repetir. Lo importante es que la disponibilidad variada de un mayor número de grados de libertad da más chances adaptativas, amén de economizar cantidades abismales de energía. Usamos menos fascículos y fibras, incluso podemos ser nuestra mejor versión durante secuencias repetitivas más prolongadas. La explicación de Bernstein encaja a la perfección con las formulaciones fisiológicas contemporáneas.

Posiblemente, y siempre gracias a los descubrimientos de Nikolai Bernstein, lo que a través del Aprendizaje Motor logramos es la corrección colaborativa sinérgica de las articulaciones entre sí. Desde ya, sin descartar la actividad de todo el sistema miofascial. Una colaboración correctiva en equipo, si prefiere verlo de otra manera. Un buen trabajo en equipo para, colaborando todos, corregir y hasta, eventualmente, *disimular* los errores. La variabilidad aumenta, sin que un movimiento se parezca al precedente, por más que se desencadenen uno atrás de otro. Los núcleos articulares varían, en su recorrido, de una repetición a otra, y conforme el aprendizaje avanza, y el movimiento es más preciso, los itinerarios articulares cambian aún más, corrigiendo la actividad de los núcleos por encima y por debajo del principal.

El descubrimiento de Bernstein es, sin dudas, extraordinario. Su idea es fascinante. Tan solo pensarlo nos eriza la piel por las emociones que desencadena, al menos a quienes estudiamos y observamos y trabajamos con el movimiento humano en el día a día. La concepción de Bernstein es, según mi humilde criterio, perfecta, y no puedo evitar emocionarme la leerla y releerla. Por eso, precisamente, fue un genio, no un talento. Bernstein no logró objetivos que todos reconocían como tales. Los sujetos talentosos hacen eso, alcanzan objetivos que todos detectan, lo cual no les resta mérito. Ese problema está fuera de discusión. En cambio, Bernstein fue un genio. Vio lo que nadie alcanzaba a ver hasta el momento y, quizás, nunca nadie lo hubiese advertido sin esa intuición fenomenal de uno de los científicos más inteligentes del siglo XX.

Modelo de Fitts & Posner

Se trata de un modelo de 3 fases bastante conocido. En definitiva, son las consabidas etapas de adquisición, perfeccionamiento y estabilización. Recordemos que no se trata de un libro de Aprendizaje y Control Motor sino de **ECM**. Pongo en consideración algunas teorías de Aprendizaje Motor con el solo fin de dilucidar dos asuntos primordiales: si el **ECM** favorece el Aprendizaje Motor y la performance cognitiva, sobre todo en estudiantes y adultos mayores, y en qué fase del aprendizaje la tarea motora puede ya ser integrada con una variación cognitiva en particular. Veamos primero el modelo de Fitts & Posner:

ETAPA COGNITIVA	ETAPA ASOCIATIVA	ETAPA AUTÓNOMA
El sujeto aprende una destreza nueva	Se logra dirigir el programa bajo restricciones ambientales específicas	El sujeto consigue moverse dentro de una variedad de ambientes
O reaprende una destreza vieja	Disminuye el número de errores	Manteniendo el control de todo el programa
Practica con supervisión y guía externa	Logra realizar la tarea con menor esfuerzo	Retiene la destreza y la realiza en todo contexto
Importante cometer errores	Se comprende la relación entre los componentes de la destreza	Proceso de automatización
Y saber corregirlos	Mayor control endógeno	Y disponibilidad variable

Al momento de explicar estas fases o etapas a mis alumnos de la Facultad de Educación Física, en la Universidad Provincial de Córdoba, apelo a un símil que hace años se me ocurrió y que, según quienes lo han escuchado, les ha servido para entender un poco mejor el proceso de Aprendizaje Motor. Es el ejemplo de la pieza de mármol, el escultor y la estatua. La fase cognitiva o de adquisición correspondería a todo lo que ocurre entre que el escultor recibe el bloque de mármol o granito hasta que la forma global de la estatua queda manifiesta, es decir, puede ser reconocida. La fase asociativa o de perfeccionamiento, sería parecida a esa ardua tarea del escultor que elimina progresivamente todos los componentes y residuos superfluos, otorgando a la estatua la forma definitiva, apreciable en todos sus detalles con máxima fluidez estética. Lo propio de estas dos primeras etapas es que el escultor no puede estar ausente. Su presencia es imprescindible y nadie sino él puede terminar la escultura. La última etapa, autónoma o de automatización, se caracteriza porque el aprecio de la belleza de la estatua ya no necesita del escultor, quien ya hizo lo suyo. La obra puede ser interpretada de diferentes maneras, por variados públicos y en distintos entornos. El escultor ya no está atento a su obra sino, encargado de otros asuntos, por ejemplo, respondiendo preguntas sobre su trabajo o negociando las futuras exposiciones.

El ECM requiere, precisamente, esto último. Que el escultor no atienda más la escultura. Sólo así puede atender otros "asuntos cognitivos". El escultor, en este caso, no es necesariamente el cerebro, desde la perspectiva del funcionamiento holístico del mismo o en masa. Refiere al proceso de atención y los subsistemas o coaliciones neurales del que depende el artista. El ECM requiere la escultura terminada, y al escultor libre para atender, precisamente, las variaciones cognitivas propuestas.

Evidentemente, tal como desde el primer capítulo de este libro subrayamos, el acento está puesto, siempre, en la Motricidad Humana, a pesar de que se trate de Neurobiología y ECM. Una variación cognitiva no puede ni debe entorpecer el despliegue de una secuencia motriz. Por lo tanto, no en cualquier fase del Aprendizaje Motor conviene incluir las variaciones cognitivas. Durante la fase de adquisición o etapa cognitiva del modelo de Fitts & Posner, toda la energía, precisamente, cognitiva, está puesta en el logro global de la nueva destreza o en el reaprendizaje de una antigua y no practicada durante mucho tiempo. Por ende, no es el momento adecuado para desafiar al aprendiz con un reto cognitivo adicional. Tampoco la fase asociativa o de perfeccionamiento permite optimizar el ECM. En esta fase es más importante el entrenamiento cognitivo, en lugar del Cognitivo-Motor. Es en la fase final del proceso de Aprendizaje Motor, la etapa autónoma, de estabilización o disponibilidad variable donde las variaciones cognitivas cobran sentido e, incluso, operan como "pruebas de fuego" para confirmar el grado de automatización de la destreza aprendida.

Con respecto a la inquietud de Carmelo Pittera, inherente al hecho de si una Educación Física en la escuela basada en el modelo Cognitivo-Motor podría mejorar la performance cognitiva en general, cualquiera sea el nivel en cuestión, aún no disponemos de datos que puedan sostener este anhelo. Sin embargo, la consistencia racional de la idea invita a diseñar los correspondientes modelos experimentales y confirmar, o refutar, eventualmente, la hipótesis compartida. Por mi parte, no necesito este tipo de evidencia para decidir si vale la pena o no la implementación del ECM. La certeza está en los resultados deportivos propiamente dichos y los reportes de sus principales representantes. En este primer tomo dedicaremos un capítulo, precisamente, a estas experiencias.

Reflexiones finales integradoras

Es imposible, y hasta insensato, exigir a una teoría la explicación completa, definitiva, integral e integradora de un fenómeno tan complejo como el movimiento humano. Cada una hizo su aporte en su momento y sigue ayudando, sin aspiraciones de superioridad, y desde sus alcances y limitaciones, a comprender un poco mejor el acto motor y, en particular, la Motricidad Humana. El propósito principal de esta indagación, motivo de este capítulo, es confirmar la posible incompatibilidad entre alguna teoría y el **ECM**. Por el momento desde ninguna de las teorías de Aprendizaje y Control Motor, presentadas y comentadas superficialmente en este capítulo, encontramos obstáculos para la fundamentación e implementación del **ECM**.

Soy perfectamente consciente de los años y años de discusiones, debates y hasta peleas por el asunto del conductismo aplicado a nuestras prácticas de Educación Física, entrenamiento y deportes. Nunca me interesaron demasiado. Creo que son vanas y confusas. Siempre me sorprendió la omisión de la consideración del objeto de aprendizaje, sus propiedades y rasgos constitutivos. Si tengo que enseñar una destreza compleja, donde el riesgo es elevado, prefiero impartir directrices precisas y hacer pensar, y mucho, al alumno, sin ponerlo en el compromiso de tomar decisiones que pondrían en riesgo su vida. Nunca aplicaría el descubrimiento guiado o una resolución de problemas para enseñar un "flic-flac" o un mortal atrás. El precio a pagar por no acertar con la decisión tomada, por parte del alumno, puede ser en exceso elevado. Prefiero decidir yo mismo. Luego invito a compromisos cognitivos alternativos. Tal como mis antiguos profesores lo hacían conmigo, haciendo caso omiso a la discusión conductismo-constructivismo. Sin embargo, hay otras formas y gestos motrices que, precisamente por su bajo riesgo, acreditan la posibilidad de implementar modelos y estrategias de enseñanza alternativos. No encuentro argumento alguno para no emplearlos.

Tampoco podemos aprender las normas de convivencia social por un constructivismo hipócrita. Nadie respetaría un semáforo por conscientización de la ventaja de hacerlo o la desventaja de no. No tiene sentido perder tiempo en estas discusiones. Aprendemos las pautas de convivencia social por el simple modelo de premio y castigo. Por asociacionismo conductista, si lo prefiere, y no está mal que así sea. Sólo así o, mejor dicho, más probablemente así, un ser humano evita el daño a sí mismo y a otro ser humano. Hay otros objetos de conocimiento que, por el contrario, acreditan aproximaciones más complejas y dignas, por supuesto. No puedo entender una formulación metafísica compleja a menos que involucre procesos cognitivos conscientes, incluso, de elevada jerarquía. Nunca podría acceder a ella por mera convicción o premios y castigos.

La discusión conductismo-constructivismo es ajena al **ECM** y, entiendo, nada justifica detenernos en inconsistentes obstaculizaciones. A lo largo de toda esta obra cada lector, luego de sumergirse en los conceptos y analizar las actividades propuestas, y hasta observarlas accediendo por código QR, llegará a sus propias conclusiones. Por mi parte, la pasión por este tema fue a posteriori de superar, sin terapia de por medio, aunque sí con mucho esfuerzo mediante, las absurdas problematizaciones en las que, durante el cursado de mi carrera de Educación Física, nos sumergían mediocres especialistas en educación, siendo, quizás, el corazón (miocardio) y los músculos que regulan la actividad de las cuerdas vocales, los que más contrajeron durante toda su vida.

Capítulo 4
Coordinación Motriz

Luego de discutir acerca de la secuencia motriz en términos de procesos seriales y paralelos, y repasar las principales teorías o postulados alternativos relativos al Aprendizaje y el Control Motor, todo parecería indicar que estamos en condiciones ya, y de una vez por todas, de iniciar nuestro periplo concreto por la geografía y las rutas específicas del **ECM** o Entrenamiento Cognitivo-Motor. Sin embargo, queda una colina más que escalar, u obstáculo más que sortear, si lo prefiere mejor así, antes de sumergirnos, definitivamente, en sus propuestas y las metodologías más representativas, tanto de otros autores, entrenadores y profesores como, así también, las de nuestro propio equipo de trabajo. Necesitamos poner sobre la mesa un problema y debatirlo: el de la Coordinación Motriz.

Las expectativas de llegar a un eventual acuerdo son, sin embargo, pobres. El problema o es demasiado complejo, tal que las controversias nunca parecen aproximarse a un final razonable, o es tan simple que da la impresión que las disputas no tienen sentido y sólo hacen perder el valioso tiempo que, según muchos, debiéramos prodigar, con exclusividad y sin distracciones teóricas, solamente a la práctica. Por mi parte, entiendo que esta discusión, en nuestro campo de operaciones, el de la Educación Física, debe darse de una vez por todas.

Este capítulo será breve, y lo primero que propongo es recordar y considerar toda una serie de empleos habituales, no necesariamente vulgares, de la noción de coordinación. Se trata de usos domésticos, que expresamos casi sin reflexionar. Me incluyo en este grupo, ya que cuesta mucho desprenderse de este modo de referirse al ítem que nos convoca, en nuestro trabajo cotidiano con deportistas, alumnos en general y clases en la universidad. El siguiente paso será estudiar algunas definiciones de Coordinación Motriz publicadas por distintos autores, muy probablemente conocidos y familiares para la mayoría, a lo cual adjuntaremos nuestras opiniones y consideraciones complementarias, sin obscurecer ni alterar el significado original de las propuestas.

Para terminar, compartiré una mirada integradora, pidiendo estrictamente al lector no hacerse ilusiones sobre una posible solución definitiva al problema. El objetivo no es otro que instar a la reflexión crítica y, en la medida de lo posible, contribuir a la precisión semántica y limpieza lingüística de términos cuya correspondencia a fenómenos claramente identificables, en nuestro campo específico, es muy difícil, sino imposible, de lograr.

Empleos "domésticos" de la noción de coordinación

Pasemos revista a algunos empleos habituales, frecuentes y poco cuestionados, sobre todo en nuestro medio y campo laboral, del concepto de coordinación, claro está, motriz. Este listado no pretende desacreditar o descartar dichos usos, dando por sentado que nuestra posición es superadora. Lejos de semejante aspiración, se trata de un sencillo análisis "mundano" e inicial que nos facilitará, luego, sumergirnos de lleno en el asunto que nos reúne.

Uno de estos empleos, cuya prevalencia es notoria, es la afirmación relativa a "ejercicios *de* coordinación". Numerosos son los libros, incluso, que llevan este título, ya sea para personas mayores, niños u otras edades, deportistas y condiciones especiales. Cuando observamos estas tareas motoras no vemos otra cosa que actividades nuevas para el sujeto, aun para el lector, y que representan cierta complejidad inicial hasta su dominio definitivo. Una vez logrado éste, parece ya no haber más exigencia coordinativa de por medio. Un ejemplo, con nombre y apellido, son los ejercicios en las (mal) llamadas "escaleritas de coordinación", o gestos propios de malabaristas, con elementos variados que se desprenden del cuerpo del ejecutante y luego son retomados. En definitiva, esta acepción supone admitir una categoría especial de ejercicios, tal como si, en tareas motoras correspondientes a otra índole, trátese de equilibrio, fuerza, reacción o movilidad, ya no hubiese solicitud o exigencia coordinativa de por medio. Desde ya, entiendo que no hay nada parecido a lo regularmente identificamos como ejercicios "*de* o *para*" la Coordinación Motriz. Comprendo, igualmente, que no todos están de acuerdo y, quizás, esta categoría de tareas motoras continuará prevaleciendo durante años.

Tampoco es extraño escuchar, por lo general en los espectadores o público que observa coreografías de danza o gimnasia rítmica, exclamaciones relativas las virtudes coordinativas de las performances individuales y colectivas. A menudo refieren, en caso de las expresiones colectivas, ya sea en parejas o equipos con más miembros, a la sincronía y simultaneidad de las acciones: en tanto y en cuanto las acciones se den en un paralelismo perfecto, la gente exclama "¡qué coordinados son!", y en caso de que un movimiento sea distinto, o se manifieste antes o después del resto del equipo,

Figura Nro.40: Las (mal) llamadas "escaleritas de coordinación".

el público suele decir lo contrario, es decir, "¡falta coordinación!". De alguna manera, conectan simultaneidad en el espacio y sincronicidad en el tiempo como el signo más tácito de Coordinación Motriz: los mismos movimientos y al mismo tiempo. La expectativa es que los movimientos sean iniciados al mismo tiempo o en una secuencia ordenada entre los miembros del equipo, que terminen en el mismo momento, o en un orden prestablecido, y que, durante las series de movimientos, el final del anterior coincida con el inicio del siguiente. Reitero, es una interpretación personal de los estados subjetivos de quienes, al observar otros movimientos o valorar los propios, suelen exclamar respecto a la coordinación como *rasgo* o *propiedad* de los actos motores.

En las acciones individuales, si se quiere, ya es más complejo y exquisito. Depende de la sapiencia y familiaridad del espectador respecto a las prácticas motrices que observa. Si el deportista o artista no va a ritmo con la música o, eventualmente, si el gesto motriz no condice con lo que el observador espera, entonces priman las exclamaciones inherentes a la falta de coordinación. Ya no se trata de una simultaneidad de acciones entre dos o más sujetos sino, sobre todo, la diferencia entre lo esperado y la realidad concreta que observa y tiene frente a sí. Solemos exclamar lo mismo incluso en las acciones cotidianas, al observar la locomoción básica en sujetos con trastornos neurológicos o afines. El caso de la marcha es notable: muchas de las expresiones "mundanas" y cotidianas respecto a la falta de coordinación remiten a ella: por el braceo, por la acción flexora o extensora ipsilateral en lugar de contralateral y demás. Incluso en los llamados "salticados", esta alteración es no poco frecuente en los alumnos del Profesorado de Educación Física de los últimos años.

En definitiva, tanto en el caso de los movimientos colectivos o los individuales, esta segunda acepción mundana no remite a ejercicios o actividades motrices puntuales, sino a *rasgos* o *propiedades* de las acciones propiamente dichas. Al emplear la palabra "coordinación", las personas parecen señalar una suerte de "acuerdo" entre las partes, o relación armoniosa entre los componentes, ya sea personas o miembros de un equipo o conjunto, trenes, miembros, segmentos, grupos musculares, músculos y demás. Este "acuerdo" suele remitir, y lo subrayo, a una precisa simultaneidad en el espacio y, mayor aún, fluida sucesión en el tiempo. Si todos lo hacen igual, al mismo tiempo y la relación entre un movimiento y otro es fluida, entonces describen las acciones como coordinadas. Nuevamente, sorprende el escaso empleo, por no admitir la notable ausencia, de la noción de "sinergia", no sólo en el público no especializado, sino también entre especialistas de la Educación Física. Mal que nos pese, lamentablemente, el concepto de "sinergia" prevalece más en el contexto empresarial que en el motriz.

Otro de los empleos, reiterados y asiduos, de la palabra coordinación lo encontramos en la teoría y la práctica del entrenamiento de la fuerza. Al asistir a clases teóricas de fisiología de la fuerza muscular humana, muy posiblemente haya escuchado o leído construcciones tales como coordinación "intramuscular" e "intermuscular". La primera suele remitir, de acuerdo a los especialistas, al reclutamiento masivo y elevado de unidades motoras en el mismo músculo, sin importar si se trata de su carácter mono o biarticular. Tasa de reclutamiento, frecuencia de descarga y sincronización suelen ser los procesos fisiológicos con los que los especialistas componen la explicación de lo que conocemos como coordinación "intramuscular". Lo que es tenido en cuenta, casi con exclusividad, es el comportamiento de las fibras musculares, no de los fascículos, muy a pesar de que, en estos últimos, nada indica que podemos esperar un comportamiento uniforme en, prácticamente, ninguna acción motora.

Por otro lado, al referirse a coordinación "intermuscular" aluden al correcto trabajo "en equipo", precisamente, entre los músculos de un mismo grupo muscular o los distintos grupos musculares entre sí. Sin embargo, en qué podría consistir este óptimo accionar "en equipo" entre distintos músculos y grupos musculares no es claro aún. Probablemente estos pocos rasgos sean los más recurrentemente citados, por autores y especialistas, al dar cuenta de una buena coordinación "intermuscular":

- Adecuada inhibición del músculo antagonista durante la acción del agonista.
- Óptima activación del antagonista en tramos precisos de la curva longitud-tensión del músculo agonista.
- Precisa acción de los músculos llamados "sinergistas" o colaboradores directos respecto a la actividad del músculo grupo muscular conocido como motor "primario".
- Correcta regulación tónica como respaldo y sostén preciso a las acciones principales.
- Ausencia de "sincinesias" o acciones musculares parasitarias y no pertinentes con el proyecto teleológico de la acción propiamente dicha.
- Algunos, incluso, han hablado de coordinación epimuscular, aludiendo a la conectividad mecánica entre músculos a través de epimisios y aponeurosis.

Lo que llama la atención, pese a la abrumadora evidencia experimental, es la omisión de toda referencia al accionar armónico *entre* fascículos, sobre todo en músculos biarticulares largos, que controlan articulaciones con un número elevado de DOF o grados de libertad. Recordemos, los fascículos no operan de manera uniforme en la mayoría de los movimientos humanos: ni se acortan, estiran o deslizan con cierta homogeneidad en el mismo músculo sino, precisamente, todo lo contrario. Por consiguiente… ¿podríamos hablar de coordinación "interfascicular"? Si lo observamos por un instante, en múltiples acciones, los músculos biarticulares extienden una articulación al mismo tiempo que flexionan la otra, como en el caso de los ITP o isquiotibioperoneos durante la locomoción y carrera. Se trata, evidentemente, de un trabajo en equipo, bueno o malo, pero perfectible, entre fascículos.

Sea como fuere, en la teoría y práctica del entrenamiento de la fuerza, la noción de coordinación es asiduamente empleada, incluso como referencia opuesta a las adaptaciones estructurales o tróficas en los diferentes sistemas implicados: cuantas veces habremos escuchado que la fuerza mejora ya sea por trofismo muscular, por mejoras "coordinativas" o por la integración de ambos procesos adaptativos. Por el contrario, en el entrenamiento de la flexibilidad o de la resistencia, la noción de coordinación ya no es empleada con frecuencia o, al menos, pocas veces hemos leído o escuchado esta palabra "infiltrada" en las narraciones de los especialistas.

Otra de las enseñanzas habituales en los claustros universitarios en la carrera de Educación Física, al estudiar las "capacidades" motoras, es la famosa división entre las llamadas "condicionales" y "coordinativas". No exagero al afirmar que ya llevamos más de 50 años atados a esta confusión, o a sus lógicas y esperables dificultades heredadas. Respecto a las nociones de capacidad, propiedad, facultad y otras semejantes, mucho por decir, pero nos desviaríamos demasiado si lo abordamos en este párrafo, de allí que lo trataré en la integración final. Lo que nos mantiene en el eje de esta discusión es la pregunta acerca del porqué de esta división. Tal como si la coordinación no fuese una "condición". Recordemos entonces, una condición es un requisito, en este caso, necesario, inevitable y omnipresente. Por consiguiente… ¿no lo es acaso la coordinación? ¿Sólo son "condiciones" o formalidades necesarias la fuerza, la flexibilidad, la resistencia o la velocidad? Es indudable que la coordinación también lo es, como son todas las demás capacidades o propiedades motoras. No encuentro motivos para vacilar: es hora de superar esta clasificación que no hace más que seguir atrasándonos. Lo que preocupa, es que los profesores universitarios no se ocupen de semejante problema y continúen transmitiendo conceptos sin actitud crítica cuando, verbigracia, el sello de toda actividad universitaria debiera ser, precisamente, la reflexión y el cuestionamiento agudo a los orígenes, contenido y fuentes del conocimiento.

El repaso de estos empleos desconcertantes podría continuar, quizás, ad-infinitum. Sin embargo, entiendo que ya es hora de concentrarnos en las definiciones que, muy probablemente, todos hayamos leído en algún momento de nuestra carrera. No son ya tan desorientadoras como las "mundanas", la prevalencia de semejanzas es mucho mayor y los denominadores comunes pueden advertirse con mayor claridad. Sin embargo, tales puntos de encuentro no han sido explicitados suficientemente, y es lo que invito a considerar como necesidad para una mayor aproximación al problema. Abrigo expectativas de que la relectura de estas conceptualizaciones sea tan útil para el lector, como lo ha sido para mí, para confeccionar este necesario capítulo.

Algunas definiciones de coordinación y Coordinación Motriz

Ingresé al Profesorado de Educación Física de mi ciudad en 1984. Por entonces, memoricé una definición de Coordinación Motriz, que aún puedo evocar, aunque no al autor, o al libro ni, mucho menos, el año (aunque creo que era Kiphard, 1970) y me disculpo por ello: "interacción armoniosa, y en lo posible económica, de nervios, músculos y articulaciones a los efectos de producir acciones precisas y adaptadas a las demandas contextuales". Se trata de un antiguo recuerdo, que mal no viene evocar para dar comienzo a esta discusión.

La RAE define coordinación como estructura sintáctica que muestra unión de dos o más elementos, generalmente mediante conjunciones, sin establecer relación jerárquica entre ellos. Los demás diccionarios la describen como la acción y efecto de coordinar y las nociones asociadas son, por sólo citar algunas: organización, en el sentido de lograr que cosas separadas actúen juntas, armonía en el trabajo en equipo, ordenar y ordenamiento, sincronización, compaginación, conexión, conciliación, vinculación y tantas otras. En ningún diccionario aparece, vinculada a la definición de coordinación, la palabra o concepto de "sinergia". Desde ya que, a lo largo de este capítulo, nos concentraremos en el debate alrededor de la noción de "Coordinación Motriz", descartando otros empleos de la misma, como podemos también escucharla en los procesos laborales, empresas y otros semejantes.

Dejando de lado recuerdos personales y definiciones de diccionarios, revisemos lo aportado por prestigiosos autores, con los que, quizás, todos compartimos la misma profesión y actividad. En sus concepciones, todos suman algo interesante. Ninguna es más o menos importante que otra y nos ayudan en las aproximaciones que necesitamos para nuestro estudio. Entre ellas, compartimos las siguientes:

- **Frey (1977):** es la capacidad que permite al deportista dominar las acciones motoras con precisión y economía, en situaciones ya sea previstas (estereotipos), o imprevistas (adaptación), y aprender de modo relativamente más rápido los gestos deportivos.
- **Hirtz (1981):** la capacidad de coordinación está determinada ante todo por los procesos de control y de regulación del movimiento, representa la condición general fundamental en la base de toda acción gestual (mientras que la habilidad se refiere a actos motores ya aprendidos, perfeccionados, concretos, consolidados y parcialmente automatizados).
- **Mateev (1983):** en primer lugar, como la aptitud de organizar (formar, subordinar, enlazar en un todo único) actos motores integrales y, en segundo lugar, la facultad de modificar las formas elaboradas de las acciones o trasladarse de una a otra conforme a las exigencias de las condiciones variables.
- **Ruiz Aguilera (1985):** son capacidades sensomotrices consolidadas del rendimiento de la personalidad, que se aplican conscientemente en la dirección de movimientos componentes de una acción motriz con una finalidad determinada.
- **Meinel & Schnabell (1988):** la Coordinación Motriz se puede definir como la organización de las acciones motoras ordenadas hacia un objetivo determinado.
- **Hahn (1988):** la coordinación es el efecto conjunto entre el SNC y la musculatura esquelética dentro de un movimiento determinado, constituyendo la dirección de una secuencia de movimiento.
- **Kay (1988):** nos habla de "estructuras coordinativas" y las define como el ensamblaje temporal y flexible de sus microcomponentes, reduciendo la complejidad de los sistemas dinámicos de movimiento, explotando la interconectividad del sistema anatómico (un microcomponente único puede participar en muchas estructuras coordinativas en diferentes ocasiones).
- **Lambert (1993):** la palabra "coordinación" hace referencia a una serie de acciones musculares de gran precisión, en su encadenamiento cronológico, y en sus intensidades respectivas y sucesivas.
- **Kelso (1995):** la coordinación representa una de las características más sorprendentes, más dadas por sentado, pero menos entendida de los seres vivos, está en todas partes, tan omnipresente que es invisible.
- **García Manso (1996):** las capacidades coordinativas se identifican con el concepto de destreza, entendida como la capacidad para resolver rápida y adecuadamente las tareas motoras.
- **Colazzo (2002):** capacidad para controlar, regular y dirigir espacial y temporalmente los movimientos corporales en las actividades físico-deportivas, en estrecha unión con el sistema nervioso central, donde la calidad de los procesos de la per-

cepción, la representación y la memoria del individuo son determinantes para una correcta ejecución motriz del movimiento.

- **Nitsch & Munzert (2002):** la Coordinación Motriz abarca la relación entre los distintos planos de la organización, componentes y estados funcionales del sistema motor (coordinación interna) así como la relación entre el sistema motor y los eventuales objetivos y acontecimientos del entorno (coordinación externa).
- **Davids (2010):** el proceso coordinativo es influido por la indeterminación inherente de los sistemas neurobiológicos, lo cual requiere la integración de la biomecánica y el Control Motor.
- **Phillips (2010):** enfatiza la noción de coordinación dinámica, destacando la creación de coherentes y relevantes patrones de actividad en respuesta a situaciones impredecibles.
- **Schmidt (2011):** desde una perspectiva social, la coordinación es también evidente en la sincronización temporal de los individuos que interactúan, produciendo como resultado la emergencia de patrones dinámicos.
- **Lebedev (2016):** la coordinación es vista desde la lente de la neurobiología como el proceso dinámico que involucra la integración de varias regiones corticales.

Más allá de las definiciones, están también las clasificaciones, nuevamente, tantas como autores. Quizás la más conocida por todos es la que distingue la coordinación "gruesa" de la "fina", en relación al tamaño de los grupos musculares implicados y la sutileza de las acciones motoras. Otras directamente apuntan a nombrar las estructuras anatómicas involucradas y las tareas motoras que proponen vincular: ojo-mano, ojo-pie, hemicuerpo derecho e izquierdo, disociaciones entre segmentos y miembros y demás. Algunas, quizás un poco más familiares para todos, dan cuenta de otras propiedades inherentes a la performance motriz: diferenciación, acoplamiento, reacción, orientación, equilibrio, cambio y ritmización. No faltan quienes, también, dan cuenta de la renombrada coordinación postural. También algunos identifican la coordinación general como distinta de la específica. Podríamos seguir enumerando decenas de otras taxonomías, y discutir acaloradamente sobre ellas. Sin embargo, entiendo que el debate principal debe darse alrededor del concepto de coordinación en sí mismo, más que en clasificaciones que se desprenden de dar por hecho algo que no es tan evidente.

Volviendo a las definiciones, y tal como podemos apreciar, inicialmente compartí una exposición cronológica, sin tener en cuenta denominadores comunes. Todas, en mayor o menor medida proponen conceptos e ideas similares. Ya sea voluntaria o autónoma, todos la consideran como un componente fundamental de la performance humana, mostrando la remarcable capacidad del sistema nervioso para integrar diversas funciones del resto del cuerpo, una suerte de rol "pivot" regulando las interconexiones de varios sistemas funcionales a lo largo de vastos dominios, incluyendo movimiento, salud, regulación de la energía y mantenimiento de la homeostasis. Se trata, en definitiva, de una propiedad "emergente", en el sentido de que no se da a menos que otras condiciones necesarias acompañen: en este caso, multiplicidad e interacción.

Incluso, dos autores, Hirtz (1981) y Juan Manuel García Manso (1996) la identifican con destreza, y comentar esta equivalencia también nos desviaría del punto al que queremos arribar. Lo interesante de la definición de Hirtz (1981), más allá de distinguir habilidad de coordinación, es la visibilidad de esta última cuando la primera aún no está consolidada. Da a entender que, cuando el movimiento está en los inicios de su proceso de adquisición, las dificultades de coordinación pueden advertirse con facilidad. Conforme el gesto se perfecciona, automatiza y estabiliza, la emergencia de la habilidad invisibiliza la coordinación o, al menos, sus dificultades. Lo importante es que, tal como otros autores, rescata su omnipresencia. Claro está, mayor visibilidad en las fases iniciales del proceso de Aprendizaje Motor y las dificultades. Conforme mejoramos, parece esconderse, como una suerte de tutoría a distancia, aunque siempre presente. Es interesante pensar que, tal como describimos en las acepciones domésticas y vulgares, parece que la Coordinación Motriz se hace visible ante su déficit, e invisible por su gradual mejoría producto de la repetición y los ajustes correctivos, lo cual, según Hirtz (1981) nos deposita en el terreno de la "habilidad".

Sin embargo, entiendo que hay un momento o punto de corte, durante la década de los 80, con el desarrollo de la relación, fascinante, por cierto, entre la TSD (Teoría de los Sistemas Dinámicos) y los estudios crecientes en el campo del Control Motor. No obstante, antes de estudiar el concepto de coordinación desde esa mirada, analizaremos los magníficos aportes de los autores alemanes Meinel & Schnabel (1988). Recordemos su definición: "La coordinación es el ordenamiento, la organización de acciones motoras orientadas hacia un objetivo determinado. Ese ordenamiento significa la armonización de todos los parámetros del movimiento en el proceso de interacción entre el deportista y la situación ambiental respectiva". Los autores subrayan que coordinar significa, entonces, literalmente "ordenar". La pregunta que surge, inmediatamente, es relativa a *lo que* debe ser ordenado en la ejecución de los movimientos humanos, y ellos mismos responden que la inquietud puede contestarse de diferentes maneras, de acuerdo al fundamento científico que se tome para ello. Reconocen, así, 3 dimensiones epistémicas desde las cuales este "ordenamiento" puede concebirse: la pedagógico-deportiva, la fisiológica y la anatómica-kinésica. Las siguientes paráfrasis procuran exponer las diferencias detalladas por los profesores alemanes.

En la primera, la coordinación se relaciona conceptualmente con las fases del movimiento, es decir, operaciones parciales que pueden ser conectadas ordenadamente dentro de la ejecución motora global. Los movimientos parciales individuales se pueden coordinar, verbigracia, ordenar, como, por ejemplo, los movimientos de las piernas y brazos, observando y estimando su calidad desde algunas propiedades que justifican las taxonomías que todos conocemos: acoplamiento, fluidez, ritmización y otras. En el plano fisiológico, por el contrario, el "ordenamiento" se relaciona con el trabajo muscular en congruencia con determinadas reglas de la actividad sinérgica de los músculos y los procesos parciales correspondientes en el sistema nervioso central. Esta interpretación es dominada frecuentemente como "coordinación neuromuscular". Precisamente es lo que, al comienzo de este capítulo, describíamos como coordinación intramuscular, entendida como reclutamiento, frecuencia y sincronización del mayor número posible de unidades motoras en un músculo determinado y durante una acción concreta. Finalmente, y siguiendo a los mismos autores, en la anatomía funcional y en la kinesiología se entiende como Coordinación Motriz, en primer término, los órdenes establecidos en la actividad de cada uno de los músculos y grupos musculares. En cambio, la biomecánica comprende a la coordinación como la responsable de los diferentes parámetros que componen el impulso de fuerza, y que deben combinarse armónicamente entre sí.

No obstante, y admitido por Meinel & Schnabell (1988), la definición de Coordinación Motriz como "ordenamiento" de las fases de movimiento, movimientos parciales, impulsos de fuerza, contracciones musculares y de toda la variedad de procesos fisiológicos intervinientes, aun no encierra ni explica, opino humildemente, la característica determinante más importante de la misma. La coordinación, y quizás sea éste su aporte diferencial, en la actividad del hombre, es la armonización de todos los procesos parciales del acto motor con vistas al objetivo que debe ser alcanzado a través del movimiento. Quizás muy parecido a lo que Kay (1988) entiende como ensamblaje armónico de los distintos microcomponentes.

La otra mirada para continuar discutiendo el concepto de Coordinación Motriz es propuesta por los grandes representantes de la TSD y la Teoría de la Complejidad. Lo notable es que, más que hablar de Coordinación Motriz como capacidad o propiedad, refieren asiduamente a la noción de "estructuras coordinativas". Sin ser experto en TSD y Sistemas Complejos -apenas, solamente, un entusiasta lector de sus formulaciones-, hay una serie de ideas que, y pocas dudas me quedan, nos invitan a considerar el problema desde perspectivas alternativas. En primer lugar, debo admitir que uno de los libros que más influyó en mi destino profesional es "Patrones Dinámicos" de Scott Kelso (1995), muy a pesar de que el acceso al mismo, imperdonablemente, fue tardío. Kay, Kelso, Phillips, Davids, Kluger y Turvey, entre otros, nos inducen a reflexionar sobre el rol funcional de las estructuras coordinativas. Si un componente de las partes introduce un error en el efecto (output) esperado, automáticamente varían su contribución a la organización del movimiento y minimizan dinámicamente el yerro o desvío original. La flexibilidad para adaptarse a las condiciones aumenta por la capacidad de los parámetros de las estructuras coordinativas de ajustarse a la información, tal que el objetivo de movimiento pueda cumplirse. En definitiva, las estructuras coordinativas son soluciones emergentes a problemas o presiones plateadas por el ambiente y las circunstancias. Su característica principal, quizás, sea la indeterminación y el cubrimiento compensatorio de algunas acciones para compensar las ineficiencias y errores de otras. Todos estos rasgos los veo plasmados de manera irreductible en un caso que, a la manera de comentario anecdótico, paso a comentar.

Nunca pude entender mejor a Bernstein y la TSD integradas que con el caso de Josefina G. Se trata de una mujer, actualmente de 27 años, que entrena con nuestro equipo desde sus 17. El diagnóstico inicial fue, y sigue siendo, parálisis cerebral, aunque los indicios para dudar de ello son ya demasiado consistentes. Josefina casi no puede oír, lee los labios, balbucea sílabas y palabras. Aun así, entiende todo. Llegó a nuestro servicio caminando con la asistencia de muletas canadienses. Había pasado antes por innumerables servicios de fisioterapia, sin mayores ulterioridades. Empezamos a trabajar, y a los pocos meses ya caminaba sin soporte alguno. A sus 23 años corrió por primera vez. Hoy salta, camina, corre, hace la vertical, lanza y aprendió destrezas nuevas, en realidad todo el tiempo lo hace y acepta cuanto desafío le proponemos.

Sus limitaciones sensoperceptuales restringen severamente la posibilidad, por nuestra parte, de emitir indicaciones, principalmente las verbales. Por consiguiente, aprende y evoluciona por el hecho, sencillo, y no por ello menos trascendente, de plantearle diferentes desafíos y problemas. Los resuelve con escasa, o nula, intervención exógena. Festeja sus logros y los comparte con todos nosotros. Interpreta el lenguaje gestual y lo emplea brillantemente como herramienta de comunicación.

Lo más sorprendente es verla correr. Todo, absolutamente, hace sospechar de una inminente e inevitable caída. Un pie al punto de trabarse con el otro y, milagrosamente, uno de los dos se desvía, corrige y evita cualquier fatal desenlace. Hace casi 10 años que entrena con nosotros y nunca se cayó, jamás un golpe. Su marcha es prácticamente normal y en numerosos movimientos todo indicaría una caída fatal previsible e inexorable, sobre todo en las transiciones de fase, de acuerdo a la TSD. Sin embargo, algo sucede, indeterminado, indeterminable, impredecible, estrictamente no lineal, para que no termine en el suelo. Eso que sucede es siempre nuevo, distinto: o una inesperada inversión de un tobillo y la eversión del otro, o un gesto compensatorio con uno de los dos miembros inferiores, también de los superiores, o su cabeza y, en todos los casos, una sonrisa inmensa por los logros obtenidos. Lo propio sucede con los saltos y lanzamientos. Al observar a Josefina, es inevitable imaginar tanto a Nikolai Bernstein como Scott Kelso observando, imperceptibles, desde un rincón oculto del salón y estudiando a Josefina. Si bien lo vemos, con el resto de los seres humanos, que no sufren la condición de Josefina, es prácticamente lo mismo. Sólo que, únicamente en cámara lenta, podríamos advertirlo. Posiblemente, sin la riqueza de esas soluciones motrices almacenadas, es decir, nuevas estructuras coordinativas, que alimentan otras emergentes, los seres humanos se caerían, literal y fatalmente, al suelo.

Una mirada crítica

Luego de pasar por distintas concepciones acerca de la noción de Coordinación Motriz, comparto algunas perspectivas personales abrigando la expectativa de contribuir a una aproximación más prístina al problema que nos reúne en este capítulo. Procederé considerando tres tópicos que estimo necesario analizar. Por un lado, la eterna discusión acerca de qué hablamos al referirnos a capacidades, valencias o propiedades. Desde ya para preguntarnos de qué se trata, en definitiva, la Coordinación Motriz. El siguiente ítem refiere a coordinación como concepto en general, profundizando en aspectos que, poco a poco, nos acercan al tercer asunto, el de la especificidad de la Coordinación Motriz en los seres vivos en general, y en el ser humano en particular.

Con respecto a la noción de capacidad, desde que egresé en 1987 nunca me había atrevido a objetar, cuestionar o escribir. Sin embargo, diez años después, en 1997, al publicar un primer libro de flexibilidad, no pude evitar el impulso a redactar algunas reflexiones. De gran ayuda fue el libro de Lange, y su monumental obra "Historia del Materialismo". Nietzsche admiró y leyó mucho a este autor, y ello me sedujo irresistiblemente a su lectura, estudio y análisis. Lange es más que claro: lo que está en potencia, lo que aún no es, aunque pueda llegar a ser, no es. Una capacidad es, en definitiva, un anhelo, una expectativa, una expresión de deseo si se quiere, una potencia aún no actualizada. Es o, mejor dicho, termina siendo, en el momento de su concreción como acto. Existe, en definitiva, en el momento de su actualización o paso de la potencia al acto. Por eso tan bien nos enseñaba nuestro gran profesor, Antonio García, que una capacidad motora es la "expresión actual de una aptitud psicomotriz latente". Lo que recuerdo que, por los 80 le refunfuñaba a mi amado maestro es que, al actualizarse, ya deja de estar en potencia, es decir, abandona su estado de latencia. Pasa a ser un acto, y como tal, con sus propiedades. Deja de ser capacidad. Antonio no escapaba a estos desafíos, y aunque no llegábamos a un acuerdo, la clase siempre terminaba con un pico de entusiasmo cuyo contagio a mis compañeros era, para algunos, inevitable. Todo queda en el status ontológico que estemos dispuestos a atribuirle a algo que aún no es y, eventualmente, puede o no llegar a ser.

El concepto de *"valencia"* tampoco es ajeno a nuestra profesión. Muchas veces, con seguridad, hemos escuchado o leído acerca de "valencias" físicas y, por qué no, alguna que otra vez, motoras. La palabra "valencia" es, como lo son muchas otras, polisemántica y, desde ya, descartaremos las acepciones que no revisten interés para nuestra pesquisa. Etimológicamente proviene del latín: *"valens"* significa, concretamente, salud, vigor, fuerza. No obstante, es imposible no pensar en términos de valor. Cualquier diccionario lo define como el grado de utilidad o aptitud de las cosas para satisfacer las necesidades o proporcionar bienestar, incluso deleite. Por consiguiente, no encuentro impedimento alguno en considerar a la fuerza, la flexibilidad, la velocidad o la resistencia como "valencias" ya que remiten a valores positivos, que viabilizan estar a la altura de los requisitos adaptativos de nuestra especie. Quizás lo más importante, en esta acepción, refiere a la posibilidad de estimar un determinado grado en ese valor, es decir, medir, traducir ese acto en guarismos oficiales y trasladar esos datos a escalas nominales, ordinales o intervalares. Desde esa mirada, las "valencias" consideradas más arriba no ofrecen grandes dificultades. Sin embargo, respecto a la coordinación, ya no es tan sencillo. Aun así, y para quedarnos tranquilos, *"valencia"* no es un vocablo que empleamos con frecuencia, al menos en nuestro medio.

Al considerar bibliografía reciente de entrenamiento, observo que la noción de *"capacidades"* motoras empieza a ser reemplazada por la de *"propiedades"*, ya sea físicas o motrices. Esta acepción invita a la reflexión. Una propiedad es, en definitiva, un accidente o adjetivación contingente de lo necesario, es decir, de la sustancia. Un accidente o propiedad no tiene existencia con independencia de la sustancia en la cual, en definitiva, es. Las propiedades o accidentes son sólo *en*. No tienen existencia fuera *de* la sustancia. Nadie, que conozca, alguna vez ha visto lo negro o lo blanco fuera de *algo* que posea el atributo, precisamente, de ser negro o blanco, alto o bajo, pesado o liviano, fuerte o débil, lento o rápido o lo que fuese. Tampoco la fuerza, la flexibilidad, la resistencia, la velocidad, el equilibrio o la coordinación existen con independencia de algo que sea, concretamente, fuerte, flexible, resistente, veloz, equilibrado o, eventualmente, coordinado. Considero que, de todas acepciones, es la más interesante. No obstante, estas últimas no son propiedades comunes en la materia y, por consiguiente, invitamos a profundizar la reflexión.

La materia inorgánica, posee, claro está, distintas propiedades. Las piedras, las montañas, los ríos, las mesas, las sillas, pueden ser unas más altas o bajas que otras, más livianas o más pesadas, más cristalinos o más oscuros, más lentos o más correntosos, y así podríamos seguir enumerando distintos accidentes que no requieren circunstancias especiales. También la materia orgánica: un cuerpo humano puede ser más pesado, alto, negro o blanco que otro. Sin embargo, no son propiedades que acrediten condiciones o requisitos especiales. Cualquier objeto, por el mero hecho de serlo, tendrá peso, color, altura y demás. Incluso, flexibilidad, como propiedad inherente a su respuesta, ya sea aguda o crónica, a las distintas fuerzas deformatorias (toda la materia es, en definitiva, flexible). Sin embargo, y he aquí la principal dificultad, no podemos considerar a las propiedades motoras como simples accidentes de la sustancia, en este caso, la materia orgánica compleja, formada por sistemas y subsistemas que interactúan de manera no lineal ni predecible. La lectura del filósofo argentino Mario Bunge nos ayuda, y bastante, compartiendo la noción de "propiedades emergentes" (Bunge, 1980, 2014).

Bunge destaca el concepto de emergencia: define una propiedad emergente como "aquella que posee un sistema, pero no sus componentes". Se trata de propiedades peculiares, que sólo surgen bajo ciertas condiciones, distintivas y particulares. Si bien lo vemos, las que reconocemos como "propiedades motoras" emergen por la interacción de los componentes de un sistema. Sin esa relación, no tendrían chance alguna de, precisamente, "emerger". Un músculo aislado podrá ser más liviano o más pesado que otro, gris si ha estado mucho tiempo en formol o rojo si la disección es inmediata. Pero no es fuerte ni tiene fuerza como propiedad emergente. La fuerza muscular, en este caso la humana, emerge sólo a partir de la interacción de este músculo con otros sistemas, que en condiciones normales son el nervioso y el conectivo, aunque puede ser, también, uno inorgánico que le provea las suficientes descargas eléctricas. La resistencia, o la velocidad, siguiendo la misma línea de razonamiento, tampoco podrían emerger sin la interacción del sistema muscular con otros, por ejemplo, el cardiovascular.

Cualquiera sea la escala de análisis en cuestión, ya sea molecular, celular y de ahí en adelante, es la interacción entre componentes de estos sistemas lo que permite la emergencia de las llamadas "propiedades motoras". Incluso la flexibilidad del sistema miofascial, como consecuencia de varios niveles funcionales que interactúan. Se trata de propiedades que no se dan en otras especies, aunque sean orgánicas. La complejidad y sus interacciones en sistemas biológicos complejos justifican que las propiedades emergentes no sigan, como quizás lo podríamos esperar, las leyes de la física. La coordinación, y esta es mi tesis personal, como propiedad emergente, no incluye componentes ni partes: es la interacción misma. Y no de cualquier sistema: es propia de los orgánicos dotados, además, de condiciones particulares. Los planetas no coordinan: tampoco las montañas o las piedras Rapa Nui en la Isla de Pascua. Respecto a virus, bacterias y otros organismos unicelulares, ya es más discutible. Entiendo que, de alguna manera, su interacción supone coordinación.

Por lo tanto, si concedemos que las propiedades motoras son accidentes emergentes de la interacción de subsistemas que componen sistemas orgánicos complejos, y que la coordinación es el rasgo o atributo que surge de la interacción -y *es* la interacción misma-, ya no es tan difícil entender la formulación de Scott Kelso acerca de su omnipresencia e invisibilidad. Lo que resta es, y ya es hora, de concentrarnos directamente en la noción de coordinación en general y motriz en particular. Son dos, entonces, las ideas principales que comparto e invito a considerar: multiplicidad y orden.

La coordinación es una propiedad que no podría encontrarse en una mismidad. Por lo menos debe haber dos, ya sea partes, componentes, sistemas o subsistemas. En una identidad absoluta no habría necesidad ni de interacción ni, mucho menos, de sinergia o coordinación. La otra noción a considerar es la de orden: los diccionarios definen orden como la buena disposición de las cosas entre sí. Una sucesión adecuada de los objetos, las ideas, las personas, las emociones. La RAE, nuevamente, define ordenar como clasificar, disponer, organizar, sistematizar, estructurar, colocar, acomodar. El orden, precisamente, como una propiedad que emerge en el momento que varios sistemas abiertos, aunque en origen aislados, llegan a interactuar por coincidencia en el espacio y el tiempo produciendo, mediante sus interacciones naturales, una sinergia que ofrece como resultado una realimentación en el medio, de manera que los componentes iniciales dotan de capacidad de trabajo a los otros sistemas.

Si aceptamos que la sinergia es "trabajo en equipo", entre coordinación y sinergia pocas serían las diferencias conceptuales que podríamos justificar. El mero trabajo en equipo, es decir, cualquier sinergia, no necesariamente es el óptimo. A veces, inclusive, puede ser malo. Podemos trabajar juntos, y el producto ser muy bueno o, por el contrario, ineficiente. La coordinación, entonces, como la propiedad emergente de la interacción de los componentes de un sistema, puede ser buena, regular o mala.

Si mal no recuerdo, Jorge Luis Borges entendía que todo "orden" es una cierta disposición de las cosas de acuerdo a un criterio que define lo adecuado, o no, de dicha relación. Usted puede entrar a la habitación de su hijo/a y no comprender semejante "desorden". Probablemente, también, si ingresamos a un "iglú" o choza de una perdida aldea en el medio de la selva. Sin embargo, ellos, sus habitantes, ni ven ni interpretan de la misma manera tal vinculación entre los objetos que nosotros, bajo respecto alguno, estaríamos dispuestos a intentar, siquiera, comprender. Mucho menos a aceptar como "ordenado". Ellos seguramente defenderán, y legítimamente, tales relaciones entre las cosas como la más conveniente. La pregunta inevitable, de suyo, es respecto a la Motricidad Humana: ¿cualquier orden es, eventualmente, aceptable? En mi humilde opinión, y desde un punto de vista funcional, no da exactamente lo mismo cualquier disposición entre las partes o subsistemas constitutivos de los cuales depende el movimiento humano.

Hay muchos ámbitos en los que el orden es necesario para la interacción óptima y buen funcionamiento de los sistemas y subsistemas componentes: el social, el económico y político, el biológico, la informática y otros tantos. Por consiguiente, la pregunta inevitable es acerca de la noción de orden en el contexto de la Motricidad Humana. La primera consideración que invito a tener en cuenta, es acerca de los posibles componentes que protagonizan la interacción que acredita ese orden adecuado, es decir, la coordinación como propiedad emergente. La respuesta es simple. Si bien podríamos tener en cuenta, específicamente, los elementos constitutivos del sistema motriz (músculos, fascias, articulaciones, unidades motoras, nervios y lo que se ocurra), nada deja de estar involucrado en la dimensión del movimiento humano: sistema digestivo, glandular y, por supuesto, correlatos neurales corticales emparentados tradicionalmente a la actividad cognitiva, por poco que parezcan asociarse al acto motor. Desde ya no sólo como entidades anatómicas sino, y principalmente en sus expresiones funcionales. Por consiguiente, desde estas consideraciones, la Coordinación Motriz es la propiedad emergente de la interacción de todos los subsistemas involucrados para el logro de un objetivo que acredita, como recurso inexorable, el acto motor. Y en sus dos componentes: motricidad y movimiento. La Coordinación Motriz no es un componente más, es la propiedad que emerge de la interacción misma. Su calidad es, precisamente, la de esa interacción.

En la Coordinación Motriz todos los niveles o escalas de análisis están involucrados: moléculas, organelas (por ejemplo, recordemos que las mitocondrias forman redes que, interactuando a través del citoesqueleto, favorecen el aprovechamiento del oxígeno, los distintos nutrientes y la producción de energía para la vida), células, tejidos, órganos, aparatos y sistemas. Esa interacción, en tanto buena disposición y ordenamiento, supone el reconocimiento de dos principios básicos de la construcción fenomenológica de cualquier objeto de conocimiento: espacio y tiempo. Por consiguiente, esa interacción supone dos categorías infaltables en la Coordinación Motriz: la simultaneidad y la sucesión. Hay estructuras y funciones que deben desplegarse al mismo tiempo y, también, sucederse de manera adecuada con otras. Aún en las acciones isométricas hay sucesión. Simultaneidad y sucesión de las acciones caracterizan la interacción de los subsistemas implicados en el movimiento humano. Dicha interacción, reitero, puede ser peor o mejor. También, de hecho, en vías de mejorarse y llegar a dimensiones que nos sorprenden. Esa interacción, como expliqué más arriba, hasta corrige el error de otros componentes involucrados, tal como el perfecto acuerdo conspirativo de las organizaciones sociales entendidas, claro está, como sistemas.

Por consiguiente, adhiero a la concepción que describe a la Coordinación Motriz como propiedad tanto omnipresente como invisible. Quizás, menos invisible conforme la dificultad es mayor, tal como en una empresa hablamos de problemas de coordinación cuando, precisamente, hay fallas que llaman la atención. Respecto a la Coordinación Motriz, entonces, nada hay que la excluya. No hay, ni podría haber, por consiguiente, ejercicios de coordinación. Conforme practicamos, repetimos y perfeccionamos el gesto, la coordinación va invisibilizándose, tal como bien Hirtz (1981) anticipaba.

Cualquiera sea la acción motriz, siempre emerge la coordinación como propiedad relativa a la interacción de sus elementos constitutivos involucrados, en tanto y en cuanto, claro está, coincidamos que se trata de un organismo vivo y funcionando. De la misma manera en que, por ejemplo, de un cerebro en un frasco de formol, con sus indiscutibles propiedades de color, olor y demás, no podemos esperar la emergencia de estados y procesos mentales, tampoco de un cadáver, con sus infaltables propiedades (peso, olor y color), podemos anhelar que emerjan otros atributos que son propios, exclusivamente, de organismos complejos vivos y funcionando. No podemos exigir coordinación, ni motriz ni ninguna otra, de un organismo muerto, inerte. No hay coordinación, entiendo, entre piedras ni montañas, como tampoco la hay entre órganos en descomposición de un cadáver.

La misma omnipresencia la encontramos en todas las demás propiedades motoras. Siempre hay fuerza, lo cual no es lo mismo que afirmar que *todo* es fuerza. De igual manera es inevitable la velocidad, la flexibilidad o la resistencia. La diferencia es que, sin excluir ninguna propiedad, sí podemos identificar ejercicios que potencien preferiblemente alguna de estas propiedades, descartando que nunca dejamos de lado las otras. Sin embargo, y a pesar de que en la coordinación hay menor o mayor calidad, ella evoluciona por la misma interacción, por la repetición, si lo prefiere, de cualquier acto motriz, sin que encontremos algo así como *ejercicios* exclusivos para el desarrollo de la misma. Reitero, la coordinación es la interacción misma y su calidad depende de numerosas condiciones, siendo quizás, la más relevante, la repetición inevitable que marca la evolución de cualquier Aprendizaje Motor. Aunque, en rigor, ninguna propiedad motora escapa al requisito de la repetición y el entrenamiento.

No quiero ni puedo terminar este capítulo sin comentar los profundos aportes de mi amigo, el profesor Manuel Pombo, de la Universidad de La Coruña. Manuel señala con precisión que los primeros 30 años de la segunda mitad del siglo XX depositaron en el "gobernador periférico" -eficiencia cardiovascular y metabólica- la base de la condición física y su respaldo al resto de los sistemas funcionales. Hoy, y gracias al avance de las neurociencias, la idea de "gobernador periférico" comparte las tareas sinérgicas con el "gobernador central". Ya no sólo estar "físicamente" bien es sinónimo de un buen Vo2Max o una buena VAM. Nuestro "gobernador central", que no es solamente la corteza cerebral, advierte los desafíos que el entorno nos impone e integra la actividad de los sistemas funcionales, entre los cuales el Control Motor toma un rol de extrema importancia. Esto cambia, en la historia, el sentido de la Coordinación Motriz. Ante cualquier desafío o amenaza para la vida del sistema es crucial el buen trabajo en equipo de los subsistemas, es decir, la mejor sinergia posible. El "gobernador central", actuando en equipo con el "gobernador periférico", procura tomar las mejores decisiones para mantenernos vivos.

Manuel considera, asimismo, que no debemos olvidar el concepto de sinergia al tratar el problema de la coordinación en general, y de la motriz en particular. Nuestro organismo, ante los desafíos, primero busca la estabilidad y luego la automatización. Busca eficiencia y estrategias favorables con el menor gasto posible de recursos, precisamente, para enfrentar estos retos. La inclusión de variaciones cognitivas depende, en gran parte, de los niveles funcionales periféricos involucrados: si caminamos, podemos dialogar con gran concentración y calidad cognitiva, al correr ya no es tan sencillo mantener esa charla, y si nuestra velocidad es mayor, ya casi no alcanzamos a intercambiar ideas con grado mínimo de coherencia.

La sinergia entre los sistemas, prosigue Manuel, supone el cotejo de las intensidades y considerar lo que resulte más conveniente sacrificar para mayores chances de sobrevivencia y adaptación al entorno. Nuestro cerebro procura automatizar, y cuanto más lo logremos en patrones de movimiento a altas velocidades, mayores chances de control de los DOF o grados de libertad. El corolario no es otro que el incremento de las chaces de sobrevivencia y adaptación al entorno. Quizás estemos, y esto va por mi cuenta, logrando el término medio entre la atención puesta inicialmente el "gobernador periférico" y la posterior en el "gobernador central", permitiendo estudiar y conocer, con mayor claridad, sus interacciones.

Para terminar, subrayo enfáticamente, entonces, que las variaciones cognitivas que caracterizan el **ECM** no son actividades que puedan calificarse como ejercicios coordinativos. Ellas emergen de la actividad funcional de ciertos subsistemas corticales y, al plantearlas como desafío, deben interactuar armónicamente, es decir, interrelacionarse de la mejor manera posible, con el resto de las estructuras involucradas en el acto motor, con sus estructuras y funciones implicadas. Lo propio de las propuestas cognitivas en el acto motor, más precisamente en el **ECM**, es la simultaneidad. No relativa a la reflexión sobre el movimiento durante el movimiento mismo, sino de otra tarea cognitiva, ya sea lingüística, matemática, perceptual, mnémica o la que fuere, sin alterar la secuencia estrictamente neuromuscular del acto motor propiamente dicho. Las variaciones cognitivas, entonces, no son ejercicios de coordinación, aunque deben sinergizar con los demás protagonistas y funciones constitutivas del acto motor humano. En definitiva, del aporte de Hirtz (1981) y Manuel Pombo (2024) rescato una consecuencia metodológica de extrema importancia: las variaciones cognitivas propias del **ECM** deben proponerse cuando la coordinación, como propiedad interactiva por excelencia, ya no sea un problema, es decir, cuando, junto a su omnipresencia, sus déficits "delatores" se hayan invisibilizado por completo.

Capítulo 5
Metodología general

De alguna manera, los tres capítulos anteriores pueden tomarse como una suerte de "paréntesis" epistemológico necesario para retomar el desarrollo puntual de cuestiones metodológicas relativas, estrictamente, al **ECM**. Entiendo que su tratamiento contribuye a una mejor interpretación del resto de este primer tomo en general, y de los que siguen en especial. Al menos, y son pocas las dudas que me quedan, son discusiones que, en algún momento, tenían que proponerse en el campo de la Educación Física y el Entrenamiento Deportivo. En el caso del **ECM**, absolutamente insoslayables.

La fascinación por el estudio de los aspectos más relevantes de la neurobiología del movimiento humano parece no tener límites: conforme más conocemos los correlatos neurales del acto motor, más curiosidad y entusiasmo nos embargan. Huelga admitir que, conforme profundizamos, también más hondos los misterios. No obstante, confieso la posibilidad latente de un riesgo, por cierto, no tan grave: la dedicación exclusiva a los asuntos teóricos sin consecuencias prácticas, es decir, excluyendo una didáctica especial que se desprenda, con cierto grado de correspondencia y coherencia, de aquellos estudios que tanto nos narcotizan.

No está de más precisar que la noción de "teoría" deriva etimológicamente del griego antiguo: *"theorein"* significa, sencillamente, *"ver"*. Claro está, con los ojos de la inteligencia. No remite al estudio encerrado en una habitación y enemistado con el mundo externo, o formulaciones conceptuales que nada tienen que ver con la práctica. Esta última no debiera ser sino una proyección coherente de la teoría. Teoría y práctica como las dos caras de una misma moneda, no opuestas, sino consecuentes y realimentarias, ya que una nutre a la otra. La teoría es una actividad concreta, una manera de proceder específica respecto al proceso de conocimiento, es otra forma de «ver» y, bajo respecto alguno, una negación de la realidad. La práctica, nuevamente, no es la dimensión antagónica de la teoría, sino su actividad consecuente y proyectiva. En ocasiones, incluso, imposible de evitar. Muchas veces la efervescencia interior no puede contenerse, y finalmente la práctica desborda muy a pesar de los límites que le queramos infligir. Esta coherencia es la condición inobjetable que, a lo largo de toda esta obra, procuraré respetar.

No debemos olvidar, por otro lado, que son poco discutibles algunas dificultades iniciales. Recordemos que apenas estamos en los albores de una dimensión metodológica que recién empieza a perfilarse. Una de ellas es la imposibilidad de encontrar propuestas didácticas anteriores, integrales, sistemáticas. Incluso la carencia de referencias orientativas previas para adherir o criticar, excepto la de Marzo Da Silva-Grigoletto (2024) que, desde ya, recomendamos estudiar. Ejercicios sueltos, aislados, inconexos y sin progresiones razonables hay por doquier, no así formulaciones metodológicas rigurosas. Tampoco faltan diversas propuestas aisladas de algún que otro correlato neural, sin embargo, no una didáctica especial integrativa para todas las funciones. Hacia eso apuntamos, sin pretensión alguna de erigir el mejor de los sistemas. Lejos de ello, simplemente apuntamos a compartir nuestra experiencia, desde ya, siempre perfectible.

Hacia una metodología general para el ECM

Bajo respecto alguno entiendo que es la única opción posible o viable para encaminar el abordaje práctico a esta apasionante dimensión operativa en el mundo del entrenamiento, ya sea general, terapéutico o deportivo. Lo que a continuación comparto es la articulación de actividades que a nuestro equipo de trabajo le ha dado los mayores resultados. Estos últimos confirmados por las repercusiones, favorables, empáticas y optimistas de los deportistas y otros asistentes, ya sea por asistir a clases de orientación única de 40 a 60 minutos de duración, tareas específicas en los acondicionamientos iniciales u otros modos de intervención propios del **ECM**. Con total honestidad, admito y entiendo que cada profesional puede adoptar el esquema metodológico que considere más efectivo de acuerdo tanto a su criterio personal, como a las configuraciones contextuales que le corresponda enfrentar. En otros términos, crear su propia metodología. Es a lo que insto e impulso a mis estudiantes. Por consiguiente, lo que a continuación comparto es una modalidad cuya aplicación, en ciertas coordenadas situacionales, supo dar y sigue dando muy buenos resultados.

Nuestros pasos metodológicos generales son, concretamente, siete:

1. Estudio de los correlatos neurales del acto motor.
2. Identificación de las propiedades o facultades específicas a entrenar.
3. Creación de ejercicios "troncales" o referenciales.
4. Consideración de variables para una progresión gradual y racional de la complejidad de cada ejercicio.
5. Diagramación de una sesión modelo de ECM.
6. Decisiones sobre dosificación de la carga.
7. Aspectos relativos a periodización del ECM.

Vamos entonces con la descripción y fundamentación de cada uno de estos pasos. Desde ya, podrían multiplicarse. No obstante, pretendemos simplificar todo lo necesario para un acceso más viable a las aplicaciones prácticas concretas. Con respecto al punto 7, solamente daremos referencias generales, ya que en el último tomo de esta colección compartiremos un modelo puntual y minucioso de periodización para fútbol que, desde ya, podría emplearse en distintos deportes con características similares. Terminaremos este capítulo compartiendo algunos lineamientos didácticos generales y complementarios aplicables no sólo al **ECM**, sino también a las intervenciones correctivas de fallos. Un último apartado insta a la prioridad de la aventura creativa, sin dejar de lado el rigor científico que nuestra actividad de entrenadores siempre solicita.

1. Estudio de los CNAM o correlatos neurales del acto motor

Nuestra experiencia nos enseña que la omisión del estudio de los fundamentos generales de anatomía y fisiología del sistema nervioso gatilla consecuencias poco favorables para la evolución de las aplicaciones prácticas del **ECM**. De acuerdo a nuestros registros, conforme más profundizamos sobre las bases anatómicas y fisiológicas del sistema nervioso en general, y del central en particular, mayor creatividad e iniciativas originales. Entiendo que debiéramos dividir ese abordaje teórico en 3 grandes líneas de estudio: neurobiología general, neurobiología cognitiva y, finalmente, las bases neurales del control del movimiento humano, lo que a nivel mundial es conocido como Control Motor.

Los deportistas, sobre todo los de alto rendimiento, en pocos intentos resuelven hasta las actividades más complejas que son propuestas en el marco del **ECM**. Al poco tiempo ya piden por más y, en caso de no haber variantes, naturalmente la motivación disminuye. Ni que decir de los pobres desafíos que pululan en aplicaciones y programas informáticos alternativos, con luces de colores y artilugios semejantes. Lo que el deportista necesita son nuevos retos y ellos solo pueden ser propuestos por un profesor que estudie ciencia básica. Es lo que siempre trato de hacer entender a mis alumnos en su esfuerzo, a veces fructífero y a veces no, de transformarse en estudiantes. No olvidar, bajo respecto alguno, el rol crucial de las ciencias básicas: son las que "abren la mente" y permiten proponer nuevos desafíos a nuestros expectantes deportistas.

Con respecto a la neurobiología desde un marco general, amén de ser fascinante absolutamente todo lo susceptible de ser estudiado, sugerimos considerar los aspectos más relevantes de la anatomía y fisiología del sistema nervioso, sin necesidad de profundizar en todos sus matices. Cualquier texto de base puede ser más que suficiente. Ahora bien, en lo que respecta a neurobiología cognitiva, ya hay bastante publicado. Los dos manuales de Diego Redolar Ripoll, Neurociencia Cognitiva (2014) y Psicobiología (2019) son excelentes, sobre todo por el acceso a los hispano-hablantes. De todos modos, hay numerosos tratados, mucho más nuevos aún, que desarrollan en un lenguaje coloquial y accesible los diferentes problemas de biología cognitiva que nos conciernen. Incluso, acerca de las funciones ejecutivas las publicaciones sobran y todas, en mayor o menor medida, contribuyen a nuestra creatividad.

Los reportes de investigaciones, revisiones y metaanálisis también son de gran utilidad, muy a pesar de que la dimensión práctica en el campo de nuestro quehacer cotidiano, interviniendo con desafíos cognitivos y tareas motoras específicas, parece bastante alejado del universo de las publicaciones y journals. Sea como fuere, reitero el fuerte impacto que, sobre nuestra creatividad, tanto para nuevos ejercicios como para progresiones metodológicas, han tenido siempre los libros y "papers". De igual manera, las lecturas contextuales, es decir, la observación de la conducta motriz propiamente dicha, no debe faltar en el proceso de creación de las tareas propias del **ECM** y las consideraciones metodológicas. Tal como lo anunciamos en el capítulo inicial de este primer tomo, estudiar los correlatos neurales del acto motor, observar las conductas motrices y, también, dialogar mucho con los deportistas. La creatividad no emerge sólo del estudio, pero sin éste es mucho más difícil.

Es por ello que, en los tomos 2, 3, 4 y 5 de esta obra, antes de abordar los aspectos metodológicos específicos, no faltarán las necesarias referencias anatómicas y fisiológicas de las funciones cognitivas que integramos a las tareas motoras. El gran esfuerzo, en estos desarrollos, no es otro que evitar inconexas descripciones que no guarden relación con los pasos siguientes en el despliegue metodológico. Desde ya, la secuencia sugerida será desarrollada en detalle conforme estudiemos, en los volúmenes correspondientes, las distintas capacidades cognitivas que abordamos a través del **ECM**.

2. Identificación de las facultades cognitivas a entrenar

Una vez estudiadas los correlatos neurales del acto motor, el siguiente paso es identificar las facultades cognitivas y las (sub) propiedades susceptibles de ser entrenadas en cada caso. Las preguntas son, en definitiva, más que necesarias: ¿qué podemos entrenar? ¿cuáles son las propiedades cognitivas específicas que, identificadas con claridad, podemos trabajar de manera sistemática? Sin dudas, de lo primero que debemos detectar con cierta claridad son las funciones cognitivas y postular una graduación elemental en su complejidad. La pregunta que no podemos evitar es… ¿Cuáles son las funciones cognitivas que podemos reconocer como tales y eximir de toda duda? Realmente no es fácil su respuesta. No todos estarían dispuestos a admitir, sin asomo de dudas, las mismas. Aun así, vamos con las menos dubitables: senso-percepción, representación, memoria, cronopsia, estimación visuo-espacial, estimación témporo-espacial y/o cálculo de trayectoria, tareas semánticas, matemáticas, lógica motriz y toma de decisiones. Cada lector está en su derecho de objetar, ya sea por identidad, exceso o defecto, la enumeración propuesta. Sea como fuere, en el **ECM** el profesor debe tener en claro qué facultad cognitiva pretende entrenar. Y guiarse conforme a un continuum o graduación elemental, como la que sugerimos a continuación:

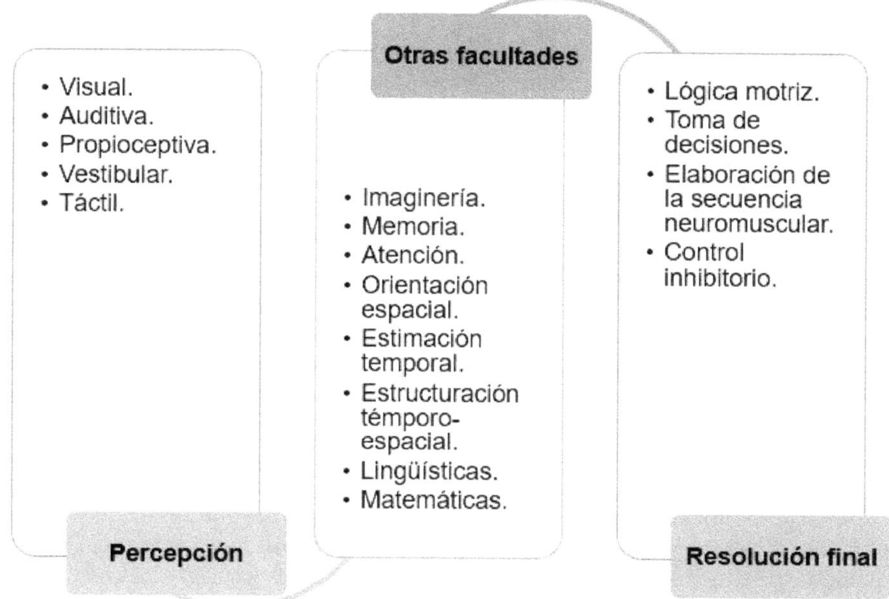

Con respecto a las (sub) propiedades dentro de cada propiedad cognitiva, vamos con un par de ejemplos. El primero es a nivel de la función visual. Luisa Quevedo (2009) identifica las siguientes 11 habilidades, no sólo entrenables, claro está, en deportistas, sino en toda la población:

1. Agudeza visual estática.
2. Agudeza visual dinámica.
3. Sensibilidad al contraste.
4. Visión del color.
5. Movimientos oculares.
6. Flexibilidad acomodativa: acomodación.
7. Flexibilidad de fusión: fusión o estereopsis.
8. Percepción de profundidad.
9. Visión periférica.
10. Tiempo de reacción visual.
11. Anticipación.
12. Visión / equilibrio-propiocepción.

Como ya lo he anunciado en reiteradas oportunidades, en el siguiente tomo de esta obra explicaré con precisión, cada una de estas habilidades visuales. Lo importante es, inicialmente, identificarlas para luego dar el siguiente paso en nuestra propuesta metodológica.

Lo mismo sucede, para el caso, con la función propioceptiva. ¿Cuáles son, en definitiva, las facultades propioceptivas? ¿Qué nos permite la propiocepción? Si bien el acuerdo no es definitivo y, nuevamente, desarrollaremos analíticamente este tema en el tomo 3, vamos con algunas facultades propioceptivas difíciles de poner en tela de juicio y todas tienen que ver con la posibilidad de estimar o tasar:

1. Posición articular.
2. Reposicionamiento articular.
3. Relación entre núcleos articulares.
4. Grados o precisión goniométrica.
5. Recorridos articulares.
6. Inicio del movimiento.
7. Magnitud de estiramiento.
8. Magnitud de fuerza.
9. Detección de pesos.
10. Distribución de pesos.

Y así podríamos continuar con todas las demás funciones que desarrollaremos en esta obra. Sin embargo, en este primer volumen el objetivo es mostrar y compartir una metodología general para, luego, en los siguientes tomos, desplegar las cada una de estas funciones con el mayor grado de precisión posible.

3. Identificar tareas motoras y creación de ejercicios "tipo" o "troncales"

Es aquí donde la discusión se hace más interesante. La tradición educativa aborda casi todas las funciones cognitivas sin movimiento: los alumnos sentados o, a lo sumo, parados. Las tareas de estudio son, casi sin excepción, y en todo el mundo, estando quietos, en un escritorio, frente a libros, cuadernos, tabletas u ordenadores.

Ahora bien, el **ECM**, tal como lo hemos definido, implica algo más que simplemente mantener una postura habitual, ya sea de sentado o parado mientras aceptamos y encaramos un desafío cognitivo. Es algo más complejo e intenso. Lo propio el **ECM** es desplegar actos motrices que supongan mucho más que escribir, subrayar o apoyar las yemas de los dedos en una pantalla mientras estamos sentados o parados. Nuestra definición de este tipo de intervención, en el primer capítulo, lo describe con precisión.

En algún momento supe escribir que el **ECM** no se trata, solamente, de pedalear a baja intensidad en una bicicleta fija mientras resolvemos un crucigrama. Lo sigo afirmando enfáticamente. Sin embargo, el problema no es el de pedalear, sino la intensidad. Y es aquí que identificamos la primera de tres categorías de tareas motoras desde las cuales podemos implementar el **ECM**. Precisemos los tres tipos de tareas motoras sobre las cuales podemos proponer los desafíos o variaciones cognitivas propias del **ECM**:

- **Actividades cíclicas:** se trata de las acciones motrices básicas, tales como caminar, trotar, pedalear o, hasta incluso, remar.
- **Actividades o ejercicios propios de la preparación física:** sentadillas o ejercicios de fuerza, flexibilidad, equilibrio, posturales u otros que permiten, durante su ejecución, el procesamiento, ya sea serial o en paralelo de una variación cognitiva.

- **Gestos técnicos propios del deporte o las AVD o ABC:** es decir, tareas motoras de mayor especificidad que permiten resolver las variaciones cognitivas, ya sea de manera serial o paralela.

Con respecto al primer grupo, sin dudas, es el ideal para el diseño de modelos experimentales. Precisamente, en nuestro grupo de trabajo estamos en plena tarea de configuración de estos modelos de investigación. Desde ya proponemos a otros equipos de investigadores pensar en términos de sumar evidencias al respecto. Por ejemplo, responder con pesquisas adecuadas la pregunta relativa al rendimiento cognitivo conforme la intensidad de la caminata o carrera va en aumento progresivo. Por supuesto, hay que definir las tareas cognitivas que nos interese investigar y/o entrenar: perceptuales (precisando el sistema sensorial en cuestión), matemáticas, lingüísticas, semánticas, mnémicas o las que cada equipo desee profundizar. No son muchas, luego, las variables o condiciones de ejecución a complejizar gradualmente: solamente la intensidad de la tarea motora.

Cabe acotar, de paso, que no se trata de una jerarquía menor en el **ECM**. Por otro lado, son numerosas las variables fisiológicas que se pueden registrar -por ejemplo, fatiga- y vincular con la resolución de las distintas variaciones o desafíos cognitivos. Como comentario anecdótico, y pintoresco, en algún momento de mi carrera, supe entrenar a actores y cantantes. Una de las tareas, casi inexorables, era la de recitar el libreto durante el caminar e, incluso, trotar. Ahora, más de 20 años después, reconozco que hubiera sido fundamental registrar, aunque sea de manera rústica (lápiz y papel), las intensidades y variables fisiológicas. También, por ejemplo, tasa de errores o cualquier otro indicador de calidad en la actividad mnémica.

Con respecto a las tareas motoras derivadas de la preparación física tradicional, no hay casi posibilidad alguna en la que no pueda incluirse una variación cognitiva. Se trata de un problema ligado, principalmente, a la intensidad y la complejidad del ejercicio que le planteamos al deportista o entrenando. Posiblemente, al realizar sentadillas con un peso que represente no más del 40% de 1MR, a una baja velocidad y no superando más que un tercio del recorrido total, el sujeto pueda resolver variados y complejos retos cognitivos. No obstante, conforme el peso, la velocidad y el ROM (rango de movimiento) aumentan y la tarea motora, en sí misma, es el desafío, poco margen queda para las complejas resoluciones cognitivas. Lo mismo cabe para cualquier ejercicio típico de la preparación física, sea un salto, un estiramiento, un puente prono o lateral o lo que fuese.

Finalmente, los gestos específicos del deporte o las AVD (Actividades de la Vida Diaria) o ABC (Actividades básicas Cotidianas). Este conjunto de tareas motoras es particularmente interesante: pases y recepciones de balón, lanzamientos, controles de pelota con desplazamientos, hasta balanceos en las paralelas si lo prefiere. Para los adultos mayores la gama de posibilidades es notoria: gestos de incorporarse y sentarse, acciones cotidianas que impliquen equilibrio del cuerpo en su totalidad y de objetos, movilidad y tantos otros. Nuevamente, las variables de intensidad y complejidad, o la complejidad como criterio de intensidad pasa a ser determinante en la capacidad de hacer frente a los distintos retos cognitivos que propongamos.

Figura Nro. 41: Variaciones cognitivas e intercepciones.

Figura Nro.42: Variaciones cognitivas y gestos propios del deporte.

Lo que vale la pena subrayar es que las tres categorías de tareas motoras permiten abordar variaciones cognitivas en el acto motor de manera tanto serial como en paralelo. ¿Cuál es la diferencia entre las dos? En el primer caso no hay una tarea motora definida de antemano, sino que su elaboración, en el sentido de selección y planificación, depende de los procesos cognitivos precedentes. En el segundo caso, la tarea motora está definida y no depende de las coyunturas de los procesos cognitivos precedentes. Vamos con un ejemplo concreto: puedo estar realizando el ejercicio de agilidad consistente en evadir o, de acuerdo a la consigna, atajar, pelotas que me arrojan. Si la prescripción es esquivar todas las pelotas excepto la de un determinado color, que debo capturar o atajar, la acción de interceptar o tomar esa pelota depende de la percepción, precisamente, de esa bola del color prestablecido. Es, definitivamente, serial. Si la consigna es evadir todas las pelotas, sin que ninguna me toque, y al mismo tiempo resolver un problema semántico, como, por ejemplo, nombrar capitales de Europa, no dependiendo del color de la pelota que se me viene encima, ya estamos frente a un modelo en paralelo. No debo replanificar las acciones de evadir pelotas por ningún dato perceptual diferencial. Sólo debo evitar que las pelotas me toquen. Sin embargo, de manera paralela o simultánea si lo prefiere, resolver la consigna mnémica y semántica en cuestión.

Figura Nro.43: Actividad serial.

Una vez definida la tarea motora, el otro paso consiste en identificar las facultades cognitivas, lo cual ya hemos desarrollado en el punto dos de esta propuesta metodológica. El producto de la relación entre la tarea motora seleccionada y la variación cognitiva de interés, permite perfilar lo que conocemos como ejercicios "tipo" o "troncales". Ellos son los que, en definitiva, representan prístinamente al **ECM**. Cada uno puede ser indefinidamente complejizado de acuerdo a variables que, en el siguiente apartado, identificamos, describimos y ejemplificamos.

Figura Nro. 44: Actividad en paralelo.

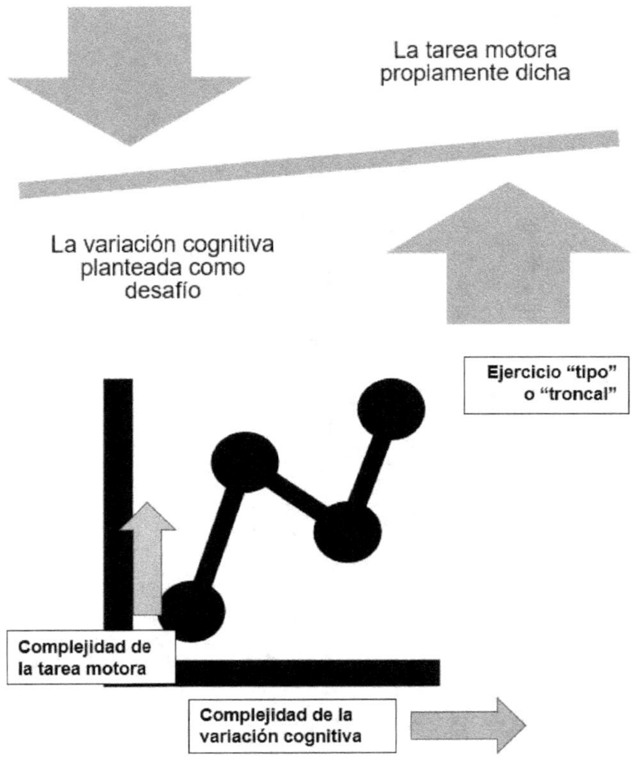

Figura Nro.45: Ejercicio tipo "tipo" propio del ECM.

4. Identificar las variables o condiciones de ejecución

Cada una de las tareas motoras propuestas, junto con las variaciones cognitivas a incorporar (es decir, una vez perfilado el ejercicio "tipo" o "troncal"), puede ser indefinidamente complejizada o dificultada conforme cambiemos didácticamente o "juguemos" con las diferentes condiciones de ejecución. Todo cambia cuando algunas de las condiciones que vamos a enunciar, son modificadas. Volvamos, para una mayor comprensión, a los ejemplos del entrenamiento visuo-motor y propioceptivo, aunque, en rigor, es lo que hacemos con todas las demás facultades cognitivas.

Con respecto al entrenamiento de las funciones visuales, una vez que se estudiaron sus bases anatómicas y fisiológicas, detectaron las capacidades visuales a entrenar y selecciona o crea un ejercicio "troncal" -recordemos que dedicaremos casi todo el segundo tomo de esta obra precisamente a esto- por ejemplo, flexibilidad de acomodación, finalmente elige un ejercicio como, por ejemplo, focalizar cuentas distribuidas en una soga u objetos separados a distintas distancias. El profesor nombra el color u objeto y el sujeto debe enfocar mientras, por ejemplo, está de pie o camina en la cinta a una determinada velocidad. Recordemos que, desde el punto de vista visual, sólo podemos detectar, seguir y detectar y seguir. Hasta ahí, todo bien. ¿Cómo podemos hacerlo cada vez más interesante, y complejo, a este ejercicio troncal? Veamos algunas variables o condiciones de ejecución que podemos articular para una progresión desafiante:

1. **Número de objetos:** a mayor número mayor dificultad.
2. **Movilidad del objeto:** los objetos móviles son más difíciles de localizar y seguir.
3. **Movilidad del sujeto:** si el sujeto está en movimiento, más compleja la tarea, a mayor velocidad, incluso, mayor dificultad para la visión periférica.

4. **Velocidad:** cuanto mayor es, tanto la de los objetos como la del sujeto, mayor dificultad.

5. **Ángulo:** se trata de la relación entre el objeto central y el periférico, cuanto mayor, más dificultad para detectar el objeto periférico.

6. **Fondo:** si hay objetos distractores en el fondo, sobre todo si están en movimiento, mayor la dificultad.

7. **Posición de la cabeza:** estamos acostumbrados a la posición vertical, pero los ejercicios son más difíciles conforme la posición de la cabeza va cambiando.

8. **Ojos y dominancia ocular:** trabajar con los dos ojos abiertos o alguno obstruido o tapado (discutible para muchos especialistas).

9. **Los objetos:** la naturaleza de los mismos, ya sea familiares o desconocidos para el sujeto, su contextura y tamaño, y otras variables, aumentan la complejidad de la tarea.

10. **Interferencias u obstáculos:** no atrás del objeto (eso sería fondo), sino entre el sujeto y el o los objetos centrales y/o los periféricos.

11. **Rotaciones:** si desestabilizamos el sistema vestibular con rotaciones previas y consecutivas de la cabeza, la tarea visual es más compleja.

12. **Presencia de otros estímulos:** sobre todo auditivos o táctiles distractores.

13. **Fatiga:** generando cansancio previo con tareas específicas antes del ejercicio visuo-motor.

14. **El gesto motor propiamente dicho:** la tarea motora, en su complejidad, condiciona la solución del desafío, en este caso, visuo-motor.

15. **Otras capacidades o propiedades motoras:** a la manera de una multitarea que involucra fuerza, equilibrio o flexibilidad.

16. **Memoria:** si, aparte de detectar y seguir objetos con la vista, debemos recordar palabras, frases, rostros o cualquier otra cosa, la tarea es más compleja.

17. **Otras situaciones y contextos:** estables o inestables, luz natural o artificial, y otras tantas variables que complejizan, de manera gradual e indefinida, la tarea propuesta.

Tal como podemos comprobar, un sencillo ejercicio puede complejizarse de manera indefinida, manteniendo motivado al sujeto de entrenamiento, ya sea deportista o no. Con las demás facultades cognitivas, sucede exactamente lo mismo. Vamos con el ejemplo de la propiocepción. Con los distintos ejercicios para su entrenamiento podemos alternar las siguientes variables de manera gradual y progresiva:

1. **Los planos de movimiento:** sagital, frontal u horizontal.

2. **La situación del sujeto:** ya sea quieto o en movimiento.

3. **La restricción o anulación de otros sistemas sensoriales:** anulando visión, audición e, incluso, restringiendo el tacto con xilocaína.

4. **Número de articulaciones implicadas:** conforme mayores son los núcleos implicados, más compleja la tarea motora.

5. **Las posiciones de partida:** variando las 6 posiciones fundamentales de partida y sus derivadas, el ejercicio se hace cada vez más complejo.

6. **El hemicuerpo o tren:** directamente relacionado con el número de articulaciones implicadas.

7. **Estado previo de fatiga:** ya sea general o local.

Como vemos, la inclusión de estas variables pone al sujeto frente a nuevos desafíos. Incluso, hasta percibe las variaciones como ejercicios distintos, aunque nosotros, como profesores, sabemos que se trata del mismo. Vamos ahora con el siguiente aspecto, quizás el más difícil y polémico, relativo a la dosificación de la carga.

5. Diagramación de una sesión modelo

La cual, de suyo, no acredita un diseño exclusivo ni, mucho menos, excluyente de otras posibilidades. Nuestra experiencia en "Eucinesis", centro en el cual solamente desplegamos este tipo de entrenamiento, da cuenta que una sesión modelo, de no más de una hora de duración, puede configurarse de la siguiente manera: acondicionamiento inicial, desarrollo principal y restablecimiento final.

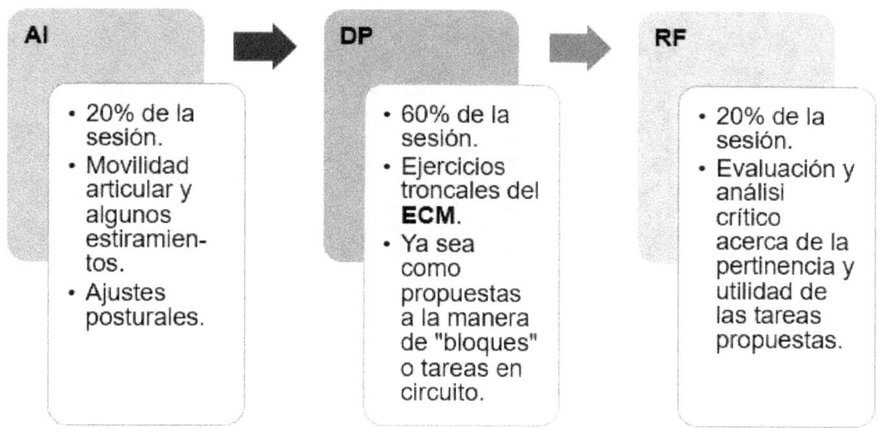

El acondicionamiento inicial depende, en su duración y configuración de la complejidad de las tareas motoras que, a posteriores, se van a proponer. No reviste mayor complejidad y todo depende de la iniciativa del profesor y las demás variables contextuales. El desarrollo principal puede disponerse ya sea como tareas secuenciales, con sus respectivas series, repeticiones y pausas (modelo horizontal) o a la manera de circuitos, con sus correspondientes tiempos de trabajo, pausas y cantidad de vueltas (modelo vertical). El restablecimiento final, a menos que las tareas motoras desplegadas hayan sido muy exigentes, consiste principalmente en el análisis crítico de las actividades y la valoración de su pertinencia respecto a los objetivos de los deportistas o entrenandos. En definitiva, no hay mayores complejidades ni "formulaciones inusuales" a la hora de diagramar una sesión especial de **ECM**.

Figura Nro.46: Jugadores de básquet durante una sesión modelo de ECM.

6. Dosificación de la carga

Se trata, sin dudas, del aspecto más crítico y controversial. Lo que resulta relativamente tranquilizador, al menos para quienes nos dedicamos al **ECM**, es que tampoco es un factor definido y ausente de polémica en el resto de las propiedades motoras y su entrenamiento. No hay más que referencias de distintos profesionales que comparten, amablemente, sus experiencias. En nuestro caso, cuando se trata de clases o entrenamientos exclusivamente dedicados al **ECM**, su duración nunca excede la hora, trabajando ya sea con el modelo de series (estructura horizontal) o con circuitos y estaciones (modelo vertical). Siempre recuerdo un episodio pintoresco. En Venezuela, dictaba una capacitación sobre **ECM** en la Universidad Arturo Michelena. Durante una hora dos jugadores de béisbol de la liga Dorada de Estados Unidos oficiaron de modelos para los ejercicios prácticos. Ambos terminaron con una cefalea terrible. En el Club Santos Laguna, por ejemplo, los modelos de **ECM** no superaban los 40 minutos.

En el caso horizontal, es decir, con ejercicios que luego no se retoman, solemos emplear no más de 3 series y sus repeticiones dependen de la calidad de resolución de la propuesta motora. Por lo general, nunca más de 4 a 6 repeticiones. Serie a serie, con las correspondientes variaciones en tanto y en cuanto la calidad de la resolución de la tarea así lo justifique. Las pausas, consensuadas entre profesor y ejecutante, para garantizar las correcciones pertinentes y calidad de los siguientes intentos. Pero sin un tiempo referencial o límite.

Con respecto a los circuitos, es decir, el modelo vertical, nunca hemos superado las 10 estaciones, cada una con un ejercicio distinto. En este caso, ya no implementamos repeticiones sino tiempos, por lo general el suficiente como para entender y resolver adecuadamente la tarea motora. La prioridad es siempre la calidad. En nuestra experiencia, las estaciones suelen durar entre 30 y 45 segundos. Excepcionalmente hasta 60 segundos. Las pausas, nuevamente, variables. Hasta 3 vueltas al circuito, con macropausas que sirven para los ajustes correctivos.

Respecto a bloques específicos y no sesiones especiales de **ECM**, por ejemplo, antes del entrenamiento principal, ya sea físico o técnico-táctico, en planteles profesionales de fútbol, nunca pudimos excedernos de los 12 a 15 minutos, tanto con modelos horizontales como con los verticales. Tampoco faltaron, desde ya, ejercicios Cognitivo-Motores "sueltos" como parte de los acondicionamientos iniciales. Con los años de experiencia, los ensayos y errores naturales, estas son las dosificaciones que mejores resultados nos propinaron. Reitero, en los siguientes volúmenes de esta colección, al tratar cada tema en particular, desplegaremos en profundidad aspectos relativos a dosificaciones específicas.

7. Periodización del ECM

Si trabajamos en el marco del entrenamiento deportivo, cualquiera sea el nivel de rendimiento, tarde o temprano debemos operar en equipo en la periodización del **ECM**. Es lo que compartiremos en el último volumen de esta colección, específicamente respecto al fútbol, propondremos la ubicación de las sesiones de **ECM** en microciclos de distinta duración, desde los más breves de apenas 3 días hasta los más largos de 9 o 10 días. Igualmente, modelos de estos microciclos en el período preparatorio, ya sea general o especial, como en el competitivo y el de transición o lo que, habitualmente, se llama postemporada. Como toda periodización, cualquiera sea el modelo de planificación al que responda, siempre es discutible. Al fin y al cabo, se trata de un juego técnico riguroso, construido entre los distintos agentes involucrados.

Pinceladas metodológicas complementarias

En este apartado del capítulo compartiré, a la manera de complemento didáctico, algunos lineamientos metodológicos generales relativos, principalmente, al entrenamiento de las funciones perceptuales, aunque la mayor parte de ellos son aplicables, de suyo, al resto de las funciones cognitivas que entrenamos en consonancia con las distintas tareas motoras. Muchos de estos recursos suelen ser empleados en la corrección de fallos, ampliando los alcances del **ECM**.

Inicialmente, vale aclarar, distinguiremos entre percepción y observación motriz. Por percepción motriz aludimos a la captación de movimientos propios, cualquiera sea el sistema sensorial en cuestión (no sólo visual). La observación motriz refiere a la percepción visual de movimientos ajenos o de extraños, y caben posibilidades de ampliar los sistemas sensoriales involucrados. La percepción y la observación motriz constituyen las condiciones necesarias, aunque no suficientes, para configurar una correcta imagen de movimiento. La elaboración del conocimiento de las características de la técnica constituye una condición importante para poder evaluar la misma. Para este cometido, la percepción es un aspecto clave. Si el sujeto no sabe qué y cómo tiene que observar, no podrá reconocer y, menos aún, evaluar. Cuanto mejor sepa en qué se tiene que fijar, con mayor exactitud percibirá los detalles y podrá corregir.

De allí que todos los ejercicios, sean o no repetitivos, siempre debieran involucrar tareas cognitivas, tanto verbales como valorativas y racionales. Repetir interactuando, en la medida de lo posible, con procesos cognitivos en las pausas, sin que ello promueva una intelectualización paralizante del movimiento (parálisis por análisis). Es lo que llamamos ejercicio repetitivo con tareas valorativas y racionales aplicando, al mismo tiempo, el principio de variabilidad, es decir, modificando, sin jamás poner en riesgo ni la técnica ni la salud, las condiciones perceptuales de ejecución motriz.

La formación de la capacidad de evaluar el movimiento (con los componentes de percepción y observación motrices) debe ser un proceso planificado, pensado y estructurado a largo plazo. Es crucial, de todas las decisiones evaluativas, exigir siempre un razonamiento. Se puede empezar evaluando movimientos sencillos desde categorías nominales, como malo-bueno para, gradualmente, ir perfeccionando la valoración: excelente-muy bueno-bueno-regular-malo-muy malo. Incluso, de a poco, educar al deportista para evaluar detalles finos seleccionados intencionalmente. En definitiva, desde las escalas nominales, pasar a las ordinales sin descartar, finalmente, las intervalares. Estas suponen un esfuerzo perceptivo y valorativo mucho mayor para el deportista.

La capacidad de razonar acerca de los componentes perceptuales del movimiento y su relación con el Control Motor, y la *performance* general del movimiento, es fundamental para reforzar las posibilidades perceptuales: la "elaboración mental" de las percepciones provee, además, sustento de calidad para configurar una buena imagen de movimiento. Por otro lado, elegir el momento adecuado constituye un requisito indispensable para no interferir con el Control Motor. El razonamiento motor cualifica la técnica gestual en general y refuta los infundados ataques "antitécnica" esgrimidos por los detractores de la técnica deportiva.

Una de las actividades fundamentales, para el profesor que dirige las tareas, es observar el movimiento entero y cuestionar acerca de las sensaciones. El requisito, por excelencia, es que el mismo entrenador haya experimentado tales sensaciones, es decir, que sepa acerca de lo que cuestiona: ¿Dónde hay que mirar? ¿Cómo sientes la toma? ¿Dónde entra la mano? ¿Sientes la tensión en hombros? ¿Cómo sientes tu rodilla? ¿Cómo está tu cadera al pegar? Siguiendo la misma dirección en cuanto a sugerencias metodológicas generales, la anticipación mediante enunciados condicionales es otra herramienta didáctica muy valiosa. La estructura verbal más frecuente de este recurso es "si… entonces…". Ello permite orientar la atención hacia ciertas fuentes sensoriales específicas, contribuyendo a mejorar la imagen de movimiento, evitar fallos, corregirlos y consolidar aspectos favorables del movimiento. Incluso, reducir la susceptibilidad o probabilidad de lesiones. Por ejemplo: "si sientes dolor, entonces reduce la intensidad", y tantas otras afirmaciones condicionales similares.

Figura Nro.47: Trabajar sobre el "razonamiento motor".

Otro recurso didáctico interesante consiste en solicitarle al deportista la ejecución del movimiento con velocidad modificada, sobre todo la ultra-lenta, incluso con detenimiento en momentos críticos y la observación directa o intensificación de la percepción propioceptiva o háptica del punto dañado. Se trata de un recurso muy interesante para trabajar defectos técnicos en gestos de índole variada, inclusive en esquemas grupales y con elementos variados.

La intensificación de sensaciones también es otra herramienta interesante. Consiste en proveer mayor información perceptual que la habitual y es aplicable en el entrenamiento de todos los sistemas sensoriales. Permite concientizar datos relevantes para la corrección de fallos. Como ejemplos de este recurso podemos citar, entre otros: nado con manoplas, ejecución con espejos, pronunciar acentos en la música y demás alternativas. Muy parecido, aunque a la inversa, la restricción o reducción de las sensaciones, ya sea total o parcial. Es interesante porque permite potenciar la recolección de datos por parte de los restantes sistemas sensoriales. El ejemplo más frecuente consiste en restringir u obstruir la visión para explotar, todo lo posible, el sistema háptico. Hay otros ejemplos similares para el resto de los sistemas sensoriales y otras facultades motoras.

La interacción con fuentes objetivas de información visual, ya sea fotos, filmaciones o fotos seriadas, ya sea a velocidad normal o en cámara lenta, retardando, congelando, identificando errores, ajenos o propios -sobre todo éstos-, constituye otro recurso de inmenso valor. Por nuestros días, con el auge de los teléfonos móviles y sus sofisticadas cámaras, este recurso se observa más a menudo, aunque no siempre bien explotado. Combinado con las actividades valorativas, racionales, provee un aporte adicional. Una tarea perceptual y racional muy interesante es la de solicitar al deportista que ordene la serie de fotografías que representan la secuencia de una determinada acción motriz, ya sea un salto, un lanzamiento o lo que fuese. Hemos empleado también, y con muy buenas respuestas por parte de los deportistas, la actividad que consiste en detectar, en dos fotos muy parecidas, los 7 errores. Desde ya, respecto a fases críticas de movimientos deportivos. Son todos recursos útiles para reforzar la imagen de movimiento y las habilidades perceptuales.

Sabemos que los niños y jóvenes de estos días escriben y dibujan poco. Las pantallas y monitores afectaron, casi irreversiblemente, la Motricidad Humana. Sin embargo, los recursos gráficos propios son herramientas didácticas de gran valor. Recuerdo que, por la década del 90, al trabajar con deportistas de Gimnasia Rítmica, les pedía dibujar el movimiento en su fase crítica, tal como ellas creían que debía ser la performance óptima. Luego lo ejecutaban. Inmediatamente lo dibujaban tal como lo habían percibido. Al constatar las diferencias, la siguiente actividad era razonar sobre lo que debo hacer para que se asemejen, es decir, para que la ejecución se parezca a la imagen de movimiento. El dibujo inicial, de paso, permite estudiar la calidad de la imagen de movimiento de la deportista. Como vemos, se trata de un recurso que permite constatar no sólo la claridad de las percepciones, sino también la calidad de la imagen de movimiento. También, desde ya, corregirlas, mejorarlas. El dibujo también permite otra actividad muy útil: se trata de completar fases críticas. Es una herramienta que podemos emplear con ayuda del entrenador, quien dibuja el movimiento sin una fase, o muestra una foto tapando una parte, para que el sujeto la complete. En definitiva, las posibilidades son varias tratándose, sobre todo, de creatividad e iniciativa.

En otro grupo de recursos, las tareas de cálculo o estimación agudizan, también, las funciones perceptuales. Solicitan, de manera específica y exigente, las diferentes capacidades perceptuales. Por ejemplo, estimar o calcular distancias, sobre todo en metros, entre objetos, ya sea jugadores, conos u otros objetos. También, calcular o estimar los diferentes componentes que tienen que ver con la estructura temporal permite precisar la elaboración de las diversas tareas motrices. El ejemplo típico es calcular el tiempo que tardamos en realizar una determinada acción, ya sea un movimiento individual o secuencias cíclicas. Tanto las estimaciones espaciales como las temporales son entrenables. Los tareas y consignas, también, múltiples y variadas. Las tasaciones propioceptivas forman parte del mismo grupo didáctico: posiciones articulares, estados musculares como tensión, relajación, pesos y otras variables que prescinden de los exteroceptores como colaboradores en la provisión de datos.

Los ejercicios de imitación o espejo suponen la tarea de seguir los movimientos marcados por otra persona. Las posibilidades pueden ser múltiples y variadas. Como consigna común, procuramos desarrollar el movimiento lo más parecido a como quien nos lo marca lo está ejecutando. Incluso la posibilidad, ante el empleo de videos, de hacerlos en cámara lenta. Se trata de otro grupo de recursos didácticos interesantes para el entrenamiento sistemático de las facultades perceptuales, no sólo de deportistas, sino del resto de la población que tanto necesita mejorar este tipo de capacidades.

Los registros sensoriales, tales como dejar marcas o manchas, constituyen un interesante recurso que, deliberadamente, solemos emplear asiduamente en las clases de gimnasia, sobre todo para el aprendizaje de las destrezas. El ejemplo típico es cubrir las palmas de las manos con carbonato de magnesia y ejecutar ejercicios en suelo o colchonetas, observando luego como las apoyamos. Sin embargo, podemos emplear también esta herramienta en otras actividades deportivas, dejando marcas en pelotas, bates y demás.

Con respecto a la observación motriz, es decir, la percepción del movimiento de otros principalmente, se trata de una actividad demasiado importante como para no ser realizada de manera rigurosa. Por ejemplo, es fundamental, sobre todo para la observación de ejecuciones ajenas, saber dónde ubicarse. Depende, principalmente, del fallo que pretendemos que nuestro sujeto detecte o el punto crítico a atender para, luego, resolver. Más que nada, decidir cuál es el plano desde el cual ese punto crítico puede ser mejor percibido, tales como distancia, ángulo preciso, ubicación de las cámaras para filmar, luz, ropa o colores en diferentes partes del cuerpo.

Cuando empleamos el **ECM** para, por ejemplo, corregir fallos, la ejecución intencional incorrecta, es decir, hacerlo mal a propósito, es un recurso alternativo, para emplearlo a discreción, claro está, que permite conscientizar el error. Solemos interpelar con estas preguntas y consignas: ejecute bien, ahora simule el error, y nuevamente ejecute bien ¿Cuál cree que es el motivo de la diferencia? Perciba el detalle. ¿Se da cuenta? Sin dudas, la posibilidad de imitar el error, o ejecutarlo voluntariamente, da cuenta de el gran dominio de la técnica que ostenta el interlocutor de esta experiencia.

Algunas consideraciones metodológicas finales

En el **ECM**, tal como en el entrenamiento de las demás propiedades motoras, el problema principal probablemente se trate de la dosis justa y siempre dinámica, de acuerdo a las coyunturas contextuales, entre los rasgos individuales del sujeto, creatividad, resolución de problemas y rigurosidad científica. Algunos, como mi amigo Juan Ramón Heredia, entrenador olímpico, investigador y catedrático español, entiende que no se trata de un arte, sino de una actividad con rigor científico, aunque sometida, lógicamente, a ajustes propios derivados de las variaciones ambientales. Coincido con Juan Ramón plenamente. Entrenar supone, lo cual no es poco, congeniar una buena mezcla, lo que los griegos llamaban "eucrasia". Adhiero al pensamiento de Juan Ramón y no acuerdo con que sea lo mismo entrenar que el arte de cocinar, esculpir una estatua o pintar un lienzo. Sin embargo, y sobre todo para el **ECM**, cuya fase de rigurosidad científica recién comienza, la creatividad es un requisito fundamental.

El acto de creación es tan misterioso como apasionante. En el cuarto tomo de esta colección le dedicaremos un capítulo completo. Sin embargo, en el marco de esta propuesta metodológica sugiero no olvidar su valor, priorizando primero el libre juego asociativo de imágenes, con la menor supervisión hipotética-deductiva posible para, recién luego, sí aplicar el pensamiento inferencial para concluir en un nuevo movimiento, tarea motora o actividad específica del **ECM**. A posteriori vendrán la ejecución, evaluación y ajustes necesarios. Una vez diagramado el ejercicio o las actividades, sugerimos llevarlas a la práctica usted mismo o con algún colega.

Filmar y analizar hasta qué punto la misma representa toda la cascada de procesos cognitivos que usted se propone entrenar. A posteriori, hacer los ajustes pertinentes, mejorar la propuesta para, finalmente, prescribirla a sus educandos, sean o no deportistas. Lógicamente, analizar las respuestas de los deportistas, sus demandas, aprobaciones, dificultades y críticas, para luego, finalmente, rehacer las propuestas y mejorar las actividades. Las publicaciones, conforme empiecen a abundar, facilitarán estas tareas didácticas. Mi consejo personal y profesional es, específicamente para el **ECM**, bajo ningún respecto, renunciar a su intuición y creatividad como entrenador.

Imágenes
del capítulo

Capítulo 6
Recursos y Dispositivos

El auge de las propuestas representativas del **ECM** ha motivado, no sin espurios intereses económicos de por medio, la creación de numerosos dispositivos para sus intervenciones en el marco de las prácticas específicas y concretas. Una división inicial permite reconocer entre recursos tecnológicos, muchas veces onerosos y prescindibles (en la mayoría de los casos), y los que podríamos considerar como instrumentos "caseros" o "domésticos", hasta "artesanales", si prefiere considerarlo de ese modo. Recordemos que, en el primer capítulo de este libro, identificamos 3 contextos espaciales, en el sentido de lugares de entrenamiento, propicios para la implementación del **ECM**:

- **Laboratorios o salas pequeñas:** donde el despliegue motriz del sujeto es mínimo, siendo más favorable para el entrenamiento específicamente cognitivo (con el cual estamos, de hecho, completamente de acuerdo), más que Cognitivo-Motor.
- **Salas o salones:** allí el despliegue motor es significativo, aunque no reproduce, por las restricciones espaciales, la especificidad que podemos asegurar en el campo de juego.
- **Campo de juego:** es el que, en definitiva, señalamos como aquel al cual debiéramos apuntar como predominante, sobre todo en el marco del enteramiento deportivo.

La mayoría de los vídeos que compartiremos en esta obra, accesibles a través de los correspondientes códigos QR, remiten al segundo contexto, el de salas grandes o salones. En ellas, las prestaciones motoras son significativas, aunque no reproducen todas las categorías de especificidad que, en el campo de juego propio del deporte, son mucho más viables. El montaje de una sala para el **ECM** acredita, por sobre todas las cosas, creatividad, conocimiento de neurofisiología y observación de las conductas motrices, tanto deportivas como las demás, más que pensar en términos de onerosas derogaciones monetarias en dispositivos de alto costo, considerable restricción motriz y luego utilidad limitada. Es por ello que, sin sombra de duda, recomiendo, en primer término, pensar en términos de creatividad para el diseño "doméstico" de nuevos instrumentos y dispositivos. No son necesarios, de ninguna manera, dispositivos electrónicos, complicados y caros, para dar comienzo a este tipo de tareas cognitivo-motoras. Si podemos adquirirlos, o algún generoso proveedor los acerca, claro está, bienvenidos sean. Aun así, reitero, sin conocimiento neurofisiológico y análisis contextual, sobre todo, creatividad, los dispositivos tienen poca utilidad. Desde ya, a la hora de la investigación formal, para la rigurosidad en la recolección de datos, claro que son necesarios los instrumentos correspondientes, pero no así para la práctica cotidiana del **ECM**.

En este capítulo concentraremos en los dispositivos para el **ECM** a desplegar, principalmente, en sala y campo de juego. Sin descartar el valor del laboratorio, los entrenamientos en sala suelen acreditar una riqueza significativa debido, entre otras cosas, a no tener la presión de la especificidad deportiva ad-hoc. Los entrenamientos en campo pueden ser desarrollados con los mismos dispositivos que los de sala, con agregados o adaptaciones de acuerdo a la especificidad y las características de la tarea motora sugerida. El proceso creativo no debiera detenerse. Con nuestro equipo de trabajo seguimos pensando opciones en función de este tipo de entrenamiento, y nuevas posibilidades de acceso a facultades cognitivo-motoras. Reseñamos a continuación, entonces, las dos grandes opciones en cuanto a dispositivos para el **ECM**.

Dispositivos electrónicos

A pesar de ser caros, no los dejamos de lado. Y si algún generoso "inversor" nos los provee, reiteramos, mejor aún. El punto que quiero enfatizar es que no son una condición "sine qua non" para iniciar este tipo de entrenamiento. Son herramientas que, en caso de tenerlas, podemos -y debemos- aprovecharlas. No hay motivos para descartarlas, aunque no recomendamos su empleo exclusivo. Mariano Canegallo, por ejemplo, supo enseñarme que el ojo humano no procesa las luces "led". Lejos de ello, según Mariano, lo recomendable es reproducir las condiciones contextuales y perceptuales específicas para la visión humana. Es por ello que el empleo de estos dispositivos, los electrónicos, suele predominar en salas pequeñas y grandes, no así en el campo de juego. Aun así, y en caso de ser viable, en salones, lo ideal es combinar los recursos y no sólo emplear los electrónicos. A continuación, describimos algunos de ellos.

En nuestra experiencia, propia de países donde los recursos económicos escasean, el dispositivo que más hemos empleado es el cañón para proyectar actividades, en paredes grandes, y desde ahí resolver los diferentes desafíos cognitivo-motores. Pudimos constatar que el despliegue motriz es mucho mayor. Para ello pude elaborar distintos esquemas cognitivos -desde perceptuales básicos a matemáticos y lingüísticos- que, en los correspondientes tomos de esta obra presentaré y mostraremos en vídeos, pudiendo cada lector acceder a los mismos a través de los correspondientes códigos QR. Si la pared es grande, y el espacio suficiente, las acciones motrices pueden expandirse en variabilidad y exigencia neuromuscular y metabólica, a la par que el sujeto resuelve las distintas consignas cognitivas que tiene al frente.

Figura Nro.48: Proyector para tareas propias del ECM.

Otro de los dispositivos con el hemos realizado múltiples actividades son los anteojos "Senaptec". Se trata de lentes que obstruyen la visión a 8 ritmos diferentes (al menos nuestro modelo), pudiendo, incluso aislar un ojo de otro. Por estos años hay nuevos modelos mucho más complejos, que permiten dividir la visión de cada ojo en 4 cuadrantes, pero no tuvimos experiencia aún al respecto. Es importante, luego de los ejercicios, volver a trabajar con los dos ojos sin obstrucción y, sobre todo, emplear pelotas blandas para no romper el cristal de las lentes. A nuestro humilde entender, son las prestaciones propioceptivas las más solicitadas, precisamente por la obstrucción de la información visual.

Quizás el más famoso de estos dispositivos es conocido como "Fit-Light". Se trata de una serie de lámparas con distintos colores y sensores de movimiento que permiten, cuando una de las manos o los pies del ejecutante pasan por encima de ellas, apagar las luces. Pueden disponerse en el suelo o en la pared, y el entrenamiento de viarias capacidades visuales es altamente accesible, sobre todo la visión periférica y la velocidad de reacción visual. Hay modelos diferentes y puede aplicarse no sólo en salas, también en el campo de juego.

Figura Nro.49: Anteojos "Senaptec".

Las tabletas pueden emplearse de manera efectiva, con distintas aplicaciones interesantes. Ellas permiten ejercitar la detección y seguimiento visual, la memoria y otras funciones cognitivas. Desde ya, el entrenamiento de la visión periférica tiene sus naturales limitaciones. Nuestra experiencia con las mismas ha sido, y sigue siendo,

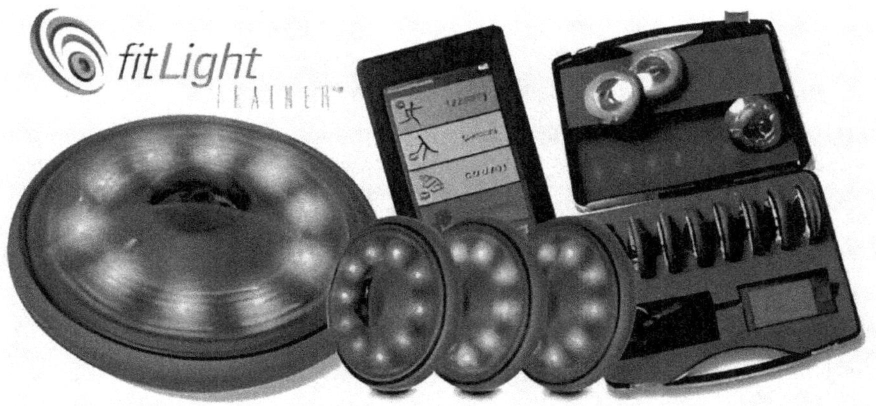

Figura Nro.50: Dispositivo "Fit-Light".

muy positiva. Para el entrenamiento exclusivamente cognitivo, es decir, sin grandes prestaciones neuromusculares de por medio, son recursos interesantes. El problema es que el deportista, sobre todo el de alto rendimiento, supera todas las dificultades al corto plazo.

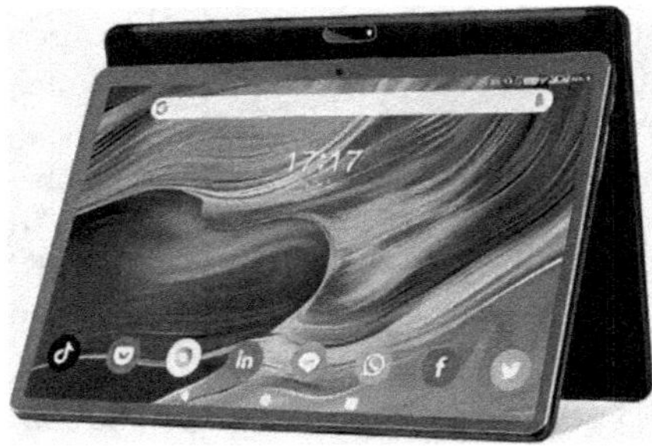

Figura Nro.51: Tabletas.

Un dispositivo de características singulares es el llamado "Neural Trainer", creado por mi amigo y colega uruguayo Daniel Badanián. Su experiencia con equipos de fútbol profesional y la selección mayor de su país es más que interesante. Tuve la posibilidad de tener a Daniel como alumno en las capacitaciones iniciales de **ECM**, en Montevideo, y colaborar en algunos aspectos de su diseño. Es interesante desde todo punto de vista, aunque lo más significativo es que asume el desafío de entrenar no sólo las funciones perceptuales visuales, sino también la memoria y la toma de decisiones. Incluye colores, números y distintos símbolos y recomiendo aprender de su trabajo. En el siguiente capítulo él mismo describe sus aspectos más relevantes.

Más allá de los descriptos hay otros tantos dispositivos atractivos. La mayoría computarizados y con empleo de pantallas grandes. Una descripción exhaustiva, en el marco de esta obra, sería imposible. Pero recomendamos no dejar de estar atentos al surgimiento de novedades, sobre todo ingresando a distintas páginas web.

Figura Nro.52: "Neural Trainer" de Daniel Badanián.

Los dispositivos «caseros», artesanales" o "domésticos"

Figura Nro.53: Goniómetro 360°.

A la mayoría de estos dispositivos y herramientas los desarrollamos durante nuestra experiencia en "Eucinesis", entre 2016 y 2018. Fueron surgiendo desde la creación de ejercicios en primer término, y no al revés. Es decir, los elaboramos como consecuencia de la cascada de razonamiento que tuvo como puntapié inicial, el estudio de las bases neurobiológicas del movimiento humano. Varios fueron diseñados directamente por nuestros profesores y su empleo ha sido más que favorable, explotando variantes y una creatividad ilimitada. Veamos algunos de ellos.

El goniómetro impreso en una lámina o un cuadro, no sólo sirve para evaluar el ROM (Rango de Movimiento) sino también para entrenar las funciones propioceptivas, particularmente relacionadas a las estimaciones angulares, tal como vamos a desarrollar con precisión en el tercer tomo de esta obra. Tanto uno como otro de los que mostramos, pueden emplearse para las estimaciones de las posiciones y recorridos articulares en distintos núcleos articulares, no solamente en hombros y cadera.

Los tableros con imanes, tal como en los siguientes tomos compartiremos en los vídeos, permite el despliegue de numerosas tareas propias del **ECM**. Mostramos 3 posibilidades. Una es la de los imanes con marcas diferentes, donde la consigna para el deportista es identificar aquellos símbolos que el profesor le indica, claro está, mientras despliega alguna tarea motora definida.

El tablero con los números surge de una anécdota pintoresca. Por el año 1996 comienzo a entrenar a la primera división del Club Palermo Bajo, en rugby. Me desempeñé como preparador físico de ese plantel hasta el año 2000. Ese primer año, desde la lectura el libro de psicología deportiva de Williams, encuentro un cuadro de 100 números, siendo la consigna detectar en orden las secuencias y, en la medida de lo posible, hacerlo en el menor tiempo. Recuerdo que imprimí numerosas copias de ese cuadro, donde los 100 números estaban desordenados y evalué a los jugadores cronometrando el tiempo que tardaban en tachar, siempre en orden, del 1 al 100. Los resultados fueron más que interesantes. De 90 segundos hasta 8 minutos era la amplitud registrada en cerca de 60 jugadores evaluados. El mejor tiempo lo obtuvo el medio scrum, y de la selección de nuestra provincia, y el segundo de nuestro medio apertura. Dos juga-

Figura Nro.54: Goniómetro 180°.

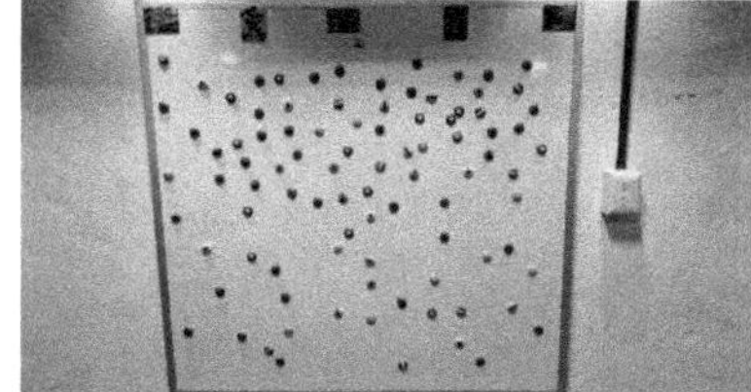

Figura Nro.55: Tablero con imanes.

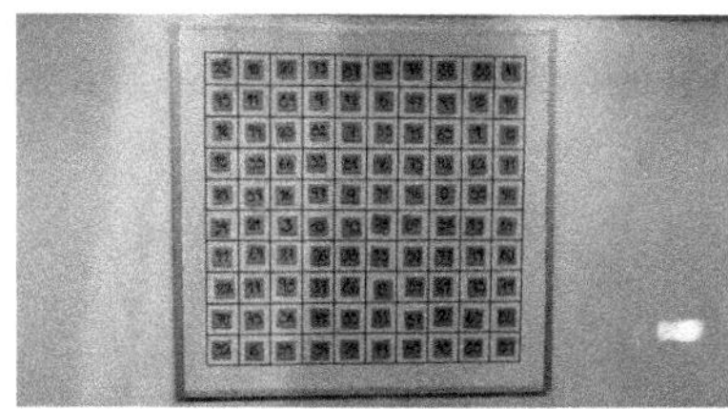

Figura Nro.56: Tablero con números.

Figura Nro.57: Tablero con letras.

Figura Nro.58: Puntero láser.

Figura Nro.59: Dado de 6 números.

dores que potenciaban al equipo desde, más que nada, sus facultades cognitivas. De allí surgió la idea de armar un cuadro similar con números móviles, imantados. La cantidad de ejercicios que surgieron, a partir de este cuadro, es realmente inagotable.

De la misma manera, el cuadro con letras sigue siendo de extrema utilidad. Tal como en el caso de los números, permite entrenar la movilidad visual para la detección de palabras y hasta letras aisladas. Tal como si fuese una "sopa de letras". Nuevamente, la cantidad de ejercicios y variantes ha sido, y sigue siendo, prolífica.

Disponer de un puntero láser es imprescindible. Gran parte de los ejercicios de detección y seguimiento visual los realizamos con la ayuda de este dispositivo. Necesitamos una pared donde la luz del láser contraste, no importa si es clara u oscura, y espacio suficiente para que el deportista pueda generar las acciones motoras propuestas por el profesor.

Empleamos, también y asiduamente, el dado de 6 números, con numerosos ejercicios que se desprenden de la detección rápida del guarismo final.

Figura Nro.60: Parches para ojos.

Los parches para ocluir uno de los dos ojos, o ambos, son relativamente polémicos. Algunos profesionales se oponen, radicalmente, a obstruir alguno de los dos ojos, ya que entienden que la construcción de la imagen visual es, inexorablemente, binocular, lo cual es correcto. Obstruir los dos ojos ya no es tan discutido, porque puede servirnos para el entrenamiento de las facultades propioceptivas, táctiles y la integración de ambas, facultad que conocemos como sensibilidad háptica. Sea como fuere, el empleo de un solo parche para tapar alguno de los dos ojos ha sido una estrategia, nunca exclusiva, empleada durante mucho tiempo por nuestro equipo de trabajo. Hasta el momento, no hemos constatado los temores infringidos por los escépticos.

La pelota de Marsden, tal como muestra la figura, tiene adheridas numerosas marcas, números, letras y símbolos. Al pendular, se acerca o aleja del deportista, quien tiene que

Figura Nro.61: Pelota de Marsden.

detectar y nombrar. La flexibilidad de acomodación visual puede entrenarse de la mejor manera con este dispositivo. Enfocar lo que acerca y aleja exige al músculo ciliar, ajustando al cristalino para la adecuada detección de las marcas.

Pelotas variadas no deben faltar. De distintos tamaños, pesos y colores. Huelga describir la cantidad de tareas motrices que pueden prescribirse con ellas. Sobre todo, el contraste de pesos y colores cobra especial interés, sin dejar de lado las específicas y reglamentarias de cada deporte. Gran parte de las actividades que mostraremos en los siguientes tomos acreditan el empleo de pelotas.

Figura Nro.62: Pelotas de tenis.

Figura Nro.63: Pelotas "pulpito".

Figura Nro.64: Pelotas pequeñas.

Las pelotas con elásticos, es decir, atravesadas por este material, también permiten elaborar innumerables actividades para distintas facultades cognitivas, principalmente, a nivel visual, para la reacción y la flexibilidad de acomodación. Por lo general el deportista debe tocar la pelota que se acerca y fluctúa de arriba abajo. Otro de los aspectos interesantes es la posibilidad de alternar posiciones de partida, como la supinas, permitiendo agregar giros. La variedad de ejercicios diseñados es prolífica.

Figura Nro.65: Pelota con elásticos.

Láminas de colores plastificadas y círculos de goma tampoco deben faltar. Ante la detección de un color, el deportista despliega una tarea específica. Las variantes son inagotables.

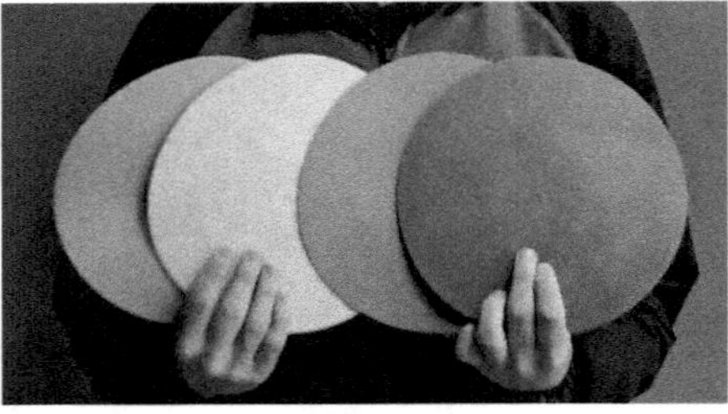

Figura Nro.66: Círculos de goma.

Figura Nro.67: Láminas plastificadas de colores.

Nombres de colores y fondos de colores son interesantísimas herramientas para entrenar la capacidad de atención de nuestros deportistas. En el formato Power Point lo tenemos altamente desarrollado. La consigna más importante es no precipitar la respuesta incorrecta. Permite entrenar, más allá de distintas facultades visuales, la atención plena del deportista.

Figura Nro.68: Colores, nombres y fondos.

Láminas plastificadas con nombres de países y capitales permiten, obviamente, según el status educativo del sujeto de entrenamiento, prescribir numerosas tareas. Por ejemplo, mover tren superior o inferior de acuerdo a la localización geográfica de la ciudad o país (hemisferio norte o sur), o derecha e izquierda según se trate de un país o una capital.

Figura Nro.69: Países y capitales.

Otras láminas plastificadas para distintas tareas cognitivas como, por ejemplo, la búsqueda de errores y otras consignas variadas mientras el deportista se mueve, pueden resultar interesantes. Confieso que las revistas de ingenio me han ayudado mucho a perfilar distintos retos cognitivos. Desde los gráficos para descubrir las 7 diferencias hasta sopa de letras, crucigramas y otras actividades cognitivas.

Figura Nro.70: Láminas plastificadas con tareas cognitivas.

Simples cartas y figuras pegadas contra la pared o dispersas por el suelo o un banco también permiten proponer numerosas tareas cognitivas con el sujeto siempre en movimiento.

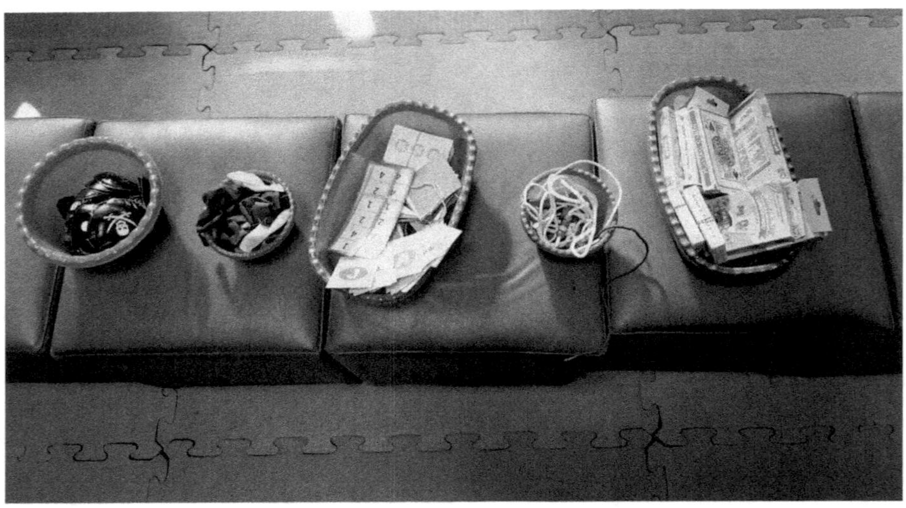

Figura Nro.71: Cartas para pegar en pared.

La soga con cuentas distribuidas a cierta distancia es un recurso muy útil, nuevamente, para entrenar la flexibilidad de acomodación visual, enfocando las cuentas solicitadas a distintas longitudes. El deportista toma la soga por sus extremos, la acerca a los dos ojos o a alguno de ellos y el profesor le solicita enfocar determinadas cuentas de colores.

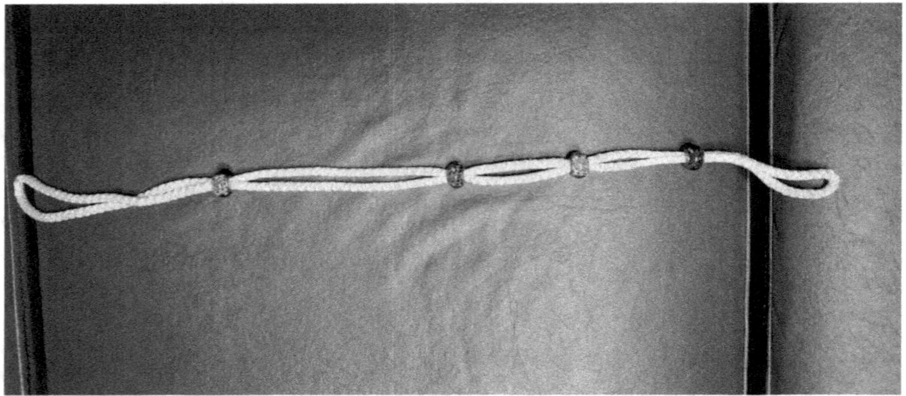

Figura Nro.72: Soga y cuentas.

Las láminas con secuencias numéricas son empleadas para memorizar un orden determinado, y luego desplegar las acciones motrices conforme a la información retenida. Desde ya, el tiempo para retener debe ser prefijado y, en lo posible, breve.

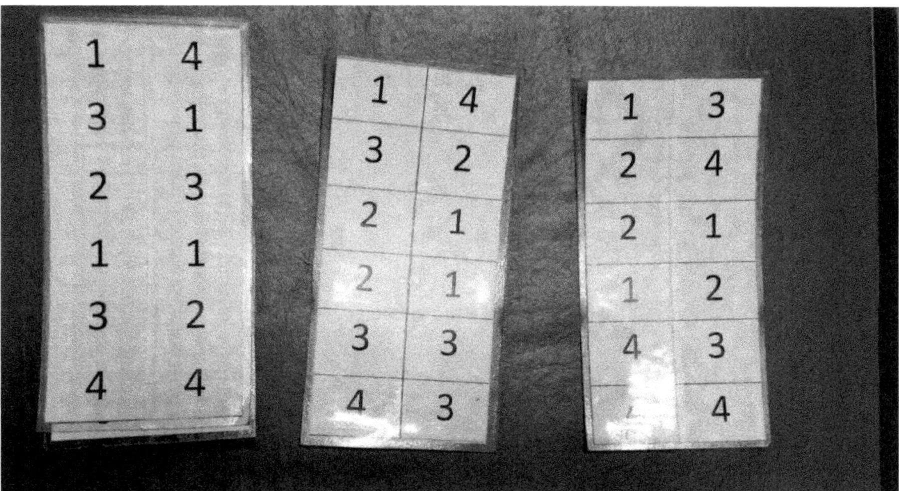

Figura Nro.73: Secuencias numéricas.

Las pelotas de reacción son, igualmente, infaltables en el set de **ECM**. Permiten entrenar tiempo de reacción visual y de movimiento. De la misma manera, pelotas que, al botar, permiten identificar colores diferentes.

Las cartas de Hart son la clásica herramienta empleadas por los optometristas. Dedicados al entrenamiento visuomotor de deportistas, como es el caso de Mariano Canegallo, innumerables consignas perceptuales pueden surgir y entrenarse.

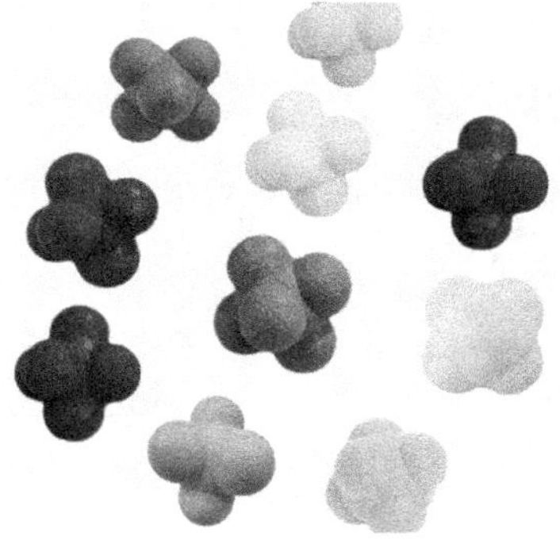

Figura Nro.74: Pelotas de reacción.

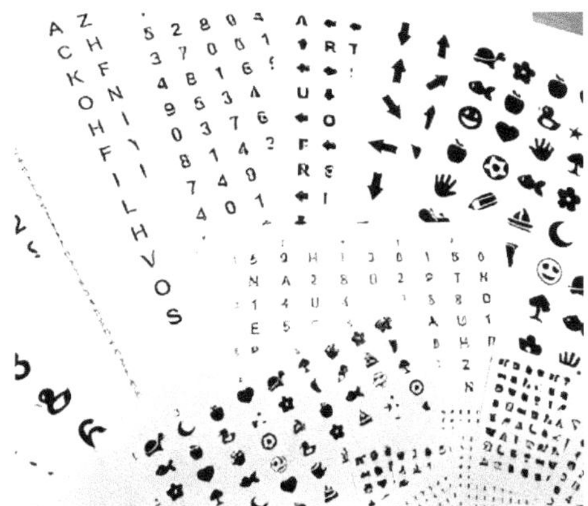

Figura Nro.75: Cartas de Hart.

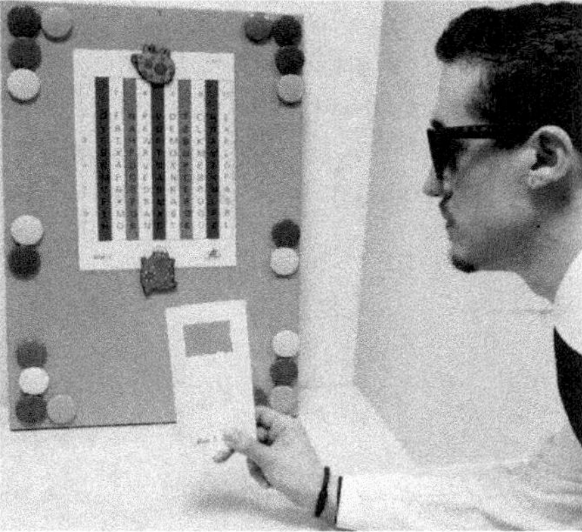

Figura Nro.76: Cartas de Hart.

Las planchuelas de goma con números, letras y colores variados son, también, de gran utilidad para numerosas variantes propias del **ECM**.

Figura Nro.77: Planchuelas de goma con números, letras y colores.

La pelota de reacción con 3 luces de colores diferentes que se encienden al contactar el suelo, junto con la cruz que remite a esos 3 cromos, es de empleo asiduo en nuestro servicio.

Figura Nro.78: Pelota con luces y cruz de colores.

Tal como lo compartido hasta el momento, otros elementos, como globos, aros, conos, estacas, sogas, vallas y tantos otros, pueden emplearse efectivamente para desplegar las tareas propias del **ECM**.

Hemos pasado revista a una aparente gran cantidad de dispositivos y recursos para el **ECM**. Sin embargo, el listado es ínfimo y hasta pobre, si se quiere. En realidad, son innumerables los elementos que podemos diseñar y emplear para este tipo de entrenamiento. De cada uno, por precario que parezca, podemos sacar un gran provecho si la creatividad, respaldada por el estudio, no se paraliza por los juicios y las críticas de terceros. Todo nuevo ejercicio que usted, estimado lector, elabore, no deje de filmarlo y compartirlo con sus colegas. La primera vez que compartí con Mariano Canegallo nuestras actividades, fueron más 72 aportes y correcciones que este gran optometrista, dedicado al entrenamiento visual en deportistas de alto rendimiento, nos devolvió. Fiel a su estilo, de manera cordial, amable y desinteresada. Ello permitió, y sigue haciéndolo, mejorar nuestros sistemas de trabajo. Mariano Canegallo es, aparte de un extraordinario ser humano, sin dudas, un gran educador.

Imágenes
del capítulo

Capítulo 7
Modelos y aplicaciones

En este capítulo final describiré el trabajo de varios colegas que, entre las distintas herramientas y recursos que emplean con sus deportistas, entrenandos y alumnos en general, sobresale el **ECM**. En algunos, más aún, representa el recurso por excelencia, por no decir el único. Desde ya que, como todo lector sabrá entender, la descripción de los distintos modelos y aplicaciones no puede ser exhaustiva. Muy posiblemente, también, haya docenas de esquemas e intervenciones que no conocemos. Por lo pronto, todo mi esfuerzo y compromiso por presentar, de la manera más fidedigna y objetiva, el abordaje que distintos colegas, tanto de nuestro medio (Argentina), como de otros países. No necesariamente en contacto con nuestro equipo de estudio y trabajo ni, mucho menos, en total acuerdo con nuestras propuestas. Es lo que, precisamente, hace de este capítulo uno de los más atractivos y esperados.

Mis colegas y amigos, a pesar de sus voluptuosas y trajinadas agendas, se tomaron el tiempo para contribuir con sus aportes a este primer volumen. Sólo en un par de casos, por la distancia y ocupaciones, soy quien escribe por ellos. Agradezco la gentileza de todos los profesores que, con total desinterés, me enviaron sus líneas y comparten, con todos nosotros, su trabajo. Un capítulo que, en definitiva, adquiere, por qué no, el carácter de dossier o complemento, a la manera de refuerzo y constancia de evidencia aplicativa, de este primer tomo introductorio. En algunos casos, los profesores son, también, autores y nuestras expectativas se cifran en que el lector, verbigracia, conozca más en profundidad cada propuesta recurriendo a las fuentes originales, sean libros, artículos, vídeos o sus capacitaciones.

Carmelo Pittera

Referir en pocas palabras el trabajo de Carmelo Pittera es, sencillamente, una empresa ciclópea, tal vez imposible, dado la riqueza de sus propuestas y abordajes. Carmelo es, sin dudas, el gran precursor, en la segunda mitad del siglo XX y en lo que va del XXI, del abordaje Cognitivo-Motor. Sus dos libros, Sistema S.E.L.L (Mini Voley) y El Sistema PSI.CO.M son dos clásicos en el tema, siendo su estudio un requisito indispensable para los lectores interesados en estas orientaciones. Nuestra interacción con Carmelo es asidua, y me permito compartir como él mismo presenta estos temas:

Carmelo define al PSI.CO.M como un sistema educativo y entre sus objetivos figuran los siguientes (cita textual):

- Armoniza los procesos de conocimiento: explícito - tácito.
- Estimula los procesos cognitivos de modo específico: atención, memoria, asociativos, auto - representativos y simbólicos.
- Influye en la esfera neuromotora: propiocepción, aceleración, desaceleración y lateralización equifuncional.
- Promueve las dimensiones psicosociales.

Sus metodologías son ocho (cita textual):

1. Grupo Didáctico S.E.L.L: educación de la lateralización del movimiento y ejecución de tareas motoras con variabilidad de input cognitivo, junto con lateralización equifuncional, promoción de la sociabilización y dinámicas cooperativas, adaptación a las reglas y respeto de roles.
2. El Semáforo: aprendizaje de las primeras nociones de anatomo-topografía, autoconocimiento del cuerpo, imitación de posturas y movimientos.
3. M.S.M o Memory Sequential Motions: desarrollo de la memoria de trabajo y ejercicio de los procesos de atención requeridos para su uso.
4. Visualización - Ojo de la Mente: recuperación y aumento de la memoria eidética, ejercicio de la memoria de trabajo y visuoespacial, desarrollo de las capacidades de imaginería.
5. B.M.S o Bodies Mimicking Shapes: interpretación y representación de figuras utilizando el cuerpo.
6. T.P.M o Traslación de Posturas y Movimientos: imaginería, consolidación / afinamiento de la representación mental de posturas y movimientos, afinamiento de las sensibilidades propioceptiva, cinestésica y vestibular.
7. Método Expresivo Analógico: uso de analogías y metáforas para la representación simbólica de posturas y movimientos y para la consolidación de los aspectos estáticos y dinámicos de éstos.
8. Método Postural Dinámico: desarrollo de sistemas mnésicos (memoria de movimientos) y asociativos, mejora de los esquemas motores de base.

Carmelo sigue trabajando en su sistema y perfeccionándolo sin interrupción. Su interés es la Motricidad Humana, que la define como la capacidad de cumplir y controlar movimientos, coordinándolos entre sí. Lo destacable es que no es sólo la motricidad deportiva la que justifica sus preocupaciones, sino principalmente la educativa. Incluso, intuyo por diálogos personales con Carmelo, que la deportiva le interesa cada vez menos. Identifica motricidad de la especie, la genética y la ambiental. Las define de manera más que interesante y, desde ya, aliento a cada lector a que lo estudie en profundidad, enfatizando el valor de toda su obra. Anhelo que esta breve reseña sirva para tentar a nuestros lectores a conocer en profundidad el trabajo de Carmelo, uno de los grandes pioneros del **ECM**.

Figura Nro.79: Luego de una tarde intensa de trabajo en "Eucinesis" junto a Carmelo Pittera y otros grandes educadores.

Mario Mouche y Alejandro Orbelli

Conocí a Mario y Alejandro hace ya varios años en el marco de unas jornadas de entrenamiento, no recuerdo ya, con precisión, en qué provincia de nuestro país. Mario junto a Alejandro, Marcial Pérez y Mariano Canegallo son, también, pioneros en nuestro medio de la mirada que compartimos en esta obra. Durante años trabajaron y capacitaron como grupo académico, con el nombre de "Cerebro Deportivo". Sus focos de atención en el **ECM** han evolucionado con el correr del tiempo y la experiencia. No obstante, sus aportes sobre el estudio de la lateralidad y sus fundamentos neurobiológicos, como así también las aplicaciones prácticas propuestas, son de gran nivel. Mario actualmente trabaja, junto a Alejandro Orbelli, sobre la base de un modelo llamado, por ellos mismos, MIIMuS (Modelo de Intervención e Integración Multisensorial) que, sin dudas, podremos entender mejor al leer sus propias palabras:

"El cerebro a cada instante, a través de la percepción en todas sus dimensiones, compone un esquema de movimiento como resultado de los cálculos trigonométricos de base (inicio del movimiento) y a partir de las estimulaciones externas que va recibiendo. En el transcurso del movimiento, modifica las estructuras de la acción motora para tomar decisiones a cada instante. En este modelo enfatizamos la integración de vista, oído, tacto y propiocepción, es decir, sensibilidad háptica. Lo que proponemos con el MIiMUs es favorecer un aprendizaje comprensivo. Sus recursos son:

- Explicación: implica que los participantes puedan dar cuenta de lo aprendido con sus propias palabras.
- Ejemplificación: que puedan mostrar o dar ejemplos del tema abordado.
- Justificación: implica ofrecer fundamentos o conceptos que reafirmen lo explicado.
- Comparación y contraste: supone observar el concepto y compararlo con otros.
- La aplicación: implica ofrecer oportunidades en las que puedan emplear el concepto abordado para explicar, ejercitar o resolver alguna situación motriz determinada.
- La contextualización: los elementos, las situaciones o fenómenos se dan siempre en un determinado contexto.
- La generalización: surge de atribuir a las personas, cosas o situaciones de un conjunto, una característica o propiedad común determinada.

La clave de este modelo de intervención es permitir que el alumno genere su propio aprendizaje. Pasamos a ser solamente guías y observadores de su realidad. Observando esta situación, lo que hacemos es ayudarlos a ver lo que necesitan, para reducir su miedo y sacar de su vocabulario el, ´me equivoqué´ o ´cometí un error´, a entender que están aprendiendo, a comprender y, a partir de esta acción, ensayar la toma de decisiones. Cabe reconocer que las diferentes actividades de comprensión requieren distintos tipos de pensamiento. Jugar un juego no es lo mismo que explicarlo, así como tampoco, compararlo con otros tipos de juegos. De igual manera nos es lo mismo hacer un ejercicio que explicarlo, o compararlo con otro. Perkins (1992) expresa que el aprendizaje es una consecuencia del pensamiento, y que todas las actividades de comprensión requieren pensar. La propuesta de desarrollo consiste en:

- Consolidación y desarrollo del esquema corporal y la corporeidad, teniendo en cuenta el tono muscular, la postura, el equilibrio y la lateralidad.
- Aprendizaje y desarrollo de las habilidades motoras desde la perspectiva de las capacidades coordinativas, respetando la maduración del SN, tanto central como periférico.
- Iniciación deportiva multidisciplinaria.
- Orientación deportiva especifica con el aprendizaje y desarrollo de destrezas y características propias de cada deporte a través de la elaboración de tareas motoras que promuevan una constante construcción consciente de la respuesta, aplicación de juegos que permitan y respeten la intencionalidad

táctica en las distintas etapas evolutivas, utilización como herramienta de la variabilidad en la estructura interna de las situaciones y tareas como en los estímulos a percibir y elaboración de situaciones de juego al deporte, teniendo en cuenta establecer dos o más opciones a elegir en cada una.

En cuanto a la evaluación, empleamos el Test de Harris, modificado por Mariano Canegallo (BVT) y reformulado por CD (Cerebro Deportivo) según el deporte o actividad. En el mismo evaluamos las dominancias y/o preferencias de uso tanto manual, podal, auditiva y visual, agregándole los giros de cabeza y del resto del cuerpo, con diferentes usos específicos de las necesidades de 'el cuerpo en función del movimiento óptimo'. También el Test de los 10 aros, ascensos y descensos de bancos y acciones unipodales. Analizamos juntos, con el alumno, las correspondencias y las asociaciones de los ejercicios en la evaluación de su 'lateralidad' con los movimientos en el juego para confeccionar el programa de trabajo. Hay ejercicios 'obligatorios o básicos' y generales de adaptación durante 3 a 4 semanas, transcurrido ese tiempo comenzamos a 'entrenar' sus necesidades motrices según la evaluación inicial.

En síntesis: las neurociencias en función del ejercicio y la vida activa saludable pueden aportar importantes beneficios para las funciones cognitivas y para la generación de aprendizajes permanentes, tan importantes para nuestros niños. Es necesario generar una nueva mirada de lo que seguimos llamando Educación Física, como asignatura dentro del contexto escolar y educativo, como impulsores de una vida saludable y activa, promoviendo espacios lúdicos en las escuelas para constituir una base de aprendizaje relevante y auténtico. Desarrollar estrategias que gatillen emociones positivas. Favorecer una educación integral de manera constructiva por medio la actividad física y el deporte, facilitando a los niños un encuentro de su identidad y sentido de su vida a través de nexos con su comunidad, el mundo natural y valores como la compasión y la búsqueda de la paz. Priorizar el amor por la actividad física y el deporte, más que el aprender bien los fundamentos del juego. Fomentar el juego como una herramienta esencial para motivar a nuestros alumnos. Todo esto justifica la necesidad de renovar y adaptar muchas de las tradicionales intervenciones pedagógicas. Sobre todo, y sin excusas por la falta de recursos, emplear estrategias creativas".

Gracias Mario y Alejandro. Recomiendo enfáticamente a los lectores de esta obra interiorizarse del trabajo de mis dos queridos amigos y colegas. Con Mario seguimos en asiduo contacto, diálogo y planteo mutuo de problemas, buscando soluciones a problemas de motricidad y cognición para deportistas y todo tipo de personas, con sus virtudes, defectos, alcances y particulares limitaciones.

Mariano Canegallo

La amistad con Mariano es otro de los tesoros de la vida. Optometrista pionero en el entrenamiento visuomotor con deportistas de alto rendimiento, con una experiencia inolvidable con el plantel de San Lorenzo de Almagro en momentos que logró picos de rendimiento, con excelentes resultados y altas performances de sus jugadores. Sus variantes prácticas, innovaciones con arqueros y, sobre todo, las sólidas bases teóricas sorprenden. Tuve el honor de prologar su libro Brain Vision Training (BVT) y es creador de "Neurar", equipo académico del cual tengo el honor de formar parte y ser colaborador. Leamos con atención sus palabras:

"Hace ya muchos años que la vida me ha dado la oportunidad de transitar junto a Mario Di Santo el universo de las neurociencias, especialmente en la aplicación de nuevos esquemas de trabajo para el desarrollo del aprendizaje y el control de la Motricidad Humana. Nuestros caminos han ido confluyendo en una escalada permanente de cambios de opiniones, los que florecieron, generando nuevas ideas, que fueron también debatidas y puestas a merced del juicio profesional que, entre otras personas, Mario y yo hemos ido desarrollando. En estos años, donde, al igual que sucede con la neurogénesis y la interconexión neuronal en cada uno de nuestros cerebros, fuimos generando cada vez más puntos de unión profesional, aspecto que también tuvo su impacto en el plano emocional, haciendo crecer el afecto mutuo hasta estos días donde hemos construido, además de una sólida amistad (que personalmente me enorgullece y me llena de alegría), la concreción de una idea central referida a modelos innovadores para impactar sobre la neuroplasticidad humana, logrando así la adaptación de las personas para poder resolver los problemas inherentes al control motor puesto en función de la ejecución contextual, especialmente en el deporte. Los datos arrojados por la investigación científica, de la cual hemos abrevado, han ido vinculando nuestras profesiones y hemos ido así aprendiendo con los años sobre la vía evolutiva de nuestra especie, encontrando relaciones neurofisiológicas entre los procesos cognitivos que participan en la gestión del movimiento. Por supuesto que este encuentro entre un profesor de Educación Física y un optometrista ha sido revolucionado a través de la información de otras especialidades como la medicina, la bioquímica, la kinesiología, la psicología, la nutrición, la ingeniería, la arquitectura, el diseño, entre otras, dejándome la certeza que ninguna de estas profesiones puede prescindir de las otras en la ejecución de modelos de entrenamiento o aplicación de formatos de aprendizaje motor en cualquiera de sus niveles, en los planos de la rehabilitación o deportivo.

He tenido el honor de recibir, de parte de Mario Di Santo el prólogo de mi libro, Brain Visión Training®, y de haber sido, de algún modo, testigo de la conjunción de sus años de trabajo en su creación, el modelo "Cognitivo-Motor", que, con sus propias características, apoya el desarrollo de Brain Vision Training® que, entre otros, es un modelo de reeducación y condicionamiento conductual que integra las funciones cognitivas, emocionales y motoras de los individuos a través del cual se aplican los conocimientos de las ciencias a los procesos neurobiológicos relacionados con la plasticidad neuronal y el aprendizaje vinculados a la Motricidad Humana.

Estos modelos, que han crecido juntos, y comparten gran parte de su contenido, desarrollan técnicas y planes terapéuticos que tienen incidencia en la plasticidad neuronal, activando y potenciando las características de los procesos cognitivos y su relación con los procesos emocionales y motores de los individuos con el objetivo de mejorar el desempeño en las actividades propuestas y, de este modo mejorar la adaptación a las condiciones motoras, estableciendo patrones de conservación de la energía, una amplia reducción de riesgos de lesión en situaciones críticas, impactando en el costo-beneficio de las variables motrices programadas de las personas. Todas las técnicas, planes terapéuticos y entrenamientos que surgen del modelo Brain Vision Training® se encuentran respaldados por el conocimiento científico, a través de información proveniente de diversas especialidades, orientados a perfeccionar este concepto, buscando, en última instancia, encontrar breves explicaciones a la compleja variabilidad en la evolución motora de la humanidad.

Pasar de pensar en la visión como uno de los cinco sentidos que tenemos para desenvolvernos en la vida, a pensar en ella como un proceso indispensable que ha tenido el hombre para el desarrollo de su evolución, ha despertado en mí, gran interés para precisar, verdaderamente, que la visión no sólo es el contenido de lo que vemos sino que, también, los factores relacionados a la propiocepción oculomotora y el conocimiento del posicionamiento de los ojos en el espacio en relación a la posición de la cabeza en ese mismo espacio donde vivimos, es el principal eje de acción por sobre el cual nuestro sistema vestibular evalúa, junto a la información propioceptiva corporal, las variables para la gestión de una postura equilibrada, estableciendo una serie de reflejos dinámicos que generan ajustes motores de muy delicados calibres para llegar a establecer esos compromisos en los patrones motores y, así, establecer que podemos tener el control de nuestros movimientos.

Sin dudas, este cambio de pensamiento deja de ser tan taxativo cuando se ajusta a las nuevas teorías del Control Motor, donde la presencia del entorno y su variabilidad dinámica proponen una cantidad de articulaciones necesarias para atender a las perturbaciones durante la ejecución de los movimientos. Las adaptaciones alostáticas que nuestro sistema nervioso realiza hacia estas perturbaciones estructuran pautas relacionadas a los registros motores que ya hemos aprendido y podemos evocar de nuestra memoria, planteando nuevas relaciones en la adaptación oculomotora y oculocefalógira en la estructuración de una binocularidad más coordinada, resultando determinante en la participación de tareas de adaptación y cambios que propone el entorno, mejorando las respuestas, permitiendo la interpretación de las relaciones físicas con los objetos, y estableciendo condicionamientos para nuestros procesos de evaluación, esenciales para la planificación y ejecución de movimientos coordinados, que ajustan de forma precisa la planificación de los engramas motores para lograr un desplazamiento en el espacio seguro y eficiente.

En el universo deportivo, indistintamente de la actividad que se practique, este es un tema fundamental. Por cierto, los condicionamientos ambientales que sufre nuestro campo visual, a modo de perturbación sensorial, proponen la gestión de procesos de monitoreo atencionales de selección que son necesarios para anticipar movimientos futuros inmediatos y evitar peligros. Es necesario, por tanto, que más personas incursionen en el camino de Mario Di Santo, llevando su legado al mundo de la Educación Física, para asegurar el conocimiento actualizado de los procesos cognitivos y emocionales, integrados a los procesos neurobiológicos vitales, aspecto que nos ayudará, como sociedad, con la seguridad y el rendimiento de las tareas cotidianas y actividades especializadas en la vida diaria, en el trabajo y en el deporte. Como optometrista, sólo me queda agradecerle a Mario por todos los aportes que me ha hecho a lo largo de este camino. Como amigo, siento, muchas veces, que faltan palabras para manifestarle y retribuirle mi amistad".

Agradezco profundamente los aportes Mariano, como así también su afecto y don de humanidad. En el segundo tomo de esta colección lo citaremos y acudiremos a su experiencia y saberes de manera asidua. Hemos aprendido tanto de su trabajo que siempre van a faltar la cantidad y calidad de palabras que describan todo lo que lo valoramos.

Marcial Pérez

Marcial es una persona exquisita y nuestra amistad es un tesoro. Son años de conocernos e intercambiar saberes, perplejidades y experiencias. Sus dos libros, "Cerebro que Aprende" y "Mente Deportiva" (este último tuve el honor de prologar), son verdaderas joyas para nuestra actividad deportiva y educativa. Disfrutemos, a continuación, su aporte a esta obra:

"En usted, en mí, en cada ser humano anida un enorme potencial virtuoso por descubrir. No es una trillada frase de autoayuda, la ciencia lo vindica desde hace algunas décadas con probada rigurosidad. Siempre podemos cambiar y ser mejores, lo que no excluye un aparente libre albedrío residente en redes emocionales, inhibitorias y volitivas que cada quien usufructuará para vivir como desee y pueda, aún sin gran crecimiento en sus destrezas cognitivas. Erigirnos en nuestra mejor versión, dentro de algún campo, siempre será una elección ligada a la corteza infra-límbica del acto volitivo, o bien al estriado ventral vinculado al disfrute. Lo cierto es que, por designio evolutivo, venimos persiguiendo de manera ontogénica y filogénica un permanente cambio hacia un bienestar superior impulsado por la necesidad de supervivencia. Ya desde niño me he interesado en esta relación causal entre las acciones y la maleabilidad del rendimiento personal. A mayor esfuerzo y eficiencia, mejores resultados, nada era casual, sino todo causal. Ya fuera en el ámbito académico, el deportivo o el social, esta regla parecía regir las decisiones y el destino, esa explícita capacidad de regular esfuerzos y obtener logros. Mucho mayor fue mi sorpresa cuando percibía que hasta la inteligencia parecía incrementarse con el esfuerzo repetido de la mente, un atributo que frecuentemente se asignaba a una inmutabilidad genética.

En el año 2008 se cruzó en mis lecturas el libro ´Mindset´, de Carol Dweck, que nos revelaba cómo, a partir de creer en la posibilidad de desarrollar la inteligencia podíamos transformar comportamientos y desempeños, solo por actuar con convicción. Los estudios empíricos de Dweck confirmarían a los escaneos cerebrales: podemos ser más inteligentes, o al menos incrementar nuestra memoria de trabajo, atributo cognitivo altamente ligado a la inteligencia. Ese gran secreto del potencial humano anida en nuestro cerebro plástico, maleable en sus conexiones neuronales y su neuroquímica. No solo es posible aprender sino, además, modificar la cognición al punto de mejorar nuestra capacidad perceptiva y por lo tanto las decisiones que de ella emanen. No llegaremos todos a un mismo destino anhelado sino al mejor que cada uno pueda, con los matices propios de la singularidad. Aplicado al campo deportivo, donde las decisiones deben tomarse con rapidez en entornos dinámicos, este nuevo conocimiento no solo es válido, sino que nos desafía si queremos alcanzar un estado ulterior más elevado. Para ello, el primer paso será aprender a identificar los parámetros cognitivos que más inciden en las decisiones particulares de cada deporte, y diseñar entrenamientos orientados y eficaces. Durante mi trayecto en el ámbito deportivo, especialmente en el futbol profesional, me centré en aquellas destrezas cognitivas que más podían modificarse aún después de los 20 años y que más incidirían en la percepción para la acción. Mi interés generó intervenciones en la mejora de la atención focalizada, de la gestión de emociones y en la visualización anticipatoria.

En el deporte profesional se espera que el entrenamiento arroje resultados en los plazos más cortos posibles. Este condicionamiento acotó más aun la selección de los métodos que en pocos meses y con dedicación intensiva generasen un sensible impacto. Tal es el caso del entrenamiento de la atención focalizada. Fue por ello que en principio dediqué algunos años a mi formación en el campo de las meditaciones guiadas. La literatura científica es ingente en torno a estas prácticas, especificando las características más adecuadas con protocolos de aplicación diaria que permiten estimar cambios en el orden de unos pocos meses. Si la atención focalizada mejora, no sólo puede el deportista percibir mejores oportunidades de decisión en el orden de unas pocas centenas de milisegundos, sino también anticiparse a la acción del oponente. Y esto incrementa la probabilidad de ejecutar exitosamente las acciones elegidas por el subconsciente.

Cada día antes de cada entrenamiento realizábamos unos 15 minutos de ejercicios de atención focalizada, preferentemente con pocas variantes si lo que queríamos era impacto temprano. El convencimiento del deportista es esencial para esta ejercitación, de otro modo y por evitar irritar al guía, pueden hacernos creer fácilmente que están comprometidos cuando no es así, sin generar resultado alguno. Aquí surge la impronta que la personalidad del instructor sea capaz de crear en los practicantes. Esto se logra con el respaldo de un sucinto sustento expresado en diálogos individuales que promuevan el compromiso por auto determinación y no por coerción. La medición de la mejora lograda con la práctica cotidiana siempre resulta subjetiva, puesto que la cuantificación, por la dificultad de sus métodos es potestad del campo científico. Simplemente siguiendo los protocolos de investigadores se asume que se sigue el camino correcto hacia la mejora determinante. Dado que la suma de tiempos dedicados a la meditación acelera el proceso de cambio, un buen número de deportistas agregaba una sesión vespertina, lo que evidenciaba la creencia apropiada, clave para el éxito. A los ojos del entrenador a quien yo asistía, el equipo se había vuelto más concentrado y presto a las acciones tácticas planificadas. Precisamente, táctica, jugadas y decisiones pueden fortalecerlo no sólo con la repetición activa, sino también con una simulación mental. Hablo de la visualización.

En la aplicación de ejercicios de visualización, debe comprenderse que, así como en la meditación, requiere de cierto tiempo mínimo de práctica para que sea correctamente ejecutada (digamos no menos de la sumatoria de 5 a 10 horas). Por esta razón es indispensable que los ejercicios de visualización sean guiados, al menos en los comienzos. En visualizadores expertos y mediante escaneos cerebrales, pudo evidenciarse la activación de áreas específicas de visualización en la corteza occipital. En cambio, para los novatos dicha activación es más difusa y extendida haciéndola menos eficiente. Normalmente preparábamos inicialmente algún video con alguna jugada o movimiento táctico a enfatizar y fortalecer. Una vez que el jugador, como observador no inercial la registrase en su memoria, comenzaría a realizar la secuencia en su mente, desde el inicio, pasando por el desarrollo imaginado de la acción y su resolución exitosa, asociándola a emociones positivas de refuerzo. A medida que mejoraba la calidad de sus ejercicios, agregábamos elementos de contexto como sonido, aromas y hasta su posicionamiento real dentro del campo de juego. Existen numerosas referencias de jugadores de fútbol practicantes de la visualización, Wayne Rooney, Robert Lewandowski o Gabriel Batistuta, entre otros. Me resultaba de gran satisfacción cuando en algún entretiempo me expresaran que tal o cual jugada había sido ejecutada según esta ejercitación, cosa que en ellos mismos incrementaba su determinación a la práctica.

Finalmente, la cuestión ligada a la gestión emocional es de carácter esencial para que cualquiera de las funciones cognitivas de un deportista opere de manera óptima. Típicamente éste es un campo abordado por la psicología, aunque dado que los estados emocionales poseen un sustrato subcortical y cortical, como la corteza cingulada anterior y la insular, las neurociencias tienen sus propias propuestas. Los abordajes pueden incluir evaluaciones conscientes de los procesos emocionales, ampliar el vocabulario emocional y ejercitar la autoevaluación cualitativa y cuantitativa emocional. El primigenio método RULER de Meyer y Salovey nos da una guía del efecto que esta consideración consciente de las propias emociones produce en el cerebro. Este abordaje resulta de gran interés para los deportistas que, dado que los afecta en gran medida, ya sea por un perfil individual más reactivo o de estrés o bien por circunstancias particulares que se encuentren viviendo. Una vez que el deportista es capaz de identificar el nombre exacto de las emociones intensas que experimenta y su nivel de activación relativo, la corteza prefrontal actúa con sus frenos inhibitorios que le permiten focalizarse en las acciones inmediatas dejando pasar los factores que activaron el estado emocional negativo o bien distractivo. La meditación de atención consciente constituye en este aspecto de regulación emocional una gran herramienta.

El cerebro aloja en sus estructuras y en la física de su fisiología la enorme vastedad del comportamiento humano. Las neurociencias continúan invirtiendo ingentes esfuerzos en enlazar efectos con causas, comportamientos con activaciones neurales, relacionando la topografía mental con la fisiología (el dónde con el cómo) modelando cada vez con más rigurosidad. Si bien es cierto que la cultura de cada ámbito deportivo posee sus propias creencias, empirismos y heurísticas que muchas veces constituyen barreras a la implementación de los hallazgos de las neurociencias, es indispensable cierto arrojo. Quiero decir, quienes estudiamos este campo sabemos que asumimos un perfil disruptivo que no es fácil de ser aceptado. Aquí, la personalidad, la convicción y la asunción de riesgos por parte de los 'neuro' entrenadores es clave para intervenciones exitosas. Celebro que el querido y respetado Mario Di Santo continúe con su liderazgo en las neurociencias aplicadas al deporte inspirando adeptos, mejorando aptitudes de deportistas y modificando culturas. Sólo así será posible elevar el autoconocimiento humano, indispensable para comprender y mejorar no sólo el desempeño deportivo, sino mucho más. Podemos incrementar el capital humano de sociedades que haga posible una vida de realizaciones cada vez más inclusiva. Porque sin dudas, la calidad de los cerebros de una sociedad, determinan su destino".

Agradezco profundamente el aporte de Marcial, en virtud del cual cada lector ya puede inferir, sin esfuerzo alguno, la calidad profesional y humana de mi querido amigo.

Fernando Nandes

Como ya he reseñado en capítulos anteriores, en entre 2016 y 2017 tuve el honor de diseñar y construir para las diplomaturas del Club Barcelona (Innovation Hub), la asignatura "Neurociencias y Motricidad Humana". Desde una base teórica, con manual incluido, pudimos compartir una gran cantidad de tareas duales propias del **ECM**. En 2018 o 2019, ya no recuerdo bien, dictando una capacitación en Buenos Aires aparece, de pronto, un sujeto cuya amabilidad y cariño eran tan sorprendentes como su estatura. Se presenta como Fernando Nandes y había viajado desde Bello Horizonte, Brasil, con el propósito exclusivo de conocerme, en agradecimiento por lo aprendido en la diplomatura del club catalán. Me refiere que, durante sus períodos de transición o postemporada, varios jugadores de NBA regresaban a Bello Horizonte y los empezó a entrenar con las propuestas que aprendió con nosotros. Esos jugadores quedaron tan encantados que lo llevaron a Utah a presentar al Cuerpo Técnico del

Figura Nro.80: Fernando Nandes junto a Nicolás Casalánguida, Profesor de Educación Física y Director Técnico de Básquetbol.

primer equipo de básquetbol, Utah Jazz, franquicia de la NBA, su trabajo. Intervino con los profesionales, expuso sus conocimientos y terminó siendo contratado para desplegar ese trabajo en Estados Unidos. Fernando es un ser extraordinario, inquieto y noble. Accedió feliz a contribuir con este capítulo y, no sin cierto descaro, traduje personalmente sus palabras al español:

"Sabemos que el cerebro es un universo complejo, y como entrenadores asumimos el desafío de comprender como ocurre el procesamiento de la información durante la práctica deportiva. Los estudios dan cuenta que la toma de decisiones en el deporte puede ser fundamentada desde los pilares perceptivos, cognitivos, motores y emocionales y, a partir de éstos, comienza nuestra reflexión.

Tenemos que estar atentos a las innovaciones que las neurociencias están gatillando en el la práctica deportiva. Ampliar esta visión permite, respecto a nuestro cerebro, una separación conceptual en dos pilares fundamentales, completamente relacionados: emociones y movimiento (percepción, cognición y acción). Esos pilares en la toma de decisiones permiten entender como el cerebro del deportista promueve procesos sincronizados, secuenciales y paralelos. En esta ecuación podemos, también, sumar las adaptaciones neurobiológicas, es decir, diferentes cambios neuroplásticos promovidos por la adquisición de variadas habilidades motoras durante el entrenamiento. Tales adaptaciones no pueden ser olvidadas por los entrenadores relacionados a la estructuración del proceso de entrenamiento deportivo.

Con respecto a las opciones de prácticas repetitivas versus las randomatizadas o variadas, las primeras solicitan diferentes niveles de activación de áreas cerebrales en comparación con las segundas. Una revisión a cargo de Lage (2015), muestra que la práctica aleatoria activa un área asociada a la cognición, la corteza prefrontal dorso-lateral, mucho más que las prácticas repetitivas. Este estudio puede ayudarnos a mejorar las intervenciones técnicas y tácticas en deportes donde predominan habilidades abiertas, como básquetbol, fútbol y otros. Las prácticas más repetitivas, comparadas a la aleatorias, solicitan diferentes niveles de activación en áreas específicas del lóbulo frontal: corteza premotora y área motora suplementaria, como así también la corteza motora primaria y la prefrontal dorso-lateral. Por consiguiente, todo indica que las prácticas variadas y aleatorias exigen más procesos cognitivos en general, y perceptivos en particular, que la práctica repetitiva.

El escaneo visual que estudia los procesos perceptivos que recogen las informaciones que alimentan nuestros sistemas decisionales y motores, da cuenta que los mismos están más activos en las prácticas aleatorias que repetitivas (Lelis-Torres, 2017). En deportes abiertos, esta exigencia perceptiva es mayor, ya que un gran flujo de información visual debe ser monitoreada por el atleta. Las áreas de la corteza occipital relacionadas al procesamiento visual el córtex parietal, como así también el sómatosensorial, se integran en estas acciones, registrando una tasa más alta de actividad. Nuevamente, es un ejemplo de cómo el conocimiento el comportamiento motor aportado por las neurociencias puede auxiliarnos en la planificación del entrenamiento técnico-táctico, y su comprensión extiende las posibles aplicaciones.

Al preguntamos cómo podemos emplear las tareas relacionadas a la imprevisibilidad y aleatoriedad durante los entrenamientos exigiendo, así, mayor demanda de procesos cognitivos, con mayor exigencia mental para los deportistas y fluidez en las transferencias al juego, se me ocurren y comparto algunas posibilidades:

- Aspectos perceptivos: visuales, auditivos, táctiles y vestibulares.
- Aspectos cognitivos: reacción, toma de decisiones, memoria de trabajo y resolución de problemas.
- Aspectos motores: capacidades coordinativas, sobrecarga motora y multitarea.

Estos conceptos basados en la neurociencia pueden sumarse al planeamiento de las estructuras intermedias, aplicándolos antes, durante o después del entrenamiento principal. Estas variables pueden suponer una sobrecarga específica en los circuitos cerebrales, mejorando una mejora de las funciones perceptivas procesos anticipatorios, toma de decisiones y transferencia a situaciones de juego.

Con respecto a los resultados, vengo aplicando en la última década, estos conceptos y prácticas en niveles de iniciación y profesionales en NBA de EEUU, concretamente Phoenix Suns y Utah Jazz. Actualmente trabajo con el atleta francés, Rudy Gobert, de Minnesota Timberwolves, también de la NBA, desde los últimos 4 años. Observamos una mejora de la coordinación en general, fluidez del movimiento, toma de decisiones, nítida evolución en la capacidad anticipatoria y de reacción. Tanto a nivel de equipo, como individual, todas estas mejoras están registradas en los estudios estadísticos, que permiten comparar su performance con años anteriores. Entre estas mejoras:

- Carta de goleo: con las localizaciones desde las cuales el deportista finaliza con éxito las acciones.
- Goleos individuales, es decir, sin asistencias: relacionadas a la mejora en la toma de decisiones.
- Mejor acierto porcentual de la NBA: respecto a los lanzamientos errados".

Agradezco profundamente a Fernando sus aportes. Más que nada por creer en una propuesta que, por entonces, no tenía la credibilidad que goza por estos días. Y lo aliento a continuar, con la misma fuerza y entusiasmo, como hasta ahora.

Daniel Badanián

Desde 1999 y, sobre todo, 2008 en adelante, comencé a visitar asiduamente la República Oriental del Uruguay, compartiendo distintos temas en universidades e instituciones privadas. Al poco tiempo, aspectos relativos a la relación entre neurobiología y **ECM** empezaron a despertar creciente interés y numerosos asistentes a esas capacitaciones siguieron sus estudios y aportes desde la autonomía que, desde siempre, aliento a ejercer como un derecho. Uno de ellos, Daniel Badanián, junto a Ana Leite (con quien pude colaborar en su tesis de maestría sobre este tema), desarrolló no sólo un dispositivo, sino también una metodología. Tenemos la oportunidad de entenderlo mejor con sus propias palabras:

"Quisiera comenzar este aporte felicitando a Mario por su valiosa iniciativa y agradeciendo la oportunidad de contribuir a la difusión y promoción de un área de conocimiento que, en constante evolución, está ganando cada vez más relevancia tanto en el ámbito profesional como académico. Mi recorrido en el mundo de las neurociencias comenzó en el año 2012, al concluir la Licenciatura en el Instituto Superior de Educación Física (ISEF). En aquel entonces, me adentré en la investigación sobre nuevas tendencias y avances en el campo neurocientífico aplicado al deporte, un área que en ese momento estaba en una fase emergente y poco explorada. En ese contexto, Mario se convirtió en uno de los pocos colegas de la región con los que podía intercambiar ideas, conocimientos y proyectos relacionados con las neurociencias y el **ECM**.

Dado que el aspecto metodológico en torno a esta área era uno de los menos desarrollados y, al mismo tiempo, más complejos de aplicar en el ámbito deportivo, me encontré frente al desafío de trasladar estos nuevos conocimientos teóricos a un entorno práctico y eficaz. La dificultad radicaba en cómo conectar los nuevos avances en investigación con las necesidades reales en el campo de juego, donde el rendimiento físico y cognitivo se entrelazan. Este reto me motivó a crear una solución tecnológica que hiciera posible semejante conexión. De esta manera, nace Neural Trainer, mi primer gran proyecto enfocado en potenciar las capacidades cognitivas y físicas de los deportistas mediante el uso de datos y tecnología avanzada. Neural Trainer es un sistema portátil, y de fácil implementación, que permite medir y evaluar el rendimiento de los atletas, ofreciendo herramientas para optimizar el **ECM**, integrándose tanto en los trabajos de laboratorio como en el campo de juego.

Uno de los principales objetivos al desarrollar esta herramienta fue enfrentar el gran desafío de estimular, desarrollar y, sobre todo, cuantificar los avances de los deportistas en distintas habilidades, tales como la atención, la memoria y la velocidad de procesamiento, entre otras. Queríamos crear una solución que no solo estimulara estas capacidades cognitivas, sino que también permitiera medirlas de forma objetiva para ofrecer una retroalimentación precisa. Por estos días, Neural Trainer se aplica en cientos de planteles deportivos alrededor del mundo, tanto en el área de performance y rendimiento, como en el área de la rehabilitación. Actualmente, mi rol consiste en trabajar junto a diversos equipos, asesorando y capacitando a los profesionales de distintas instituciones para implementar planes y programas metodológicos de manera eficiente. Mi objetivo es asegurar que estos programas se apliquen de forma práctica y adaptada a las necesidades de cada escenario, maximizando su impacto en el rendimiento deportivo y la mejora continua de los atletas.

En paralelo, he desarrollado mi carrera como profesional de las Ciencias del Deporte en el Club Atlético Peñarol, Carrasco Polo Club y la Selección Uruguaya de Fútbol, donde tuve el privilegio de formar parte del Cuerpo Técnico del Maestro Óscar Washington Tabárez, con quien trabajé durante más de tres años en su proyecto de Selecciones Nacionales. En la Selección Uruguaya, me desempeñé como gestor metodológico en el área de neurociencias, colaborando con todas las categorías juveniles y el seleccionado mayor. Esta experiencia permitió aplicar las neurociencias al ámbito deportivo de alto rendimiento, contribuyendo a optimizar las capacidades cognitivas y físicas de los jugadores en un entorno competitivo de primer nivel.

A nivel académico, tuve el honor de desarrollar la cátedra de Neurociencias Aplicadas al Deporte en el Instituto Técnico Profesional de la Asociación Uruguaya de Entrenadores de Fútbol (ITP-AUDEF), materia que actualmente se encuentra vigente en los Planes de Estudio de las Licencia A y Licencia Pro.

Mi más reciente aporte en esta área ha sido el desarrollo de *Refme Pro*, junto a mi colega Ana Laura Leite. *Refme Pro* es un sistema de entrenamiento que conecta el desarrollo físico con el cognitivo, permitiendo replicar situaciones reales de juego para optimizar el rendimiento de los árbitros de fútbol. *Refme Pro* nace con la misión de revolucionar los procesos de entrenamiento en el ámbito arbitral, dado que la mayoría de las metodologías actuales no integran el componente decisional junto con el aspecto físico, un elemento fundamental en el desempeño de los árbitros.

La aplicación se centra en el desarrollo de varias habilidades cognitivas esenciales, como la toma de decisiones, tanto para árbitros como para asistentes, la memoria y el reconocimiento. Estas competencias, combinadas con el trabajo físico, son cruciales para dictaminar sanciones reglamentarias de manera precisa y en el momento oportuno. *Refme Pro* permite analizar a fondo los resultados de todos los entrenamientos, midiendo la tasa de aciertos y errores en las decisiones arbitrales. También vincula el nivel de fatiga del árbitro con su porcentaje de efectividad, proporcionando información valiosa para personalizar los procesos de formación según las necesidades individuales. Actualmente, estamos trabajando con diversas Federaciones de Fútbol a nivel mundial, incluyendo la Saudi Arabian Football Federation (SAFF), la Federación Costarricense de Fútbol (FCF), la Asociación Austríaca de Fútbol (ÖFB) y la Asociación Uruguaya de Fútbol (AUF), entre otras. En cada una de estas instituciones, integramos nuestros planes de entrenamiento para optimizar el rendimiento de los árbitros, de acuerdo a las distintas necesidades individuales y grupales.

Para finalizar, invito a todos los profesionales que dedican su tiempo, energía y esfuerzo a formarse en este fascinante campo a aplicar estos conocimientos de manera responsable y fundamentada, siendo lo más rigurosos posible en la implementación de prácticas metodológicas. Estoy convencido de que este tipo de metodología es un gran complemento para el desarrollo integral de los deportistas. Sin embargo, debe mantenerse alejada de los modismos que predominan en las redes sociales, y posicionarse a largo plazo como una metodología confiable, que garantice resultados precisos y sostenibles".

Más que interesante el aporte de Daniel, sobre todo porque siguen, junto a Ana Leite, en pleno desarrollo de propuestas para mejorar la performance de quienes, quizás, sean los más juzgados por la calidad de sus procesos cognitivos en movimiento: los árbitros de fútbol. Celebro que formen parte de esta obra.

Daniel Maratta

Hace un par de años tuve la oportunidad, y el honor, de conocer a Daniel Maratta, visitando el Club de hockey sobre patines que preside y gerencia en San Juan, su ciudad natal. Daniel no es profesor ni director técnico. Es padre de un joven deportista y su preocupación entonces, y ocupación actual, es el desarrollo integral de todas las propiedades y condiciones que intervienen en las resoluciones deportivas en general, y en esta disciplina en particular. Al visitar el Club Atlético Argentino de San Juan, quedé gratamente sorprendido por el modelo que aplican. Los resultados han sido, y siguen siendo, sorprendentes.

Los niños y jóvenes entrenan 45 minutos antes de entrar al campo de juego: 15 minutos de actividades cognitivas, 15 minutos de **ECM** y 15 minutos de fuerza, junto con entrenamiento preventivo-protector. Los equipos se dividen en 3 grupos y rotan de manera aleatoria por las 3 estaciones. Igualmente, Daniel ha generado vínculos con Universidades para estudiar los efectos de la propuesta que despliegan. Tanto los preparadores físicos como los directores técnicos trabajan en equipo en este esquema. Se trata de un modelo de aplicación estructurado de manera ordenada, y los efectos de las intervenciones ya son conocidos, más allá de los excelentes resultados, en el contexto de este deporte y la provincia. Daniel nos comparte, amablemente, las siguientes líneas que describe su apuesta, llamada "NeuroSport" (elevando el potencial deportivo con entrenamiento neurocognitivo):

"*NeuroSport* nació de la necesidad de optimizar el rendimiento de los deportistas desde una temprana edad, inicialmente enfocándose en niños que practican hockey sobre patines. Desde los primeros entrenamientos, los resultados fueron sorprendentes: al entrenar las funciones cognitivas, los jóvenes deportistas mejoraban notablemente en la velocidad de procesamiento de información, aprendían más rápido y resolvían problemas con mayor eficacia.

El proyecto comenzó a ponerse en práctica en el Club Atlético Argentino de San Juan, implementándose como base en la formación deportiva. Se observó una mejora significativa en la atención de los deportistas, junto con otros avances en sus capacidades cognitivas aplicadas en el deporte, incluso un impacto positivo en los rendimientos académicos de los mismos. Estos resultados alentadores llevaron a expandir el enfoque más allá del hockey sobre patines, desarrollando protocolos de trabajo con sistemas neurocognitivos y colaborando con la Universidad Nacional de San Juan en investigaciones para optimizar la toma de decisiones en una amplia variedad de deportes.

Con respecto al origen y desarrollo de *NeuroSport* en San Juan, formalizado en 2019, el sistema se enfocó en utilizar herramientas avanzadas de neurociencia para potenciar el rendimiento deportivo. Inicialmente centrado en el hockey sobre patines, el programa implementó tecnologías como *NeuroTracker*, *Nesplora* y *CogniFit*, integrándolas en la rutina de los deportistas. Paralelamente acceder a mediciones y, a través de entrenamientos específicos, mejorar sus capacidades cognitivas y, consecuentemente, su desempeño en el campo de juego. La implementación de tecnologías neurocognitivas en San Juan se desarrolló en varias etapas, comenzando con una base sólida en deportes como el hockey sobre patines, luego expandiéndose progresivamente a otras disciplinas. Las herramientas claves incluyen:

1. *NeuroTracker*: fundamental para mejorar la percepción visual, la atención dividida y la toma de decisiones, ayudando a los atletas a desarrollar una visión periférica más efectiva y una capacidad de respuesta más rápida.
2. *Nesplora*: utilizada para evaluar y entrenar las funciones cognitivas, especialmente en la concentración y el control emocional durante situaciones de alta presión, aspectos críticos en deportes que requieren decisiones rápidas.
3. *CogniFit*: contribuyó a mejorar la memoria de trabajo, la velocidad de procesamiento y la precisión en la ejecución de movimientos, permitiendo a los atletas personalizar sus entrenamientos cognitivos de acuerdo con sus necesidades específicas.

Los resultados en el hockey sobre patines fueron notables, con deportistas que mostraron mejoras en la toma de decisiones, más rápidas y precisas, una mayor velocidad de reacción y una mejor coordinación entre mente y cuerpo. Estas mejoras se reflejaron en un rendimiento superior en competencias, donde la capacidad de anticiparse a las jugadas y reaccionar con precisión fue crucial.
El éxito en el hockey sobre patines llevó a la expansión de *NeuroSport* a otros deportes como el fútbol, automovilismo y tenis. Cada disciplina presentó desafíos únicos, pero la aplicación de tecnologías neurocognitivas demostró ser efectiva en todas ellas. Con respecto a la aplicación multidisciplinaria y proyección futura, actualmente NeuroSport se aplica de manera integral a una variedad de deportes en San Juan y busca expandir su metodología a nivel nacional e internacional. Uno de los objetivos futuros es la creación del primer Centro Neurocognitivo de Investigación y Desarrollo en Argentina, dedicado al desarrollo de nuevas tecnologías y métodos para optimizar el rendimiento cognitivo en diversas disciplinas deportivas. Este centro incluirá investigaciones en colaboración con instituciones como la Universidad Nacional para desarrollar dispositivos que midan la interacción de las ondas cerebrales durante el entrenamiento deportivo.
Como conclusión, *NeuroSport* ha revolucionado el entrenamiento deportivo en San Juan, combinando la neurociencia con el deporte para crear atletas más completos y preparados para los desafíos del alto rendimiento. Los resultados obtenidos hasta ahora son un testimonio del poder de la neurociencia para transformar el rendimiento deportivo. Con la expansión de este enfoque a otros deportes, el futuro de *NeuroSport* se presenta prometedor, con el potencial de cambiar la manera en que entrenamos a nuestros atletas en Argentina y más allá".

Tengo el inmenso honor de ser asesor en este proyecto, junto a Alan Raser. Cada vez que viajo a San Juan regreso más contento y convencido de que por estas sendas transita un aspecto importante de la evolución del deporte en nuestro país. Agradezco a Daniel Maratta por su amistad, apertura para formar parte de esta obra, capacidad de gestión, profesionalismo y, sobre todo, por su visión de futuro.

Alan Raser

Es un verdadero honor y privilegio contar con este aporte de Alan. Joven profesor que, tal como muchos de nosotros seguimos, con gran pasión, disfrutando de este camino que vincula la neurobiología y el **ECM**. Junto con otro gran profesional de la Educación Física, Federico Pérez Manenti, trabajaron en el proyecto *Ácumen* en Buenos Aires, desplegando una gran variedad de propuestas prácticas y vivenciales que tomaron, por lógica madurez, consistente notoriedad. Actualmente Alan también asesora, también, al Club Argentino de San Juan. Aquí su contribución a esta obra:

"Vamos a empezar con un juego. Tienes 10 segundos para pensar en 3 ejercicios que estén relacionados con las neurociencias aplicadas al deporte ¿Que se te viene a la mente? Si, la mayoría piensa lo mismo. Ahora, te doy 20 segundos para que pienses otros 3 ejercicios relacionados, pero no pueden tener incluidos ni sensores de luces led, ni anteojos, ni parches, ni globos, ni cuentas matemáticas ¿en qué ejercicios estás pensando? ¿Te está costando un poco más que antes? No te preocupes, es normal. Te puedo asegurar que, así como te sucedió, muchos entrenadores no solo se imaginan los primeros 3 ejercicios que se te vinieron a la mente, sino que los aplican y no conocen el respaldo conceptual que tiene su implementación. No me quiero detener en lo que está mal, pero sepan entender que nuestro estandarte, es proveer de información para lograr concientizar y generar herramientas aplicables fiables, científicas y con proyección en el tiempo.

¿Qué tener en cuenta al momento de diseñar un entrenamiento neurocognitivo?
En primera instancia, te recomiendo que te hagas a vos mismo 2 preguntas claves.

1. ¿Qué aspecto motriz o técnico específico del deporte quiero aplicar?
2. ¿Qué escenario voy a crear con respecto a las habilidades cognitivas?

A partir de estas premisas, empiezan a surgir una lluvia de conceptos a abordar, pero te pido exclusivamente que te concentres en elegir específicamente tus objetivos principales, más allá que en estos tipos de entrenamientos se ven involucrados varios conceptos indirectamente.
En segunda instancia, vas a preguntarte lo siguiente:

• ¿De qué manera voy a llevar a cabo el ejercicio propio del **ECM**?

Solo para acomodar tu mente y dar referencias, un entrenamiento neurocognitivo o **ECM** debería basarse en 4 principales puntos de aplicación:

1. Multisensorial.
2. Analítico.

3. Integral.
4. Recreativo lúdico.

Multisensorial: es un abordaje basado en potenciar habilidades cognitivas con mayor estimulación para lograr cargas alostáticas cada vez más crecientes. El objetivo es generar reservas cognitivas cada vez más amplias y recursos técnicos más acordes a la información sensorial con posteriores resoluciones o decisiones que puedan influir en el deporte. Según las neurociencias ´lo multimodal puede retroalimentarse para influir con niveles considerados unimodales´.

Analítico: lo más habitual al momento de entrenar. Fuera de contexto, pausado, mediante el aprendizaje explícito para mayor comprensión y posterior adquisición del gesto motor. Pensemos juntos… ¿es lo que más se realiza en entrenamientos convencionales o no? Repetir, ajustar, repetir, ajustar, repetir tantas veces sean necesarias para la asimilación del concepto. Es así, está bien y no venimos a cambiar absolutamente todo, porque entendemos que así funciona el cerebro. Pero una vez adquirido y concientizado el gesto motor, rápidamente tenemos que sumarle un estímulo de ´realidad´ para que pueda tener transferencia al campo de juego.

Integral: es el abordaje con mayor realidad de juego. Lo más parecido al juego en sí y a la competencia. En este caso especialmente, se va a subdividir en dos abordajes aplicativos:

a. Drilles integrales.
b. Situaciones de juego específicas.

En el punto "A" se van a generar modelos de callejones (drilles) de algunos m2 donde suceda todo de manera más acotada. Controles, pases, desmarques, patrones de desplazamiento en conjunto con decisiones, resoluciones, ´scannings´, flexibilidad cognitiva, entre otras habilidades: son los conceptos que van a estar internalizados en estos tipos de ejercicios. En el punto "B", hay combinaciones de ciertos patrones, transiciones defensa-ataque y diversas situaciones de juego específicas, donde se les agrega estímulos cognitivos con el fin de lograr realidad absoluta de juego para que tenga semejanza con la realidad y una taza de transferencia solvente al campo de juego.

Recreativo lúdico: este tipo de abordaje colabora como método aplicativo para complementarse perfectamente con bloques de altas cargas motrices, mentales y cognitivas que la institución deportiva haya planificado para el entrenamiento semanal. El objetivo principal es el de estimular funciones ejecutivas a través del juego que son vitales para el rendimiento deportivo, pero desde una perspectiva analítica y fuera del contexto real de juego.

En la tercera y última parte de la estructuración, vas a decidir lo siguiente:

1.	¿Con qué espacio cuento para llevar a cabo el entrenamiento?
2.	¿Qué herramientas tecnológicas y analógicas voy a utilizar?

Es fundamental tener asignados ciertos espacios (oficina, sala, cancha) para tener una amplitud de recursos al momento de intervenir con alguno de los 4 puntos de aplicación y adaptarse a las demandas de la institución deportiva. Seríamos necios si pensáramos que tenemos un lugar predominante en un club deportivo. Todavía no. Pero esta modalidad es cada vez más aceptada, esta ´llegando´, y cada vez con más peso específico.

Como podrás observar, la elección de la herramienta es el último ítem de tu diseño del entrenamiento. Es muy común que primero elijan la herramienta y luego se piense un ejercicio a intervenir. Es un grave error debido a que, en segundo o tercer plano, se está reubicando al concepto a implementar. Cuando este último debería ser lo más importante. La tecnología es parte, pero no nuestro objetivo principal. Tengamos en cuenta que estos ejercicios se pueden llevar a cabo con el elemento deportivo que se utiliza siempre (pelota fútbol, pelota de tenis, pelota de rugby) en combinación con algunos conos. Si logramos comprender de qué se trata el mundo de las neurociencias y su nivel de alcance que puede llegar a tener, no necesitamos grandes inversiones para intervenir con los jugadores. La tecnología es parte, pero no indispensable para que puedas aplicar estos fundamentos y actividades. De esta manera, vas a poder crear ejercicios neurocognitivos con mayor validez, sustento, impacto y transferencia al rendimiento deportivo en competencia. Como entrenadores cognitivos debemos facilitar recursos a los niños en formación o deportistas de alto rendimiento para generar conciencia, autopercepción, especificidad y herramientas para acompañarlos a lo largo de sus vidas.

Voy a citar a Estanislao Bachrach con una frase que representa nuestra labor. *"Imagínate que estás volando en un avión de noche, pasas por un pueblo y observas las luces prendidas de las calles. También puedes observar que hay una zona aledaña que es de oscuridad pura. Esas luces son los algoritmos y las conexiones de tu cerebro ahora, pero las zonas oscuras son los algoritmos por descubrir, por indagar, por explorar para que ese pueblo de luces encendidas, sea cada vez más amplio´.* Las neurociencias en conjunto con la inteligencia artificial son el estandarte del siglo XXI. Te invito a ser parte de la comunidad del mundo de las neurociencias en el deporte".

Muchas gracias Alan por tu valioso aporte. Tuve la oportunidad de verte trabajar y quedé fascinado. No sólo por los ejercicios y actividades, sino por la motivación que transmites a los jóvenes deportistas a tu cargo. Luego pude estudiar tu trabajo con deportistas mayores en clubes de fútbol, a nivel profesional y el interés cobró más fuerza aún. Tu concepto de "comunidad" en relación a las neurociencias aplicadas al deporte me parece más que oportuno y adhiero con ferviente entusiasmo.

Américo "Coco" Bariles

Con Coco Bariles estudiamos Educación Física entre 1984 y 1987. Formamos una profunda amistad, muy a pesar de la distancia, ya que Coco inmediatamente se radica en Barcelona y, desde allí, despliega su excelente labor. Aparte de profesor de Educación Física, egresado de nuestro querido IPEF de Córdoba, es licenciado en Ciencias de la Actividad física y Deportes, Máster en Neurociencia y Alto Rendimiento, especialista en Coordinación Motriz. En sus mismas palabras sobre el **ECM**:

"¿Qué hay al otro lado del muro? Esta es la pregunta metafórica que me llevo a una búsqueda: ver que hay al otro lado del movimiento. Para saber que hay al otro lado del muro, necesitaba elevarme por encima de éste, utilizando cualquier tipo de herramienta, una plataforma o escalera que te sirva para tal propósito y, al hacerlo, observar y descubrir aquello que el muro no deja ver. En mi caso, el muro era el movimiento, que, si lo podía ver, sin embargo, no podía observar que había detrás, quien promovía ese movimiento y, lo más importante, saber por qué nos movemos como lo hacemos, cómo resolvemos las situaciones motrices que el medio nos plantea a cada instante… resumiendo, deseaba saber, en definitiva, la naturaleza de la mano que mece la cuna.

Durante mucho tiempo pudimos ver el movimiento desde este lado del muro, las palancas, los músculos que intervienen; la función mitocondrial; los factores energéticos o metabólicos que producen la energía para que nos movamos y todas las consideraciones fisiológicas y biomecánicas que se nos ocurra estaban bajo la lupa. Hemos observado y analizado microscópicamente todo cuanto ocurría a *este* lado del muro, motrizmente hablando. Nos hemos interesado desde los hombros hacia abajo, y aunque estábamos mirando correctamente, nos faltaba algo para completar nuestra visión global para entender un poquito más, no solo el significado del movimiento, sino también su significante.

La búsqueda me llevo a subirme a hombros de gigantes, que me permitan ver al otro lado del movimiento y uno de los primeros, al que le estaré siempre agradecido, fue el gran Antonio García, quien me invitó a quitar o apartar, por un momento, la vista de la mitocondria y que observara más allá. Luego, otros gigantes tomaron su relevo como Mario Di Santo y Javier Capitaine, y me apoyé en sus hombros para ampliar la visión, entonces la coordinación motriz aparece en el horizonte y decido asentarme en esta capacidad, lo que significó el inicio de mi *modus operandi* en el accionar educativo y de rendimiento de mi carrera.

Y surge la idea de entrenar las capacidades que conocemos como físicas, léase, resistencia, fuerza o velocidad, teniendo como punto de partida los factores coordinativos posibles de interactuar con ellas y aparecen, entonces, nuevos referentes: Grosser, Hermann o Tusker entre otros que, por aquellos momentos, eran los de mayor aporte literario. Me subo a sus hombros para ver que el equilibrio, el ritmo, la capacidad de diferenciación o de reacción, la orientación espacial entre mucho otros, son factores que condicionan y facilitan el movimiento, lo que hoy ya conocemos y hemos integrado en nuestro vocabulario específico como atractores, facilitadores o constrictores de las capacidades o rendimiento.

En el año 2000 publique el libro *'La Coordinación Motriz en el Tenis'*. Se trató de un intento de compartir esas experiencias prácticas que dejé de llamarlas sesiones de entrenamiento como tales, para nombrarlas como experiencias motrices, en las cuales a los ejercicios ya no los llamaba como tales sino situaciones coordinativas. Sin dudas la semántica importa, al punto que todos esos años de entrenamiento, donde la coordinación motriz es el punto palanca para la creación de espacios de rendimiento, nos sitúa ahora en lo que conocemos, de la mano de Mario Di Santo, como **ECM**, el cual ha sido una parte integral de mi desarrollo tanto personal como profesional.

La Coordinación Motriz fue mi punto de partida y el **ECM** mi punto de llegada, pero no el destino final. Los caminos que se recorren en esta búsqueda no son lineales ni simples. Por el contrario, son complejos, dinámicos y multisistémicos, como afirma Javier Capitaine. Sorprende, sin embargo, el escepticismo existente en torno a las bondades de la interrelación entre las capacidades cognitivas y las habilidades físicas, un escepticismo sobre cómo actividades aparentemente simples como resolver rompecabezas o juegos de memoria pueden influir en el rendimiento deportivo. Sin embargo, a medida que se profundiza en el proceso, se abre una vía de entendimiento para comprender los aspectos de resolución que, desde lo cognitivo, se adaptan también para lo motriz.

Enfoques de situaciones básicas de coordinación y memoria, o situaciones motrices tales como seguir patrones de luces y sonidos unidos a situaciones de carácter físico ligeras, ayudan a mejorar la coordinación ojo-mano o memoria a corto plazo, por ejemplo. Esto ha sido demostrado en múltiples experimentos y también a través de experiencias propias que he llevado a cabo sin necesidad de poner bajo la lupa del microscopio del investigador sus resultados. Este camino desde la coordinación a lo Cognitivo-Motor, me mueve de un sitio a otro en el entrenamiento, donde las situaciones se vuelven más complejas y exigentes. Comencé a proponer situaciones que combinaban movimientos físicos específicos con tareas cognitivas desafiantes, como resolver situaciones perturbadoras de equilibrios al tiempo que descifrar un laberinto, lo que pone en interacción diversos sistemas y niveles de resolución, focaliza.

Estas experiencias motrices no solo mejoran la capacidad física, también fortalecen la resistencia mental y la manera de afrontar diversas situaciones donde intervienen los sistemas motrices, cognitivos, emocionales entre otros, como manejar mejor el estrés y la presión durante las competiciones deportivas, ya que la mente estaba más preparada para enfrentar situaciones imprevistas y tomar decisiones rápidas.

Una de las experiencias más memorables durante este proceso en el que fui navegando de lo coordinativo al **ECM** fue cuando participé como ponente en un congreso internacional, en Londres, para entrenadores de tenis, donde debía impartir dos chalas sobre coordinación motriz. Recuerdo que a medida que se acercaba la hora de iniciar la conferencia, mi estado de nerviosismo aumentaba, y teniendo en cuenta que entonces mi inglés (no es que haya mejorado mucho ahora) era muy básico, y que el público asistente eran técnicos experimentados y que no contaba con traductor, eso me llevo a un estado real de nervios que debía de alguna manera gestionar. Entonces, me dije a mi mismo: si tu propones para tus deportistas, situaciones coordinativas de las que dices que ayudan a gestionar el estrés, pues porque no te aplicas el cuento a ti mismo. Efectivamente, me aparté un momento y me puse a hacer dos o tres acciones coordinativas, poniendo el foco en la resolución de la situación autopropuesta y el efecto fue inmediato, mi nivel de estrés bajo y pude de algún modo entrar a mi turno de conferencia mucho más tranquilo y con cierta seguridad.

Para concluir, hago la siguiente reflexión respecto al **ECM**: sabemos que el movimiento corporal es el resultado de un proceso de adaptación como mecanismo de respuesta. Mishio Kaku los resume en tres niveles o los agrupa en tres áreas. La primera, **parámetros** de carácter ambiental, de carácter social y los de imaginación. La segunda, **bucles**, que son *Feed-Back* permanentes de adaptación a los parámetros antes mencionados y la tercera, **unidades de respuestas**, que hacen referencia al desarrollo de todo órgano, aparato o sistema para dar respuestas adaptativas a las situaciones planteadas. La reflexión es la siguiente: si en el proceso evolutivo, nuestro organismo ha hecho uso de estas tres herramientas en diferentes niveles, no hay razón para entender el entrenamiento desde otra atalaya que no sea lo multisistémico".

Agradezco cálidamente el aporte de Coco, sobre todo señalo lo interesante de su trayecto que fue del entrenamiento de la coordinación motriz al **ECM**. Llega al Cognitivo-Motor quizás por vías ligeramente a las nuestras, pero finalmente todos nuestros caminos condujeron a Roma.

Gabriel Baronetto

Con Gabriel fuimos compañeros en el cursado de la carrera de Educación Física, hacia mediados de los 80´, junto a Coco Bariles y Javier Capitaine. Gran amigo y preparador físico en deportes como rugby, hockey y últimamente dedicado al entrenamiento de cadetes de la escuela de aviación militar. Sus aportes enriquecen esta obra:

"En el año 2014 aproximadamente me crucé con las neurociencias, y me di cuenta que por allí venía el futuro, no solo del deporte y la Educación Física, sino el futuro en general. Se empezaban a conocer, como nunca antes en la historia de la humanidad, funciones cerebrales que nos permitían descubrir de dónde nacían ciertas funciones motrices, como así también emociones y como gestionarlas. Enseguida ese mundo me atrapó por completo, comencé a investigar y a estudiar, y me crucé con un amigo y compañero de profesorado: Mario Di Santo, quién en ese momento también estaba incursionando y estudiando sobre las 'neurociencias aplicadas'. Comencé a estudiar siempre con la guía y ayuda de Mario Di Santo, y poniéndolo lo aprendido en práctica con mis deportistas y estudiantes. Al mismo tiempo, Mario inaugura 'Eucinesis', un centro dedicado específicamente a la investigación y la aplicación práctica neurocognitiva motriz. Generosamente, como es Mario, me invitó a llevar las chicas de la primera división de hockey del Club Universitario y así lo hicimos con gran éxito, yo seguía estudiando y aplicando estimulación neurocognitiva motriz a deportistas en el club y algunos de élite.

En un momento pensé que, si esto andaba muy bien en los deportistas, debería ser muy útil para los pilotos de aviones. Por entonces trabajaba en la Escuela de Aviación Militar de la Fuerza Aérea Argentina y se me ocurrió presentar un proyecto para pilotos militares; como era algo nuevo tuve que convencer y demostrar que podía ser de gran utilidad. Golpeamos varias puertas hasta que nos dimos con un jefe que nos dijo: 'profesor cuando yo volaba los F 5 en España hacíamos cosas como estas'. Ahora no tenemos financiamiento, pero si usted quiere empezar, le doy la derecha y después veremos cómo se financia. Así fue como empezamos muy humildemente el departamento de 'Neurociencias de la Escuela de Aviación Militar' en un primer momento éramos 7 u 8 profesores entusiasmados por la nueva actividad, después quedamos 5 y decidimos que necesitábamos más herramientas, y otra vez fui a verlo a Mario le explique cuáles eran nuestras expectativas, el entrenamiento que hasta ese momento tenía un piloto para volar aviones a 700 o 900 km por hora, y lo que nosotros pensábamos que debía agregarse a ese entrenamiento.

Mario Di Santo me ayudó a diagramar un programa donde se pudiera plasmar un encuentro entre las necesidades del vuelo y lo que ofrecían las neurociencias aplicadas. Una vez planteado todos estos objetivos tuvimos que ponernos a estudiar cómo iban a ser las acciones motrices que pudieran impactar en las redes neuronales que transmiten estas ideas. Y aquí también tuvimos la invalorable ayuda de Mario y su curso de 'Neurociencias Aplicadas' donde pudimos aprender la teoría y la práctica.

Siempre en la búsqueda de mejorar la performance de los aviadores militares, logramos desarrollar en ellos a partir del **ECM**, la capacidad de mejorar sus niveles de atención y concentración, como así también optimizar el control, la toma de decisión y la ejecución de las actividades del vuelo. Logramos, también, profundizar los correlatos neuronales del acto motor, trabajar los procesos aferentes para la correcta programación neuromotora ejecución y control del acto motor en el desempeño del aviador militar, mejoras en los sistemas sensoriales, visual, auditivo, perceptivo táctil, óptico, los sentidos kinestésico y estátoestesico y sus variables en el vuelo. Desarrollar las capacidades perceptivas para la correcta ejecución de las tareas específicas del aviador, representación ideomotora para anticiparse a las posibles situaciones de vuelo en condiciones de riesgo y saturación mental. También trabajamos los modelos cibernéticos trasladados al campo de la aviación militar. Ya han transcurrido 10 años desde que empezamos con aquella incipiente idea de mejorar las actitudes de vuelo o ser un engranaje más en la formación de los pilotos militares, ese logro que existe hoy tiene muchos profesionales que trabajaron y aportaron su grano de arena y por supuesto Mario Di Santo fue un pilar muy importante donde nos apoyamos para concretar nuestros logros".

Profundo agradecimiento a Gabriel Baronetto por sus aportes y, más que nada, por la confianza depositada en nuestras propuestas y concepción del **ECM**, tanto desde sus bases teóricas como sus aplicaciones prácticas.

Jorge Rodríguez Prado

Jorge es uruguayo y radica actualmente en República Dominicana. Lo conocí inicialmente como estudiante de un primer diplomado de Entrenamiento Deportivo en Montevideo, allá por el año 2000. A los pocos años construimos una hermosa amistad desde su rol como Coordinador Académico de la firma Sport City, de México, donde fui citado para dictar diversas capacitaciones e iniciar interesantes programas. Vamos a los aportes de Jorge:

"Debo admitir que siempre sentí, en el ejercicio de la Educación Física, una gran satisfacción y orgullo al evidenciar las transformaciones de vida de mis alumnos, y de la propia, en el entorno del movimiento. Sin embargo, esta sensación se incrementó, cuando concienticé en la práctica lo increíblemente plástico que es nuestro sistema nervioso y como el movimiento resulta ser una fascinante herramienta de modelado. Fue ahí que mi perspectiva de acción profesional tuvo un giro dramático hacia la exploración de la seductora frontera del **ECM**. No puedo dejar pasar por alto la enorme influencia que tuvo en el año 2000 el Profesor Mario Di Santo quien despertó mi curiosidad en el posgrado del ISEF presentando en aquel tiempo apenas esbozos de neurobiología aplicada al movimiento, chispazos que luego se transformarían en un campo personal de exploración hasta la fecha.
Una de las primeras aplicaciones fue en el entrenamiento de pilotos, trabajando con el Profesor Rafael Álvarez, uruguayo también, en la cadena de clubes *Sport City* en México. Fue ahí que tuve la oportunidad de aplicar estrategias del **ECM**, en el programa de entrenamiento de la Escudería Telmex de México. Un proyecto donde se impulsaba la carrera de jóvenes talentos mexicanos en múltiples disciplinas de deportes mecánicos. Eso me dio la posibilidad de colaborar en el impulso de atletas como Sergio "Checo" Pérez, primer mexicano en llegar a F1, Benito Guerra (Campeón

Mundial de Rally), Lorena Garal (Campeona Nacional en Motocross), Xavi Razo, campeón NASCAR MEX, Fernando 'Chezito' Méndez, piloto de pruebas y entrenador internacional de los mismos, Claudio y Carlos Beltrán, entre otros.

En las facultades sensoriales dirigimos la planificación de 2 veces semanales en entrenamiento visuomotor, entrenamiento del ojo dominante y no dominante, midiendo los parámetros de respuesta. También visión central con reducción perceptual periférica, derivado del uso de los cascos. Igualmente, reacción a estímulos visuales, empleando desde pelotas de reacción hasta imágenes en pantalla o pared. En este contexto las principales facultades cognitivas a entrenar fueron la atención, memoria corto plazo, multitareas y toma de decisiones, como las más significativas.

Empleamos enfáticamente la imaginería en contextos de los simuladores de carreras, donde combinábamos diferentes agentes estresores. Definíamos un circuito (por ejemplo, Mónaco o Ciudad de México), luego precisábamos el tiempo exacto de la vuelta, mediante un sistema de poleas (*cross-over*) generábamos tensión estratégica sobre el volante de entrenamiento simulando una posición de sentado parecida a la del vehículo. A la voz de salida, y con ojos cerrados, los pilotos debían marcar el juego de velocidades, uso de pedales y tolerar las fuerzas laterales (centrífugas y la contra acción centrípeta), mientras recorrían mentalmente el circuito y en una pantalla podíamos ver, en primera persona y desde la cámara de la cabina, lo mismo que imaginaba el piloto. En los pilotos que, por la naturaleza de la categoría y vehículo, tenían restricción de movimiento de cuello (total o parcial), adaptábamos en este rango específico la aplicación de fuerzas mecánicas a nivel del casco mediante elastómeros. Las variantes fueron numerosas, con el audio del motor del vehículo, sin el audio, con fuerzas externas, sin éstas. Lo interesante es que la mayoría de pilotos en vueltas, de promedio 50 segundos a poco más de 1 minuto, suelen tener variaciones a ojos cerrados del estimado de vuelta, no mayores a los 2 segundos y en muchos casos menos de 0.5 segundos, y la posibilidad de equivocar una curva de dirección era prácticamente nula. Infiero que el mapa había marcado un surco definido en su cerebro.

Otra de las aplicaciones del **ECM** fue en las salas de fitness en circuitos neuro-metabólicos. Sabiendo de los múltiples beneficios que el **ECM** genera en deportistas, surgió inmediatamente la interrogante: ¿Por qué no llevar estos beneficios a la población en general, no atletas elite ni personas con necesidades terapéuticas? Intentarlo en forma pura en sesiones de 30 a 45 minutos fue al principio innovador en el mundo de los gimnasios, pero poco sostenible en el tiempo. Al ver la dificultad de lograr un buen impacto en salones de clases grupales y gimnasios fitness del **ECM** en su forma pura, donde el público promedio no advierte, aún, sus beneficios, busqué una metodología que permitiera percibir por un lado mejoras cognitivo-sensoriales sin descuidar su objetivo ́metabólico ́ es decir un programa para perder grasa y ganar en cambios cognitivos.

Viendo con colegas de diferentes países que el problema de baja adherencia al programa puro de **ECM** por personas no atletas, era el mismo, implementamos en varios puntos de México, de la mano del Profesor Cristian Uema, una metodología combinada de **ECM**, pero fusionada con entrenamiento metabólico de alta intensidad. En esencia, integramos circuitos que respetaban las características metodológicas del entrenamiento intermitente de alta intensidad (I.A.I), bajo la escuela y visión del médico y fisiólogo Rubén Argemi, pero aplicando y respetando pautas metodológicas del **ECM**. Las opciones fueron múltiples y variadas. Por ejemplo, entre ellas, circuitos mixtos en los cuales, por cada estación meramente intermitente (sin reto sensorial o cognitivo), le seguía una estación con base intermitente con tareas motrices que incluían aceleraciones o desaceleraciones, asociadas a la resolución simultánea de un reto sensorial/cognitivo.

En los circuitos puros todas las estaciones combinaban ambas orientaciones -neurales y metabólicas-, pero, a su vez, los dividía en circuitos de orientación única, caracterizado por estaciones hacia una sola cualidad (por ejemplo, memoria semántica) o con orientación variada caracterizados por la coexistencia de cualidades diversas. Este último tipo de sesión, como era de esperarse, llevaba a menos errores por unidad de tiempo evitando la fatiga de la misma área cortical. En cuanto a la densidad (trabajo/ pausa) utilicé fundamentalmente la I-I y I-II mientras que en duración entre 15 segundos hasta 30 segundos como máximo (sin superar pausas de 30 segundos). El tiempo total de las sesiones, en general, de 45 minutos a 1 hora y, en casos excepcionales (superclases), de 90 minutos y más aún. En este contexto las principales facultades a trabajar fueron la atención, memoria corto plazo, multitareas, velocidad de reacción y toma de decisiones, entre las más solicitadas.

El comentario general de los usuarios se concluye con los siguientes atributos: ́una clase más divertida, una sesión impredecible donde no se sabe que va a pasar, es lo que necesito para mi edad, me doy cuenta de lo que estoy perdiendo (referencia a facultades cognitivas) ́. Sin embargo, debo confesar que la energía que requiere este tipo de sesiones desde la planificación, montaje de material y compromiso docente en la ejecución de la sesión, posiblemente sea un reto para muchos profesionales y de ahí que prefieran ofrecer sesiones grupales de ́menor complejidad ́.

Otra de las aplicaciones de **ECM** fue en sesiones para altos directivos de empresas. Lentamente los programas de bienestar empresarial comenzaron a variar de la actividad preventiva, las pausas activas en oficinas y los descuentos en gimnasios, hacia verdaderos programas integrales para organizaciones vanguardistas. En particular, para los altos directivos de éstas. Atento a esta evolución, y necesidad, desarrollé en México, junto a compañías de coaching ontológico de EEUU, un eslabón de la cadena de valor del programa llamada *'Fitness Mental Empresarial'*. Es decir, la rama del **ECM** que se enfoca en la potenciación de facultades cognitivas claves para empresas y fundamentalmente para los directivos de éstas. El programa se aplicaba muy temprano en la mañana en sedes cercanas a los corporativos y se utilizaban retos cognitivos y atencionales, a la par de la combinación de desafíos físicos, con énfasis en la fuerza y resistencia cardiovascular. Esta vez, y a diferencia de los circuitos intermitentes de alta intensidad, empleando estímulos de más baja intensidad por el nivel de condición de la mayoría de los ejecutivos.

Algunos ejemplos, estrategias de entrenamiento aeróbico de baja intensidad en bicicletas estacionarias, pero con resolución simultánea en pantallas (atención, memoria, lógica). Uso de *'Fit Light'* en trabajos de reacción, aunque con retos de memoria semántica o resolución lógica. Entrenamiento de fuerza combinado con rangos de movimiento variables a ojos cerrados (cueing táctil), toma de pesos con ojos cerrados, entre decenas de ejemplos que colaboraban para estimular y medir el awareness de los altos ejecutivos. En estos programas pude incluir, adicionalmente, herramientas de *'Mindfull Motion'* inspirados en los trabajos del PHD en Neurociencias, Jacques Taylor, donde la evocación de pensamientos potenciadores (en la mayoría con imágenes, propósitos y mensajes positivos) recordados en simultaneidad con gestos motores simples (evitando errores por exceso de intelectualización), mejoran no solo algunos parámetros cuantitativos (intensidad, duración del estímulo), sino el estado anímico de quien lo genera. Los cambios evidenciados en encuestas y *Feed-Back* de autoevaluación, de la mayoría de los altos ejecutivos, fueron los siguientes: aumento en el tiempo de atención sobre tareas cognitivas complejas, menos distracciones, aumento en la velocidad de procesamiento de información, 'me siento más alerta', mayor nivel de energía física y mental. Actualmente continúo desarrollando programas de *'Fitness Mental Empresarial'* agregando más herramientas que emplean entrenamiento específico en pos de potenciar facultades mentales concretas, tales como creatividad, foco atencional e inteligencia emocional entre otras. La incursión de la respiración consciente, el mindfullness y el estiramiento representa, junto al **ECM,** una combinación de ¡alto octanaje en estos programas! Lo más emocionante, las combinaciones son infinitas y la exploración recién comienza".

Gracias Jorge por tus valiosos aportes, tu brillante carrera y, sobre todo, por asumir el desafío de aplicar el **ECM** más allá de los contextos deportivos o del Ejercicio Adaptado.

Pablo Guzmán

Al Profesor Pablo Guzmán le guardo un afecto más que especial. Pablo comenzó a mi lado, como alumno y profesor, aproximadamente en 2008. Por entonces Pablo Guzmán estudiaba medicina y luego de algunas capacitaciones en las cuales tuve el honor de contar con su asistencia, comenzamos a trabajar juntos hasta 2019. Pablo pierde el encanto por la medicina, que había abandonado, y asume con una pasión, descomunal y pocas veces vista, por cierto, la práctica del entrenamiento deportivo. En un momento determinado, no recuerdo si 2016 o 2017 le exijo a Pablo una definición: "o terminas medicina o inicias Educación Física, de otro modo, ya no sigues trabajando con nosotros". No tenía otra alternativa más que someterlo a esa presión, pensando en su futuro. Inmediatamente comienza la carrera de Educación Física y la terminó con honores. Hoy es un excelente profesor, a cargo de la preparación física de un equipo de básquet de Liga Nacional, la Asociación Deportiva Atenas, de nuestra ciudad. También trabaja en EFA (Ejercicio Físico Adaptado) y forma parte de este pequeño ejército de apasionados que queremos restituir la dignidad y el prestigio de nuestra alicaída Educación Física. Pablo dicta capacitaciones por todo el país, y su calidad didáctica es exquisita. Nos comparte lo siguiente:

> "Desde el año 2013, que me sumé como oyente a la Cátedra de Neurobiología y **ECM** me planteé el interrogante de qué, cómo, y cuando aplicar estos estímulos para el desarrollo y optimización de deportistas y público en general (procesos de readaptación de lesiones y/o enfermedades). En este contexto, con la apertura de Eucinesis en junio del 2015, como centro modelo en el interior del país, nos encontramos con el escenario, y la posibilidad, propicia para asumir ese desafío y desplegar tal tarea.
>
> Con mis colegas (principalmente Nicolás Acosta, Paula Escobar, Gastón Buteler, y Juan José González) comenzamos la innovadora tarea de ´bajar a la práctica´ los conocimientos compartidos por nuestro profesor Mario Di Santo. Tuvimos la hermosa oportunidad de hacerlo con las visitas a nuestras instalaciones de los planteles de básquet de: Selección Argentina U-17, Regatas de Corrientes, San Martín de Corrientes, Obras, Instituto de Córdoba, Weber Bahía, Libertad de Sunchales, Ciclista Olímpico de La Banda, Hindú Club de Resistencia, Sarmiento de Resistencia, así como el plantel de fútbol profesional de Talleres de Córdoba. Desde lo particular, en mi práctica profesional tuve la oportunidad y el placer de llevar adelante estos entrenamientos como parte integral de las activaciones iniciales de sesiones de entrenamiento en cancha y previo a partidos en Atenas de Córdoba desde el año 2017".

Pablo y los profesores nombrados fueron los grandes hacedores de Eucinesis. Primer centro modelo del interior del país dedicado exclusivamente al **ECM**. Muchas de las actividades y aplicaciones concretas que compartiremos a lo largo de esta obra, son de su exclusiva creación.

Nicolás Acosta

Nicolás "Viru" Acosta ha sido uno de mis estudiantes predilectos en el IPEF de la carrera Educación Física de la Universidad provincial de Córdoba. No solamente adscripto y ayudante de cátedra, también colega en los servicios de EFA y la experiencia de Eucinesis en **ECM**. Tuve la oportunidad, y el honor, de recomendarlo como

Preparador Físico del plantel profesional de básquetbol del Club Instituto Atlético Central Córdoba, de nuestra ciudad. Allí comenzó su impecable carrera. Vamos con sus aportes a este libro:

"Desde mis inicios, como estudiante de la Educación Física, me he realizado, reiteradamente, la misma pregunta ¿Qué es lo que diferencia a un deportista de elite del resto de los deportistas? Así fue que, durante 8 años aplicando metodologías en equipos profesionales de básquetbol, y analizando como lo hacían otros entrenadores, me base en el entrenamiento de la fuerza, velocidad y resistencia. Luego de muchas intervenciones en equipos y jugadores, con distintas características, y acompañado de la evolución del profesionalismo de los atletas, descubrí que los deportistas de cierto nivel de elite cumplían con los niveles óptimos de fuerza, eran realmente veloces y resistían las demandas del juego de forma adecuada. Aquí, nuevamente, y luego de 8 años volví a cuestionarme lo mismo que en mis inicios, pero quizás desde una forma más comprometida ¿Cómo puedo, como entrenador, aportar a mi atleta un valor diferencial que genere una ventaja concreta sobre los demás competidores?

Con un grupo de profesores que compartimos este interés visceral por la preparación física, y acudimos 3 años como adscriptos a la materia Neurociencias y Motricidad Humana, dictada como optativa en el IPEF, la cual nos encamino a intentar responder estas preguntas que tanto nos inquietaban: ¿Qué sucede en el cerebro cuando nuestros atletas toman decisiones? ¿Qué puedo entrenar, que no entrenan otros, para mejorar algo que le de ventaja a mi atleta por sobre el resto? ¿Qué es y cómo puedo entrenar aquello que puede contribuir a que mi atleta tome una mejor decisión en situación de competencia?

De allí surgió el profundo estudio del sistema nervioso y la iniciativa de innovar metodologías que impacten sobre estos sistemas. En mi caso particular, profundice sobre el entrenamiento visuomotor. Aplicamos los contenidos que nuestro profesor Mario Di Santo, con tanta dedicación, forjo con rigurosidad. Los resultados están a la vista, nuestros atletas comenzaron a vivenciar los cambios y a las adaptaciones inmediatamente, tanto así que, muchos nos buscan para desarrollar esta metodología puntual y específica. Gracias a mi profesor, formador y gestor Mario Di Santo por motivarme e iniciarme en este hermoso camino del estudio e investigación del sistema nervioso y neurociencias aplicadas al rendimiento deportivo".

Aparte de agradecer a "Viru", reconocer su gran trabajo, recordar que, para el tomo final de esta colección, dedicado a la aplicación explícita a algunos deportes, entre ellos el basquetbol, los aportes de Nicolás Acosta, Pablo Guzmán y Fernando Nandes serán los pilares principales de la propuesta. Actualmente Nicolás Acosta está cursando en España una Maestría en Alto Rendimiento Deportivo, profundizando aspectos relativos a las propiedades cognitivas puestas en juego en las acciones deportivas.

Leandro Lardone

Leandro es prácticamente un hijo académico y un hermano de la vida. El valor y calidad de su amistad es inédito. Su carrera en la preparación física en vóley es sorprendentemente. Sus logros, en el sentido de campeonatos conquistados, son innumerables. Sus capacitaciones, impecables, prolijas y llenas de contenido. Leamos su aporte textual respecto al **ECM**:

"En el apasionante mundo del rendimiento deportivo, aquellos que estamos *full-time* trabajando con equipos y humanos deportistas, nos imponemos un constante y riguroso estudio sobre los métodos y modelos que podríamos aplicar para obtener una optimización del rendimiento, sin descuidar ni hipotecar la salud de nuestros entrenandos.

En lo personal he tenido la posibilidad de utilizar el **ECM** como parte del proceso de nuestros equipos profesionales y selecciones nacionales, no sólo en Argentina, sino en diferentes países. En el año 2013 al 2016 fueron las primeras prácticas en el múltiple campeón argentino y sudamericano UPCN Voley de San Juan (si bien trabajábamos en el club desde el 2010, fue en 2013 donde comenzamos aplicarlo de manera formal y sistemática). Luego en el 2017 al 2019 llegaría el turno del también múltiple campeón (valga la redundancia) de basquetbol Atenas de Córdoba donde compartíamos staff de Preparación Física junto a Pablo Guzmán y Mario Di Santo. En el 2020, luego de la pandemia comienzo con las primeras experiencias en el extranjero, más precisamente en Europa. Durante 2 temporadas lo hicimos en el Narbonne Volleyball de la primera división de Francia, donde fuimos campeones europeos de la Challenge Cup, específicamente en el deporte masculino.

Luego llegaría la oportunidad de hacerlo también con el voleibol femenino, durante 2 temporadas en Prometey Sport Club de Ucrania donde supimos ser bicampeones de la liga, de la Copa y la Supercopa… y al mismo tiempo tener el mejor resultado de la historia de un equipo ucraniano en Champions League. Al unísono lo aplicamos en la Selección del mismo país donde obtuvimos el oro en la Golden League europea, pudiendo escalar a la posición 18 del Ranking mundial. Actualmente nos encontramos trabajando nuevamente en Francia, con Volero Le Cannet de voleibol femenino intentando obtener resultados exitosos. Durante todo este periodo de más de 10 años, también trabajamos con deportistas de diferentes disciplinas como futbol, básquet, rugby, voleibol y otras, de manera individual.

Con respecto a los momentos de aplicación del **ECM**, en las entradas en calor ha sido muchas veces más que idóneo (lo desplegamos previo a los entrenamientos y competencias), ya que, como preparadores físicos encargados de esta tarea, intentamos crear variabilidad en los acondicionamientos iniciales, debido que en una temporada es posible tener más de 300 entradas en calor y, en algunos casos particulares, los/as jugadores/as también están en los seleccionados nacionales, donde este número es aún más grande. Es por ello que lo consideramos un momento más que oportuno y, al mismo tiempo, una herramienta más. Es muy común escuchar a nuestros atletas decir que la entrada en calor y los restablecimientos finales son el momento que mayor fastidio les genera, y que si existirá una máquina que los ayude a realizar estas tareas, les gustaría adquirirlas cualquiera sea su precio. Es por esto que intentamos generar nuevas propuestas, siempre con rigor científico.

¿Qué es específicamente lo que hacemos en el voleibol? Le damos mucha importancia a los estímulos visuales en acciones de bloqueo, recepción y defensa. Por ejemplo, en bloqueo es clave que los/as jugadores/as tengan la capacidad de reaccionar inmediatamente cuando el armador del equipo contrario realiza la acción de distribuir el juego con diferentes posibilidades de ataque (por posición 2, 3, 4, 6 y 1), y se desprende de la pelota. Es en ese preciso momento donde los jugadores que están en bloqueo deben realizar una lectura correcta y veloz para reaccionar, luego desplazarse y llegar en tiempo oportuno para evitar la conquista de los adversarios. Con toda esta información que estamos compartiendo, luego vienen la elaboración de diferentes ejercicios que desarrollan y estimulan de manera específica estas acciones. A continuación, damos algunos ejemplos representativos:

- Trabajos de bloqueo de manera individual con estímulos empleando luces leds.
- Trabajos de bloqueo con los/as 3 jugadores/as en la red: en el campo contrario 3 entrenadores arriba de cajones realizando ataques en las diferentes zonas y detrás de las bloqueadoras otro entrenador que mediante señas les marca a sus colegas quien será el que ataque en su zona respectiva, de esta manera cuando uno de estos entrenadores recibe la señal, comienza el gesto de ataque con un estímulo verbal que colabora, y las jugadoras inmediatamente deben intentar bloquear ese balón.
- Trabajos de bloqueo con los/as 3 jugadores/as en la red: en el campo contrario 3 entrenadores arriba de cajones realizando ataques en las diferentes zonas y también un entrenador realizando el trabajo de armador del equipo contrario; este entrenador realiza un armado a una de las diferentes zonas de ataque, el otro entrenador que este en esa zona donde llega el armado ataca y los/as jugadores/as en la acción de bloque intentan evitar el punto del equipo adversario."

Tal como podemos observar, los aportes de Leandro, amén de ser generosos, dan cuenta de cómo el **ECM** es una herramienta útil y sostenida en el tiempo. Los resultados de Leandro Lardone, indiscutibles por donde se los mire, dan cuenta de lo positivo que es integrar herramientas varias, siempre con rigor científico.

Nicolás Jalil

Nicolás es pionero y precursor de las prácticas de *"Slack-Line"* en nuestro país. Profesor de Educación Física, egresado del IPEF de Córdoba y ayudante de cátedra en la materia "Neurociencias y Motricidad Humana". Si bien sus intereses en los procesos cognitivos son vastos y generales, Nicolás se ha concentrado en el estudio del equilibrio y la propiocepción, tanto desde la teoría, como la práctica propiamente dicha. Sus aportes a este capítulo son los siguientes:

"Entiendo como objetivo principal del **ECM** mejorar la consciencia de tiempo en relación una serie de movimientos previamente practicada, con nivel de dificultad baja. El ejercicio cognitivo se puede llevar a cabo antes, durante o después de ejecutar la serie de movimientos. A partir de esta dinámica creamos variantes y progresiones que ponen en juego un desafío cognitivo-motriz, desde lo simple a lo complejo, empleando cálculos sencillos, como el conteo de ejecuciones en un tiempo determinado y viceversa, como así también nombrar los gestos de la serie competitiva, en cada ejecución en suelo".

Es decir, al equilibrio y la propiocepción Nicolás agrega el desafío de la función cognitiva llamada "cronopsia". Ella refiere a las estimaciones temporales vinculadas a las acciones motrices, ya sean cíclicas o acíclicas. Como dato pintoresco, fue el primero en cruzar de punta a punta, y a lo largo, en "Slack-Line", nuestro estadio Mario Alberto Kempes. De los tantos "locos lindos" de nuestro equipo.

Pablo de La Vega y Ramiro Álvarez

Estos dos jóvenes profesores, ex estudiantes de la Universidad Provincial de Córdoba, aplican el **ECM** en sus clases. Prescriben desplazamientos y tareas gestuales de deportes como el fútbol, básquet y vóleibol. En sus propias palabras:

"Entre ellas, de manejo individual, traslado de balón y enfrentamiento con rivales en espacios reducidos, mientras diversas capacidades cognitivas son solicitadas y entrenadas simultáneamente, tales como:

- La visión central y periférica.
- Memoria.
- Audición.
- Capacidad de reacción.
- Toma de decisiones.

Procuramos que los movimientos y gestos sean los más parecidos al deporte, mientras que las exigencias cognitivas son planteadas como ́exageraciones ́ de estímulos y situaciones contextuales propias del juego, o que no suceden en un partido pero que perturben o desafíen la percepción del deportista tal que el control del balón o el enfrentamiento con el rival suponga un reto adicional. Ambos profesores infieren que, si el atleta puede resolver con éxito las tareas o variaciones cognitivas, manteniendo una correcta técnica o control del balón, su desempeño en el campo y su capacidad de procesar información en contextos específicos de competencia se verán facilitados. El **ECM** es planificado como una herramienta para la mejora del rendimiento deportivo, pensado específicamente para la función de cada jugador en su equipo. Además, son ejercicios que resultan altamente motivantes, por su especificidad, el empleo de elementos propios del deporte y lo desafiante que esto resulta. Algunas veces puede ser utilizado como un ´despertador´ al comienzo del entrenamiento, cuando el deportista se encuentra con pocas ganas de entrenar y al final de la sesión, para motivar al alumno durante el transcurso de la misma".

Pablo y Ramiro son jóvenes profesores, estudiosos y creativos. Forman parte, actualmente, de nuestro equipo diario de trabajo. Agradezco su genuino y desinteresado aporte.

Fernando Oyarzun

Fernando Oyarzun es un gran fisioterapeuta y ex deportista de alto rendimiento. Despliega su excelente labor en una lejana localidad de nuestra Patagonia Argentina, un paraíso geográfico llamado El Calafate. Funda un instituto llamado "Sinergia Calafate", el gran centro de referencia de su ciudad, donde trabajan en armonía profesionales de la fisioterapia y la Educación Física. Recientemente ha asumido como director del Servicio de Fisioterapia, Kinesiología y Rehabilitación del Hospital Público de su ciudad. Vamos con sus aportes:

"En primer lugar, quiero agradecer a quien nos marca el camino de seguir estudiando, aprendiendo y compartiendo lo aprendido: a un gran amigo como lo es Mario Di Santo. El **ECM** es una gran herramienta que utilizamos junto a mi equipo de trabajo en ´Sinergia Calafate´, el cual está compuesto por profesores de Educación Física y fisioterapeutas. Este tipo de entrenamiento involucra funciones cognitivas superiores al mismo tiempo que se realizan diversas tareas motoras; el cual es llevado a cabo por deportistas, personas sedentarias y también con quienes acuden a nuestro centro por sus respectivas lesiones.
Este tipo de actividades solicita movimiento mientras, simultáneamente, resuelve un problema cognitivo, por lo que puede contribuir en una mejora de la calidad de vida sobre todo de los adultos mayores y para aquellas personas que han sufrido lesiones cerebrales, accidentes cerebrovasculares o distintos trastornos neurodegenerativos. Este tipo de intervención procura mejorar las habilidades cognitivas como la memoria, la atención, el razonamiento y la resolución de problemas.

Hace años atrás los profesionales tenían su mirada puesta en la formación en el ámbito formal de la escuela, pero en la actualidad su enfoque abarca otras aristas, como el alto rendimiento, la rehabilitación y readaptación de lesiones. Ya que los resultados obtenidos a partir de la utilización de esta herramienta benefician en gran medida a la toma de decisiones, a la concentración, memoria y aprendizaje, manejo del estrés y de la ansiedad, trabajo en equipo y comunicación (en deportes de equipo). Es una metodología en la cual se puede hacer uso de un sinfín de recursos como, por ejemplo: trabajos con números, detección de figuras animadas distractoras, trabajos de combinaciones cromáticas, ejercicios de detección de figuras, trabajos de memoria, juegos de laberintos, las cuales pueden ser combinadas con una variedad de acciones motoras que representaran un desafío tanto a nivel motriz como cognitivo.

En mi experiencia profesional con alumnos que han sufrido un accidente cerebro vascular (ACV), la inclusión del trabajo óculo-manual como lo son los 'malabares' es una de las alternativas más utilizadas para el **ECM** porque favorece la adquisición de destrezas cognitivas como la coordinación, la amplificación de la visión espacial, la atención y concentración. Desde los trabajos de Piaget, se ha asumido que el sistema sensoriomotor es fundamental en la representación mental. El hecho de hacer 'malabares' es una habilidad motriz compleja, que requiere una buena precisión manual, óptima capacidad de presión, percepción visual periférica y aptitud para visualizar las trayectorias de las pelotas antes de ejecutar los movimientos; pudiendo generar redes y nuevas conexiones sinápticas a través del movimiento luego de parecer la poda sináptica por el mismo ACV. Es por este motivo, hablamos del **ECM** como una gran herramienta para el rendimiento, como así también para la terapia. Un cerebro puede entrar en una suerte de zona de confort, a menos que haya un permanente desafío, configurado por variabilidad motora, nuevos aprendizajes y originales retos motores. Tal como coincidimos muchos de los profesionales del equipo de estudio Mario Di Santo, temiendo más al reposo que al movimiento".

Gracias Fernando por tu aporte, del cual destaco la versatilidad en el empleo del **ECM**: deportistas, niños, adultos no - deportistas, adultos mayores, pacientes en procesos de rehabilitación de lesiones en general y problemas neurológicos en particular. Ahora bien, habiendo visitado su centro en un par de oportunidades, pude atestiguar el entusiasmo de los asistentes a su servicio por el **ECM**, tal como sucede con el resto de los profesores que hacen su aporte para este capítulo.

Marzo Edir Da Silva-Grigoletto

Marzo es catedrático de la Universidad de Aracajú, al Nordeste de Brasil, en el estado de Sergipe. Es mi amigo personal y nuestros intercambios académicos siempre han sido fascinantes. Me ha honrado con la invitación a participar en publicaciones sobre Entrenamiento Funcional y Cognitivo-Motor, en este mismo 2025, junto con su estupendo equipo de colaboradores. Agradezco profundamente su voluntad de participar en esta primera obra introductoria. Su propuesta, original e innovadora se resume como *"Brain Functional Training: enfoque integrado de **ECM** y Entrenamiento Funcional"*. Estudiemos sus aportes:

"Considerando las diferentes modalidades de aplicación del **ECM**, una aproximación que ha ganado popularidad en los últimos años es el *Brain Functional Training (BFT)*, el cual se basa en la premisa de combinar los elementos del **ECM** con los del Entrenamiento Funcional. En este contexto, nuestro grupo de investigación denominado *Functional Training Group (FTG)*, de la Universidad Federal de Sergipe, en Brasil, fue pionero en la creación de la base teórica de este método (Da Silva-Grigoletto, 2024), así como en su aplicación a grandes poblaciones, especialmente adultos mayores. Los protocolos de este modelo de entrenamiento se enfocan en características específicas para promover la mejor adaptación posible.

Primero, este método pone énfasis en la estimulación de las funciones ejecutivas, particularmente en el proceso de planificación dirigido a las Actividades de la Vida Diaria (AVDs), simultáneamente con las capacidades físicas necesarias para la realización de la tarea. Las funciones ejecutivas son procesos cognitivos esenciales cuando los mecanismos automáticos o instintivos del cerebro resultan insuficientes, imprudentes o inviables. Las funciones ejecutivas básicas son:

1. El control inhibitorio: capacidad de suprimir información o impulsos internos o externos para enfocarse en un objetivo predeterminado.
2. La memoria de trabajo: que permite mantener y manipular información en la mente.
3. La flexibilidad cognitiva: que resulta de la interacción entre el control inhibitorio y la memoria de trabajo, y se define como la capacidad de alternar entre tareas y rutas.

Estas tres funciones básicas interactúan entre sí y pueden ser estimuladas de diversas maneras. A través de estas interacciones, se facilita la formulación de planes (Diamond, 2013), que es el aspecto explorado en este modelo de entrenamiento.

Desde esta perspectiva, se proponen desafíos cognitivo-motores que estimulan la planificación. Para ello, el componente principal que se ajusta es el nivel de complejidad de cada ejercicio, el cual está directamente relacionado con la dificultad técnica para ejecutarlo, como explicamos en anteriores publicaciones de nuestro grupo (La Scala Teixeira, 2019). Esta modulación de la complejidad en busca de un mayor estímulo para la planificación es lo que caracteriza el entrenamiento como BFT. Los desafíos son individualizados según el estado cognitivo-motor basal de cada participante y pueden incluir la adición de una tarea cognitiva al ejercicio físico o el aumento de la dificultad del patrón motor involucrado. Estudios de neuroimagen ya han demostrado una mayor activación de las áreas relacionadas con la planificación (región del córtex prefrontal) cuando se incrementa la complejidad, ya sea por un aumento de la demanda motora o por la inclusión de una tarea cognitiva (Kimura, 2022; Lee, 2024).

El aumento de la demanda motora en el ejercicio puede modularse mediante cambios biomecánicos, como la modificación de la base de apoyo (por ejemplo, de bipodal a unipodal), la implementación de más planos de movimiento (por ejemplo, de biplanar a triplanar), o incluso la adición de tareas motoras dobles (Tang, 2015; La Scala Teixeira, 2019). Estos ajustes deben equilibrarse para permitir la ejecución segura y efectiva del ejercicio (La Scala Teixeira, 2017; Da Silva-Grigoletto, 2020).

La adición de una tarea cognitiva durante el patrón motor puede hacerse de manera secuencial, es decir, separada de la ejecución del patrón motor, o simultánea o realizada junto con el patrón motor Herold (2018). El diseño de estas tareas cognitivas se basa en pruebas psicométricas utilizadas para evaluar las diferentes funciones ejecutivas básicas (control inhibitorio, memoria de trabajo y flexibilidad cognitiva). Por ejemplo, para estimular el control inhibitorio, se pueden utilizar tareas *Stroop* junto con el ejercicio físico.

La *Stroop Word Color Task* consiste básicamente en la visualización de una lista de palabras de diferentes colores, donde se debe inhibir la lectura automática de las palabras para responder inmediatamente a los colores de cada una (Stroop,1935; Scarpina & Tagini, 2017). En la práctica, podríamos combinar una sentadilla clásica con una tarea de *Stroop*, donde el participante realiza sentadillas mientras identifica y pronuncia los colores de una lista de palabras presentada por el entrenador. En este ejemplo, se podría usar una lista con las palabras azul, amarillo, verde y rojo, escritas en colores variados, a veces coincidiendo y otras no. Otra opción sencilla es realizar un sprint en el que al sujeto se le indica un determinado patrón de colores y objetos al principio, y al final tiene que repetir este patrón. Otra opción sencilla es realizar un sprint en el que, al principio, se le muestre al sujeto un determinado patrón de colores y objetos y, al final, el paciente tenga que repetir este patrón a la inversa. Este ejercicio provocaría una mayor estimulación de la memoria de trabajo.

Estas tareas cognitivas también pueden realizarse de manera paralela o en serie, siendo esencial determinar cómo se llevarán a cabo en cada ejercicio. Básicamente, si se realiza en paralelo, la tarea cognitiva es completamente independiente del patrón motor, y la precisión de las tareas no influye en el ejercicio realizado al final. Por otro lado, si se realiza en serie, la tarea cognitiva es decisiva para definir el patrón motor exacto que se va a realizar. Por lo tanto, las tareas paralelas no determinan la planificación involucrada durante el ejercicio, mientras que las tareas en serie sí influyen en la planificación para la siguiente tarea motora. Volviendo al ejemplo anterior de sentadilla, si la sentadilla se realiza independientemente de las respuestas dadas, esto se considera una tarea paralela. Sin embargo, si buscamos un mayor involucramiento entre los aspectos motor y cognitivo, y así una mayor complejidad, podemos establecer que cada repetición de la sentadilla corresponda a cada color pronunciado, y cuando se pronuncie el color azul, no se realiza ninguna tarea motora. En este sentido, las posibilidades son infinitas, como solicitar que, al pronunciar el color rojo, el patrón de la sentadilla cambie a una sentadilla en zancada. Otro ejemplo, ahora utilizando la memoria de trabajo, podría involucrar una tarea de operación matemática simultánea a la realización de un ejercicio de remo bajo. También se podría realizar de forma serial, indicando que cuando el resultado de la operación matemática sea impar, se debe realizar un paso hacia el lado derecho antes del remo.

En general, una sesión de BFT se aplica en un modelo de circuito, heredando este componente de los modelos más clásicos de la literatura sobre Entrenamiento Funcional (Vasconcelos, 2020; Aragão-Santos, 2021), aunque podemos utilizar otras variantes metodológicas para organizar la estructura de la sesión (Da Silva-Grigoletto, 2020). Además, es común que las sesiones de BFT se dividan en bloques similares a los propuestos para la aplicación del Entrenamiento Funcional. La sesión de BFT comienza con un período de preparación para el movimiento, que incluye ejercicios de movilidad, activación muscular y coordinación. En este momento inicial ya se introducen algunas tareas cognitivas que se utilizarán posteriormente, como operaciones matemáticas variadas (por ejemplo, suma, resta, multiplicación y división), tareas *Stroop* o modificación de patrones motores mediante comandos verbales alternados (este último con el objetivo de priorizar la flexibilidad cognitiva).

Posteriormente, se realizan dos circuitos de ejercicios: el primero enfocado en el desarrollo de la potencia muscular, la coordinación, la agilidad y la velocidad; y el segundo, en ejercicios de fuerza muscular en patrones con transferencia AVDs, específicamente empujar, agacharse, tirar y transportar. Ambos modelos se ejecutan en formato de circuito y pueden incluir tareas cognitivas dobles con el objetivo de aumentar la demanda cognitiva. Además, se emplean variaciones biomecánicas que aseguran un nivel de complejidad suficiente para desafiar la capacidad de planificación de los practicantes. En general, se recomienda que las tareas cognitivas siempre estén alineadas con la capacidad cognitiva individual. Para finalizar la sesión, es común incluir ejercicios de alta intensidad en formato intermitente, similar al HIIT, para obtener mayores beneficios cardiorrespiratorios, dada su estrecha relación con las funciones cognitivas (Liu, 2023)".

El trabajo de Marzo Grigoletto y su equipo académico es fantástico. Le ha dado estructura a una sesión de BFT, integrando principios y prácticas, tanto del Entrenamiento Funcional como del **ECM** para la mejora de la calidad de vida de la población adulta de su región en Brasil. Recomiendo enfáticamente a nuestros lectores a interiorizarse más del trabajo de mi colega y amigo, porque realmente es innovador y, amén de ello, aplica la metodología de investigación científica en Educación Física, con el orgullo de ser su colaborador en estas publicaciones.

Víctor Ortiz y Marcelo Rojas

Víctor y Marcelo son profesores paraguayos que despliegan una propuesta modelo de Educación Física en el Colegio CampoAlto, de Asunción de Paraguay. En 2019 nos visitaron en Córdoba para compartir inquietudes e interrogantes acerca de cómo trasladar el modelo Cognitivo-Motor al marco de la Educación Física en la escuela, tanto en el nivel primario como medio o secundario. Tuve la oportunidad de viajar en marzo de 2024 y visitar su colegio y trabajo. Lo que más atrajo mi atención fue el compromiso del resto del cuerpo docente (profesores de matemáticas, lengua y literatura, historia, biología, geografía, entre tantos) con lo que en la Educación Física de la institución sucedía. Concretamente, la propuesta del modelo Cognitivo-Motor formando parte del quehacer interdisciplinario. Incluso elaboraron un test Cognitivo-Motor con el cual evalúan a sus estudiantes. Volví a mis tierras profundamente conmovido. Éstos son sus aportes a este libro:

"Cuando a los docentes nos surgen interrogantes como: ¿qué consigo en mis alumnos moviéndoles de esta forma o durante este tiempo determinado? ¿cómo puedo diseñar ejercicios de mayor efectividad para la etapa y la edad de mis alumnos? Estos tipos de preguntas despiertan la curiosidad e inician reformas significativas, siempre necesarias, para llevar adelante nuestra apasionante y creciente área de Educación Física. Es así como da comienzo nuestro proceso de interés y curiosidad, que lo podemos resumir en estas 3 etapas: investigar, buscar ayuda y llevar a lo experiencial. Las grandes preguntas merecen grandes respuestas y, cuando no las encontramos en nosotros lo buscamos, en distintas fuentes que hoy accedemos gracias a internet y buenos libros publicados. Este proceso de meta análisis es arduo pero beneficioso, nos hace ver las diferentes corrientes, estudios y escuelas que desarrollaron la idea para, finalmente, identificarnos mejor con uno u otro y construir, desde lo general, un modelo aplicable a las realidades propias.

Si bien el proceso de investigar acerca de los métodos es vital, no es lo definitivo. Necesitamos, además, referentes que no solo hablan del tema, sino que lo desarrollan de manera regular y buenos resultados. Tal es así que, en nuestra búsqueda de ayuda, pudimos llegar al profesor Mario Di Santo, que rápidamente nos encamino hacia el objetivo. Como dice Mario Mouche: *'El que sabe lo que busca, siempre entiende lo que encuentra'*, ese proverbio nos fue cumplido con el asesoramiento y apoyo del profesor Mario Di Santo. Cuando llegamos a lo práctico vemos aterrizar las ideas, el campo es el yunque donde se forjan las cosas posibles y las que no, donde se ensaya y perfecciona, en definitiva, nuestro laboratorio. Como alguna vez escuchamos decir a alguien: 'la experiencia es la madre de todas las ciencias'.

Las clases buscan promover, más allá de la dimensión neuromuscular y metabólica, nuevos aprendizajes que requieran la intervención deliberada de las funciones ejecutivas del sistema nervioso, mejorando la interrelación de los dos hemisferios, con aspiraciones a influir, finalmente en el proceso de toma de decisiones. Con los estímulos premotores, o adelanto de las acciones a partir de la información recibida desde el exterior, encontramos reacciones positivas relativas al entusiasmo de los sujetos por la ejecución y mejores respuestas al jugar. Los estímulos se orientan hacia las diferentes entradas sensoriales: la auditiva, visual, propioceptiva y táctil. Empleamos circuitos dinámicos, flexibles y aplicables en cualquier contexto nivel, edades y espacios, con o sin elementos. Deseamos seguir creciendo y desarrollando esta metodología".

Agradezco profundamente el aporte de Víctor y Marcelo, mis hermanos paraguayos, por sus valiosos aportes a una Educación Física con legítimo valor diferencial en la escuela. Con seguridad, seguiremos trabajando en equipo.

A la manera de conclusión de este recorrido

Debo admitir que se trató de un tránsito enteramente aleatorio. Sin prioridades de ningún tipo: ni cronológicas, ni afectivas o las que fuesen. Muchos menos ensayar una taxonomía o clasificación de las concepciones y propuestas prácticas. La idea no fue otra que dejar a los actores que hablen por sí mismos. Lo que siento la obligación de aclarar es que la totalidad de los convocados excepto, quizás, Mariano Canegallo y Marcial Pérez, son Profesores de Educación Física y entrenadores destacados que estudiaron y aplicaron gran parte, por no decir todas, las modalidades de entrenamiento conocidas. No empezaron por el **ECM**. Llegaron a él, muy probablemente, por sentir que algo faltaba, que había una ausencia no adecuadamente cubierta por lo que habían experimentado hasta el momento de descubrir el **ECM**.

Y ese vacío no era otro que el de las facultades cognitivas aplicadas a los contextos en los desplegaron, y aún lo hacen, su quehacer profesional. De alguna manera advirtieron que, de la misma manera en que la pura práctica deportiva o lúdica no es suficiente para entrenar las distintas propiedades motoras (fuerza, flexibilidad, agilidad, resistencia, velocidad o la que fuese), tampoco lo era para desarrollar efectivamente las facultades cognitivas. Dicho de otro modo, concluyeron que también éstas podían entrenarse con propuestas diferenciales, integrándose al diseño de las distintas estructuras intermedias del proceso de periodización deportiva. Esta certeza precedió, en todos ellos, la curiosidad inicial y la consecuente fascinación por este tipo de intervenciones.

Capítulo 8
Consideraciones finales

Tratándose de un primer libro introductorio, entendemos que, como presentación inicial y aproximativa al tema, el objetivo general y básico ha sido medianamente cumplido. Seguramente todo lector que haya llegado a este último capítulo ha podido configurar una idea, más o menos acabada y precisa, de lo que es la neurobiología, como marco de fundamentación y respaldo teórico, y el **ECM**, como una propuesta metodológica concreta orientada al desarrollo de las facultades cognitivas involucradas en el acto motor humano.

El temario seleccionado para este cometido podría ser objetado, con todo derecho, ya sea por exceso o por defecto. Sin embargo, ha dejado allanado el camino para el desarrollo de contenidos que, apenas presentados en éste, serán tratados en los siguientes tomos con mayor profundidad. Posiblemente los puntos más remarcables de este primer libro introductorio o, al menos, lo que como autor quisiera que queden lo suficientemente claros y definidos, para seguir avanzando con los siguientes tomos, son los ítems que, a continuación, destaco:

- Entender al **ECM** como una propuesta que acredita una larga tradición e historia y se remonta, casi, a los comienzos de la misma Educación Física: en absoluto es "nuevo" proponerse, como objetivo diferencial, entrenar las facultades cognitivas que intervienen en las resoluciones motrices en general y/o las deportivas en particular.
- El **ECM** puede fundamentarse desde distintos marcos teóricos: en nuestro caso, y por razones de estricta formación académica, optamos por respaldar desde las bases neurobiológicas del movimiento humano en general, y de la psicobiología cognitiva, en particular, las propuestas metodológicas que compartiremos en los siguientes tomos.

- La integración de otros marcos de fundamentación, sin dudas, enriquece la interpretación del **ECM**: psicología cognitiva, psicología evolutiva, antropología y tantas otras, alentando, desde ya, a una "gimnasia" de la aceptación inclusiva de todos los aportes multi e interdisciplinarios.
- Las neurociencias en particular, y la neurobiología en particular, operan como escalas de análisis, apoyos teóricos y fuentes para iniciativas metodológicas, pero nadie "hace" neurociencias en o "desde" los patios de las escuelas o canchas de fútbol: alentamos a no seguir confundiendo "hacer neurociencias" con **ECM**.
- Entender al **ECM** como una propuesta cuyo rasgo distintivo es la integración de una tarea motora con un desafío cognitivo, de manera intencional y deliberada, atendiendo y cuidando la calidad resolutiva de sus dos componentes.
- Se trata de una manifestación de lo que conocemos como "Tarea Dual" o "Dual Task", aunque no todas, por el mero hecho de solicitar dos focos de atención simultánea o alternante, adquieren la categoría de **ECM**.
- Distinguir lo que son las facultades cognitivas involucradas en el acto motor humano de lo que son las que entendemos como "variaciones cognitivas" en el acto motor: las dos nos interesan, sin embargo, las segundas son, precisamente, las que se transforman en los retos o desafíos que sistematizamos como contenido principal del **ECM**.
- Sin embargo, la otra variable a considerar es la tarea motora en sí misma, tanto en su estructura como intensidad y complejidad: entre las "variaciones cognitivas" y las tareas motoras propiamente dichas, terminamos por configurar las propuestas concretas, es decir, ejercicios, que dan forma al **ECM**.
- El **ECM**, en los últimos años, se ha fortalecido merced a una interesante cantidad de publicaciones: tanto reportes de investigación, como revisiones y metaanálisis recientes permiten profundizar en las respuestas y adaptaciones córtico-corticales, córtico-espinales y mejoras en la performance de sus practicantes, sean o no deportistas.
- El **ECM** no tiene a los deportistas y adultos mayores como destinatarios únicos: sus alcances se extienden a todas las poblaciones, edades y condiciones de salud.
- Hay tres temas que deben discutirse, inexorablemente, antes de continuar con cuestiones biológicas o metodológicas específicas del **ECM**: la Secuencia Motriz, los Modelos y Teorías de Aprendizaje y Control Motor y, no menos importante, el problema de la Coordinación Motriz.
- El estudio de la Secuencia Motriz nos ayuda en muchos sentidos, sobre todo para entender la diferencia, a veces prístina y a veces no tanto, entre procesos seriales y paralelos: el **ECM** puede involucrar ambos.
- Considerar Modelos y Teorías de Aprendizaje y Control Motor es fundamental para el **ECM**: de cada uno de ellos podemos extraer consecuencias interesantes que amplían fortalecen la comprensión de nuestra propuesta.
- El problema de la Coordinación Motriz quizás sea el aparentemente más "descolgado" respecto al desarrollo del resto de la obra: sin embargo, se trata de una discusión necesaria, ya que los subsistemas a cargo de los procesos cognitivos que subyacen y coexisten con las tareas motoras también deben interactuar, y de la manera más armoniosa posible.

- El **ECM** acredita una metodología general, con sus pasos definidos: no se trata de ejercicios "sueltos" y "pintorescos" (o no), sino del producto de un proceso sistemático y organizado que, como cualquier otro, supone, y exige, una periodización altamente estructurada.
- La implementación concreta del **ECM** no requiere dispositivos onerosos y sofisticados: el estudio de la ciencia básica, la intuición y la creatividad priman sobre cualquier otro requisito.
- Es importante considerar las experiencias de profesores y entrenadores que implementan el **ECM**: no sólo las de ellos, también las conclusiones de deportistas, adultos mayores y otros que han pasado por vivencias de este tipo.
- En la continuidad del estudio del movimiento humano, para todo interesado, alentar a la integración de las diferentes escalas de análisis más que a la adherencia exclusiva a una de ellas: la neurobiología aporta saberes que aspiran a dialogar e interactuar con otros, sin pretensión alguna de erigirse como el modelo interpretativo único y excluyente de los demás.

Mucho queda por desarrollar en los siguientes cinco tomos, tal como en la introducción anticipamos. Las expectativas con respecto a la mayoría de los temas son amplias, sobre todo en lo inherente a la claridad y consistencia para la implementación práctica de las principales propuestas metodológicas. Entiendo que, entre la descripción escrita y gráfica de las actividades sumando, complementariamente, los códigos QR que remiten a distintos vídeos, el lector tendrá una idea bastante prístina de algunas posibilidades de intervención. Sobre todo, las más representativas del **ECM**. En definitiva, lo que se viene en los restantes tomos de esta colección, y ya con mayor detalle, es lo siguiente:

- **Tomo II:** enteramente dedicado al estudio de las funciones exteroceptivas, particularmente las actividades visuales, sin descuidar el análisis y las propuestas metodológicas para el entrenamiento de las facultades auditivas involucradas en la Motricidad Humana, complemento de gran importancia para la orientación espacial, la cronopsia y la estructuración témporo-espacial.
- **Tomo III:** en este caso, el foco está puesto en las propiedades interoceptivas, con un particular análisis de las facultades propioceptivas, la discriminación táctil y su integración como sensibilidad háptica, las funciones vestibulares y propuestas metodológicas concretas para su entrenamiento, con un capítulo especial dedicado al entrenamiento de los giros y sus aplicaciones en distintos contextos.
- **Tomo IV:** en este volumen trataremos las facultades cognitivas que median la relación entre la percepción y la elaboración de la secuencia motriz propiamente dicha, empezando por la estructuración espacial, temporal y témporo-espacial, la atención, memoria, lógica motriz y toma de decisiones.
- **Tomo V:** dedicado a la elaboración de la secuencia motriz, el control inhibitorio, la descarga descendente, los ajustes realimentarios para, finalmente, tratar dos asuntos de máximo interés, como lo son la lateralidad y el problema del inicio de la acción y el movimiento voluntario.

- **Tomo VI:** un último volumen de carácter enteramente práctico, con modelos específicos para fútbol, básquetbol, periodización del **ECM** en el deporte, adultos mayores y otros contextos aplicativos concretos.

En el marco de este último tomo también trataremos asuntos inherentes al problema de la realimentación y sus aplicaciones en la corrección de fallos en las distintas etapas del Aprendizaje Motor y el Entrenamiento de la Técnica. Se trata de un tema que llevo años estudiando, lo trabajé para la tesis de Licenciatura en Educación Física, y lo que me sigue sorprendiendo es la devolución positiva de todos los que toman esa clase y aplican luego sus sugerencias, de allí la decisión de incluir estos estudios en algún volumen de la obra. Dos temas importantes: consciencia corporal y creatividad motriz serán también tratados en esta colección, aunque a la fecha de redacción de este primer tomo, no he definido, aún, si incluirlos en el cuarto o quinto volumen.

Referencias Bibliográficas

Alarcón, Francisco (2018). "Neurociencia, Deporte y Educación". Wanceulen, Sevilla.

Altorfer, P., Adcock, M., de Bruin, E. D., Graf, F., & Giannouli, E. (2021). Feasibility of cognitive-motor exergames in geriatric inpatient rehabilitation: a pilot randomized controlled study. *Frontiers in aging neuroscience, 13,* 739948.

Amini, A., Vaezmousavi, M., & Shirvani, H. (2022). The effectiveness of cognitive-motor training on reconstructing cognitive health components in older male adults, recovered from the COVID-19. *Neurological Sciences,* 1-9.

Amini, A., Vaezmousavi, M., & Shirvani, H. (2023). Comparing the effect of individual and group cognitive-motor training on reconstructing subjective well-being and quality of life in older males, recovered from the COVID-19. *Cognitive Processing, 24*(3), 361-374.

An, H. J., Kim, J. I., Kim, Y. R., Lee, K. B., Kim, D. J., Yoo, K. T., & Choi, J. H. (2014). The effect of various dual task training methods with gait on the balance and gait of patients with chronic stroke. *Journal of physical therapy science, 26*(8), 1287-1291.

Ashford, M., Abraham, A., & Poolton, J. (2021). Understanding a player's decision-making process in team sports: a systematic review of empirical evidence. *Sports, 9*(5), 65.

Avedesian, J. M., Covassin, T., Baez, S., Nash, J., Nagelhout, E., & Dufek, J. S. (2021). Relationship between cognitive performance and lower extremity biomechanics: implications for sports-related concussion. *Orthopaedic journal of sports medicine, 9*(8), 23259671211032246.

Avedesian, J. M., Forbes, W., Covassin, T., & Dufek, J. S. (2022). Influence of cognitive performance on musculoskeletal injury risk: a systematic review. *The American journal of sports medicine, 50*(2), 554-562.

Avilés, C., Ruiz-Pérez, L. M., Navia, J. A., Rioja, N., & Sanz, D. (2014). La pericia perceptivo-motriz y cognición en el deporte: del enfoque ecológico y dinámico a la enacción. *Anales de Psicología/Annals of Psychology, 30*(2), 725-737.

Barban, F., Annicchiarico, R., Melideo, M., Federici, A., Lombardi, M. G., Giuli, S., & Caltagirone, C. (2017). Reducing fall risk with combined motor and cognitive training in elderly fallers. *Brain sciences, 7*(2), 19.

Behm, David (2019). "The Science and Physiology of Flexibility and Stretching". Routledge, London.

Béraud-Peigné, N., Maillot, P., & Perrot, A. (2024). The effects of a new immersive multidomain training on cognitive, dual-task and physical functions in older adults. *GeroScience, 46*(2), 1825-1841.

Bertollo, Maurizio (2021). "Advancements in Mental Skills Training". Routledge, London.

Bertozzi, F., Fischer, P. D., Hutchison, K. A., Zago, M., Sforza, C., & Monfort, S. M. (2023). Associations between cognitive function and ACL injury-related biomechanics: a systematic review. *Sports health, 15*(6), 855-866.

Beydokhti, M. M., & Janbozorgi, Z. Sports and Rehabilitation in Motor Cognition. *perspective*, *15*, 17.

Bik et al (2024). Brain-computer interfaces in weightlifting: enhancing strength performance on the barbell back squat through neurofeedback.

Bilalic, Merim (2017). "The Neuroscience of Expertise". Cambridge University Press, UK.

Bischoff, L. L., Cordes, T., Meixner, C., Schoene, D., Voelcker-Rehage, C., & Wollesen, B. (2021). Can cognitive-motor training improve physical functioning and psychosocial wellbeing in nursing home residents? A randomized controlled feasibility study as part of the PROCARE project. *Aging Clinical and Experimental Research*, *33*, 943-956.

Bizzi, E., & Mussa-Ivaldi, F. A. (1998). Neural basis of motor control and its cognitive implications. *Trends in Cognitive Sciences*, *2*(3), 97-102.

Blumenstein, Boris (2002). "Brain and Body in Sport and Exercise". Wiley, New York.

Boa Sorte Silva, N. C., Gill, D. P., Owen, A. M., Liu-Ambrose, T., Hachinski, V., Shigematsu, R., & Petrella, R. J. (2018). Cognitive changes following multiple-modality exercise and mind-motor training in older adults with subjective cognitive complaints: The M4 study. *PLoS One*, *13*(4), e0196356.

Boa Sorte Silva, N. C., Nagamatsu, L. S., Gill, D. P., Owen, A. M., & Petrella, R. J. (2020). Memory function and brain functional connectivity adaptations following multiple-modality exercise and mind–motor training in older adults at risk of dementia: an exploratory sub-study. *Frontiers in aging neuroscience*, *12*, 22.

Brandwayn, N., Restrepo, D., Martinez-Martinez, A. M., & Acevedo-Triana, C. (2020). Effect of fine and gross motor training or motor imagery, delivered via novel or routine modes, on cognitive function. *Applied Neuropsychology: Adult*.

Brito, M. A. D., Fernandes, J. R., Esteves, N. S. A., Müller, V. T., Alexandria, D. B., Pérez, D. I. V., & Miarka, B. (2022). The effect of neurofeedback on the reaction time and cognitive performance of athletes: A systematic review and meta-analysis. *Frontiers in human neuroscience*, *16*, 868450.

Broadbent, D. P., Causer, J., Williams, A. M., & Ford, P. R. (2015). Perceptual-cognitive skill training and its transfer to expert performance in the field: Future research directions. *European journal of sport science*, *15*(4), 322-331.

Bunge, Mario (1998). "El Problema Mente-Cerebro". Tecnos, Madrid.

Burcal, C. J., Needle, A. R., Custer, L., & Rosen, A. B. (2019). The effects of cognitive loading on motor behavior in injured individuals: a systematic review. *Sports Medicine*, *49*, 1233-1253.

Büttiker, J., Marks, D., Hanke, M., Ludyga, S., Marsico, P., Eggimann, B., & Giannouli, E. (2024). Cognitive-motor exergame training on a labile surface in stroke inpatients: study protocol for a randomized controlled trial. *Frontiers in Neurology*, *15*, 1402145.

Buzsáki, G., Peyrache, A., & Kubie, J. (2014). Emergence of cognition from action. In *Cold Spring Harbor symposia on quantitative biology* (Vol. 79, pp. 41-50). Cold Spring Harbor Laboratory Press.

Calderón, Javier (2016). "Neurofisiología Aplicada al Deporte". Tebas, Madrid.

Callari, T. C., Ciairano, S., & Re, A. (2012). Elderly-technology interaction: accessibility and acceptability of technological devices promoting motor and cognitive training. *Work*, *41*(Supplement 1), 362-369.

Calmels, C. (2020). Neural correlates of motor expertise: Extensive motor training and cortical changes. *Brain research*, *1739*, 146323.

Campanella, M., Cardinali, L., Ferrari, D., Migliaccio, S., Silvestri, F., Falcioni, L. & Bonavolontà, V. (2024). Effects of Fitlight training on cognitive-motor performance in élite judo athletes. *Heliyon*, *10*(7).

Canegallo, Mariano (2018). "Brain Vision Training". Edición Argentina, Buenos Aires.

Cappagli, G., Finocchietti, S., Cocchi, E., Giammari, G., Zumiani, R., Cuppone, A. V., ... & Gori, M. (2019). Audio motor training improves mobility and spatial cognition in visually impaired children. *Scientific reports*, *9*(1), 3303.

Carlstedt, Roland (2019). "Sport Neuroscience and Psychophysiology". Routledge, London.

Casella, A., Ventura, E., & Di Russo, F. (2022). The influence of a specific cognitive-motor training protocol on planning abilities and visual search in young soccer players. *Brain sciences*, *12*(12), 1624.

Cavalcante, B. R., de Souza, M. F., Falck, R. S., Liu-Ambrose, T., Behm, D. G., Pitangui, A. C. R., & de Araujo, R. C. (2020). Effects of resistance exercise with instability on cognitive function (REI Study): a proof-of-concept randomized controlled trial in older adults with cognitive complaints. *Journal of Alzheimer's Disease*, *77*(1), 227-239.

Chan, P. T., Chang, W. C., Chiu, H. L., Kao, C. C., Liu, D., Chu, H., & Chou, K. R. (2019). Effect of interactive cognitive-motor training on eye-hand coordination and cognitive function in older adults. *BMC geriatrics*, *19*, 1-10.

Chang, C. Y., Huang, C. J., & Hung, T. M. (2020). Sport cognitive neuroscience: Present and future. *Chinese J Psychol*, *62*(2), 245-266.

Chang, E. C. H., Chu, C. H., Karageorghis, C. I., Wang, C. C., Tsai, J. H. C., Wang, Y. S., & Chang, Y. K. (2017). Relationship between mode of sport training and general cognitive performance. *Journal of sport and health science*, *6*(1), 89-95.

Chang, M., Büchel, D., Reinecke, K., Lehmann, T., & Baumeister, J. (2022). Ecological validity in exercise neuroscience research: A systematic investigation. *European Journal of Neuroscience*, *55*(2), 487-509.

Chanubol, R., Wongphaet, P., Chavanich, N., Werner, C., Hesse, S., Bardeleben, A., & Merholz, J. (2012). A randomized controlled trial of Cognitive Sensory Motor Training Therapy on the recovery of arm function in acute stroke patients. *Clinical rehabilitation*, *26*(12), 1096-1104.

Chiaramonte, R., Bonfiglio, M., Leonforte, P., Coltraro, G. L., Guerrera, C. S., & Vecchio, M. (2022). Proprioceptive and dual-task training: the key of stroke rehabilitation, a systematic review. *Journal of functional morphology and kinesiology*, *7*(3), 53.

Chrysikou, E. G., Weber, M. J., & Thompson-Schill, S. L. (2014). A matched filter hypothesis for cognitive control. *Neuropsychologia*, *62*, 341-355.

Colom, R., Hua, X., Martínez, K., Burgaleta, M., Román, F. J., Gunter, J. L., & Thompson, P. M. (2016). Brain structural changes following adaptive cognitive training assessed by Tensor-Based Morphometry (TBM). *Neuropsychologia*, *91*, 77-85.

Colzato, L. S., Nitsche, M. A., & Kibele, A. (2017). Noninvasive brain stimulation and neural entrainment enhance athletic performance -a review-. *Journal of Cognitive Enhancement*, *1*, 73-79.

Cona, G., Cavazzana, A., Paoli, A., Marcolin, G., Grainer, A., & Bisiacchi, P. S. (2015). It's a matter of mind! Cognitive functioning predicts the athletic performance in ultra-marathon runners. *PloS one*, *10*(7), e0132943.

Conejero Suárez, M., Prado Serenini, A. L., Fernández-Echeverría, C., Collado-Mateo, D., & Moreno Arroyo, M. P. (2020). The effect of decision training, from a cognitive perspective, on decision-making in volleyball: A systematic review and meta-analysis. *International journal of environmental research and public health*, *17*(10), 3628.

Coppola, S., D'Anna, C., Minghelli, V., & Vastola, R. (2024). Ecological dynamics approach in physical education to promote cognitive skills development: A review. *Journal of Human Sport and Exercise*, *19*(3), 792-802.

Corrado, S., Tosti, B., Mancone, S., Di Libero, T., Rodio, A., Andrade, A., & Diotaiuti, P. (2024). Improving mental skills in precision sports by using neurofeedback training: a narrative review. *Sports*, *12*(3), 70.

Cratty, Bryant (1974). "Motricidad y Psiquismo". Miñón, Valladolid.

Da Silva-Grigoletto, M. E., Pereira-Monteiro, M. R., Aragão-Santos, J. C., Vasconcelos, A. B. S., Marcos-Pardo, P. J., & Fortes, L. D. S. (2024). Brain functional training: a perspective article. *Frontiers in Aging*, *5*, 1368878.

Dajani, D. R., & Uddin, L. Q. (2015). Demystifying cognitive flexibility: Implications for clinical and developmental neuroscience. *Trends in neurosciences*, *38*(9), 571-578.

Dallaway, N., Lucas, S. J., & Ring, C. (2021). Concurrent brain endurance training improves endurance exercise performance. *Journal of Science and Medicine in Sport*, *24*(4), 405-411.

Dallaway, N., Lucas, S., Marks, J., & Ring, C. (2023). Prior brain endurance training improves endurance exercise performance. *European Journal of Sport Science*, *23*(7), 1269-1278.

De Freitas, T. B., Leite, P. H. W., & Dona, F. (2020). The effects of dual task gait and balance training in Parkinson's disease: A systematic review. *Physiotherapy theory and practice*.

Delbroek, T., Vermeylen, W., & Spildooren, J. (2017). The effect of cognitive-motor dual task training with the biorescue force platform on cognition, balance and dual task performance in institutionalized older adults: a randomized controlled trial. *Journal of physical therapy science*, *29*(7), 1137-1143.

Demirakca, T., Cardinale, V., Dehn, S., Ruf, M., & Ende, G. (2016). The exercising brain: Changes in functional connectivity induced by an integrated multimodal cognitive and whole-body coordination training. *Neural plasticity*, *2016*(1), 8240894.

Díaz-García, J., García-Calvo, T., Manzano-Rodríguez, D., López-Gajardo, M. Á., Parraca, J. A., & Ring, C. (2023). Brain endurance training improves shot speed and accuracy in grassroots padel players. *Journal of Science and Medicine in Sport, 26*(7), 386-393.

Diekfuss, J. A., Hogg, J. A., Grooms, D. R., Slutsky-Ganesh, A. B., Singh, H., Bonnette, S., & Myer, G. D. (2020). Can we capitalize on central nervous system plasticity in young athletes to inoculate against injury? *Journal of Science in Sport and Exercise, 2*(4), 305-318.

Doniger, G. M., Beeri, M. S., Bahar-Fuchs, A., Gottlieb, A., Tkachov, A., Kenan, H., & Plotnik, M. (2018). Virtual reality-based cognitive-motor training for middle-aged adults at high Alzheimer's disease risk: A randomized controlled trial. *Alzheimer's & Dementia: Translational Research & Clinical Interventions, 4*, 118-129.

Dorfman, M., Herman, T., Brozgol, M., Shema, S., Weiss, A., Hausdorff, J. M., & Mirelman, A. (2014). Dual-task training on a treadmill to improve gait and cognitive function in elderly idiopathic fallers. *Journal of Neurologic Physical Therapy, 38*(4), 246-253.

Du, Y., Krakauer, J. W., & Haith, A. M. (2022). The relationship between habits and motor skills in humans. *Trends in Cognitive Sciences, 26*(5), 371-387.

Eggenberger, P. (2017). *Interactive Cognitive-Motor Training in older Adults–The Extra Boost for Cognitive Performance and Brain Function?* (Doctoral dissertation, ETH Zurich).

Elliot, Digby (2010). "Vision and Goal-Directed Movement". Human Kinetics, USA.

Evans, J. J., Greenfield, E., Wilson, B. A., & Bateman, A. (2009). Walking and talking therapy: Improving cognitive-motor dual-tasking in neurological illness. *Journal of the international Neuropsychological society, 15*(1), 112-120.

Fadde, P. J., & Zaichkowsky, L. (2018). Training perceptual-cognitive skills in sports using technology. *Journal of Sport Psychology in Action, 9*(4), 239-248.

Falbo, S., Condello, G., Capranica, L., Forte, R., & Pesce, C. (2016). Effects of physical-cognitive dual task training on executive function and gait performance in older adults: a randomized controlled trial. *BioMed research international, 2016*(1), 5812092.

Faria, A. L., Cameirão, M. S., Couras, J. F., Aguiar, J. R., Costa, G. M., & Bermúdez i Badia, S. (2018). Combined cognitive-motor rehabilitation in virtual reality improves motor outcomes in chronic stroke–a pilot study. *Frontiers in psychology, 9*, 854.

Farrow, Damian (2024). "Developing Sport Expertise". Routledge, London.

Faubert, J., & Sidebottom, L. (2012). Perceptual-cognitive training of athletes. *Journal of Clinical Sport Psychology, 6*(1), 85-102.

Fernández Del Olmo, Miguel (2012). "Neurofisiología Aplicada a la Actividad Física". Síntesis, Madrid.

Fleddermann, M. T., Heppe, H., & Zentgraf, K. (2019). Off-court generic perceptual-cognitive training in elite volleyball athletes: Task-specific effects and levels of transfer. *Frontiers in psychology, 10*, 1599.

Fraser, S. A., Li, K. Z. H., Berryman, N., Desjardins-Crépeau, L., Lussier, M., Vadaga, K., & Bherer, L. (2017). Does combined physical and cognitive training improve dual-task balance and gait outcomes in sedentary older adults? *Frontiers in human neuroscience, 10*, 688.

Fritz, N. E., Cheek, F. M., & Nichols-Larsen, D. S. (2015). Motor-cognitive dual-task training in persons with neurologic disorders: a systematic review. *Journal of neurologic physical therapy, 39*(3), 142-153.

Gallou-Guyot, M., Mandigout, S., Bherer, L., & Perrochon, A. (2020). Effects of exergames and cognitive-motor dual-task training on cognitive, physical and dual-task functions in cognitively healthy older adults: an overview. *Ageing research reviews, 63*, 101135.

García-López, H., de los Ángeles Castillo-Pintor, M., Castro-Sánchez, A. M., Lara-Palomo, I. C., Obrero-Gaitán, E., & Cortés-Pérez, I. (2023). Efficacy of Dual-Task Training in Patients with Parkinson's Disease: A Systematic Review with Meta-Analysis. *Movement Disorders Clinical Practice, 10*(9), 1268-1284.

Georgopoulos, A. P. (2000). Neural aspects of cognitive motor control. *Current opinion in neurobiology, 10*(2), 238-241.

Georgopoulos, A. P. (2002). Cognitive motor control: spatial and temporal aspects. *Current Opinion in Neurobiology, 12*(6), 678-683.

Ghai, S., Ghai, I., & Effenberg, A. O. (2017). Effects of dual tasks and dual-task training on postural stability: a systematic review and meta-analysis. *Clinical interventions in aging*, 557-577.

Gholami, F., Letafatkar, A., Moghadas Tabrizi, Y., Gokeler, A., Rossettini, G., Ghanati, H. A., & Schöllhorn, W. I. (2023). Comparing the effects of differential and visuo-motor training on functional performance, biomechanical, and psychological factors in athletes after ACL reconstruction: A randomized controlled trial. *Journal of clinical medicine, 12*(8), 2845.

Gonçalves, D. S., Moscaleski, L. A., da Silva, G. M., Morgans, R., Okano, A. H., & Moreira, A. (2024). The Effect of Combined Transcranial Direct Current Stimulation and Pneumatic Compression as Part of a Comprehensive Recovery Strategy in Professional Male Top-Level Soccer Players. *The Journal of Strength & Conditioning Research, 38*(9), 1658-1666.

González-Millán, S., Illera-Domínguez, V., Toro-Román, V., Fernández-Valdés, B., Morral-Yepes, M., Albesa-Albiol, L., & Caparrós, T. (2024). Effects of adding dual-task or sport-specific task constrains to jump-landing tests on biomechanical parameters related to injury risk factors in team sports: a systematic review. *PeerJ, 12*, e17720.

Grand, David (2015). "Así es tu Cerebro cuando haces Deporte". Eleftheria, Barcelona.

Gregory, M. A., Gill, D. P., Shellington, E. M., Liu-Ambrose, T., Shigematsu, R., Zou, G., & Petrella, R. J. (2016). Group-based exercise and cognitive-physical training in older adults with self-reported cognitive complaints: The Multiple-Modality, Mind-Motor (M4) study protocol. *BMC geriatrics, 16*, 1-14.

Grooms, D., Appelbaum, G., & Onate, J. (2015). Neuroplasticity following anterior cruciate ligament injury: a framework for visual-motor training approaches in rehabilitation. *journal of orthopaedic & sports physical therapy, 45*(5), 381-393.

Hadlow, S. M., Panchuk, D., Mann, D. L., Portus, M. R., & Abernethy, B. (2018). Modified perceptual training in sport: a new classification framework. *Journal of Science and Medicine in Sport, 21*(9), 950-958.

Harris, D. J., Wilson, M. R., & Vine, S. J. (2018). A systematic review of commercial cognitive training devices: implications for use in sport. *Frontiers in psychology, 9*, 709.

Hayakawa, K., & Kobayashi, K. (2015). Effect of a 5-year cognitive motor training program on intellectually disabled youth. *Comprehensive Psychology, 2*, 02-IT.

He, Y., Yang, L., Zhou, J., Yao, L., & Pang, M. Y. C. (2018). Dual-task training effects on motor and cognitive functional abilities in individuals with stroke: a systematic review. *Clinical Rehabilitation, 32*(7), 865-877.

Herold, F., Hamacher, D., Schega, L., & Müller, N. G. (2018). Thinking while moving or moving while thinking -concepts of motor-cognitive training for cognitive performance enhancement. *Frontiers in aging neuroscience, 10*, 364696.

Herold, F., Törpel, A., Schega, L., & Müller, N. G. (2019). Functional and/or structural brain changes in response to resistance exercises and resistance training lead to cognitive improvements -a systematic review. *European Review of Aging and Physical Activity, 16*, 1-33.

Hodges, N. J., Wyder-Hodge, P. A., Hetherington, S., Baker, J., Besler, Z., & Spering, M. (2021). Topical review: Perceptual-cognitive skills, methods, and skill-based comparisons in interceptive sports. *Optometry and Vision Science, 98*(7), 681-695.

Hofheinz, M., Mibs, M., & Elsner, B. (2019). Dual task training for improving balance and gait in people with stroke. *The Cochrane Database of Systematic Reviews, 2016*(10).

Holmes, P. S., & Wright, D. J. (2017). Motor cognition and neuroscience in sport psychology. *Current opinion in psychology, 16*, 43-47.

Hsu, W. Y., Block, V. J., Wijangco, J., Henderson, K., Nylander, A., Koshal, K., & Bove, R. M. (2024). Cognitive function influences cognitive-motor interference during dual task walking in multiple sclerosis. *Multiple Sclerosis and Related Disorders, 85*, 105516.

Icaza Campa, Héctor (2023). "Educación Física y Neurociencias". Kromática, México.

Jansen, P., & Dahmen-Zimmer, K. (2012). Effects of cognitive, motor, and karate training on cognitive functioning and emotional well-being of elderly people. *Frontiers in psychology, 3*, 40.

Johansson, H., Folkerts, A. K., Hammarström, I., Kalbe, E., & Leavy, B. (2023). Effects of motor-cognitive training on dual-task performance in people with Parkinson's disease: a systematic review and meta-analysis. *Journal of Neurology, 270*(6), 2890-2907.

Jung, J., & Lee, S. (2022). Comparison of Usability and Prefrontal Cortex Activity of Cognitive-Motor Training Programs using Sensor-Based Interactive Systems. *Physical Therapy Rehabilitation Science, 11*(4), 571-578.

Jung, J., Kim, Y. S., & Lee, S. (2021). The Motor-cognitive Training on Cognition and Physical Performance in the Older Adults with Mild Cognition Impairment: A Literature Review. *Physical Therapy Rehabilitation Science, 10*(4), 493-502.

Kannan, L., Vora, J., Bhatt, T., & Hughes, S. L. (2019). Cognitive-motor exergaming for reducing fall risk in people with chronic stroke: a randomized controlled trial. *NeuroRehabilitation, 44*(4), 493-510.

Karageorgis, Costas (2017). "Applying Music in Exercise and Sport". Human Kinetics, USA.

Keerthika, N., & Kiruthika, V. (2024). Integrating Electroencephalography with Motophysic training: Assessing the shift in fitness and cognitive functions in elite youth soccer players. *Heliyon, 10*(14).

Kelso, Scott (1995). "Dynamic Patterns". MIT Press, Massachusetts.

Kim, E. J., & Kim, J. J. (2023). Neurocognitive effects of stress: a metaparadigm perspective. *Molecular Psychiatry, 28*(7), 2750-2763.

Kim, G. Y., Han, M. R., & Lee, H. G. (2014). Effect of dual-task rehabilitative training on cognitive and motor function of stroke patients. *Journal of physical therapy science, 26*(1), 1-6.

Latash, Mark (2021). "Bernstein´s Construction of Movements". Routledge, London.

Latino, F., & Tafuri, F. (2024). Physical Activity and Cognitive Functioning. *Medicina, 60*(2), 216.

Le Boulch, Jean (1975). "Hacia una Ciencia del Movimiento Humano". Paidós, Buenos Aires.

Lee, Y., Jung, J., Kim, H., & Lee, S. (2024). Comparison of the Influence of Dual-Task Activities on Prefrontal Activation and Gait Variables in Older Adults with Mild Cognitive Impairment during Straight and Curved Walking. *Medicina, 60*(2), 235.

Leisman, G., Moustafa, A. A., & Shafir, T. (2016). Thinking, walking, talking: integratory motor and cognitive brain function. *Frontiers in public health, 4*, 94.

Levine, S. C., Goldin-Meadow, S., Carlson, M. T., & Hemani-Lopez, N. (2018). Mental transformation skill in young children: The role of concrete and abstract motor training. *Cognitive Science, 42*(4), 1207-1228.

Li, K. Z., Roudaia, E., Lussier, M., Bherer, L., Leroux, A., & McKinley, P. A. (2010). Benefits of cognitive dual-task training on balance performance in healthy older adults. *Journals of Gerontology Series A: Biomedical Sciences and Medical Sciences, 65*(12), 1344-1352.

Li, L., & Smith, D. M. (2021). Neural efficiency in athletes: a systematic review. *Frontiers in Behavioral Neuroscience, 15*, 698555.

Li, Y. (2020). Correlation between mental fatigue and sports management. *Revista Argentina de Clínica Psicológica, 29*(2), 564.

Libertus, K., & Hauf, P. (2017). Motor skills and their foundational role for perceptual, social, and cognitive development. *Frontiers in psychology, 8*, 301.

Liu, Y. C., Yang, Y. R., Tsai, Y. A., & Wang, R. Y. (2017). Cognitive and motor dual task gait training improve dual task gait performance after stroke-A randomized controlled pilot trial. *Scientific reports, 7*(1), 4070.

Loffing, F., & Cañal-Bruland, R. (2017). Anticipation in sport. *Current opinion in psychology, 16*, 6-11.

Logan, N. E., Henry, D. A., Hillman, C. H., & Kramer, A. F. (2023). Trained athletes and cognitive function: a systematic review and meta-analysis. *International Journal of Sport and Exercise Psychology, 21*(4), 725-749.

Lucia, S., Aydin, M., & Di Russo, F. (2023). Sex differences in cognitive-motor dual-task training effects and in brain processing of semi-elite basketball players. *Brain Sciences, 13*(3), 443.

Lucia, S., Bianco, V., Boccacci, L., & Di Russo, F. (2021). Effects of a cognitive-motor training on anticipatory brain functions and sport performance in semi-elite basketball players. *Brain Sciences, 12*(1), 68.

MacIntyre, T. E., Igou, E. R., Campbell, M. J., Moran, A. P., & Matthews, J. (2014). Metacognition and action: a new pathway to understanding social and cognitive aspects of expertise in sport. *Frontiers in psychology, 5*, 1155.

Mack, M., Stojan, R., Bock, O., & Voelcker-Rehage, C. (2022). Cognitive-motor multitasking in older adults: a randomized controlled study on the effects of individual differences on training success. *BMC geriatrics, 22*(1), 581.

Marineau, E., Ducas, J., Mathieu, J., Rodriguez, A. D. P., Descarreaux, M., & Abboud, J. (2024). From novice to expert: How expertise shapes motor variability in sports biomechanics -a scoping review. *Scandinavian Journal of Medicine & Science in Sports, 34*(8), e14706.

Martin-Niedecken, A. L., Bucher, V., Adcock, M., de Bruin, E. D., & Schättin, A. (2023). Impact of an Exergame intervention on cognitive-motor functions and training experience in Young team sports athletes: a non-randomized controlled trial. *Frontiers in Sports and Active Living, 5*, 1170783.

Martino Cinnera, A., Bisirri, A., Leone, E., Morone, G., & Gaeta, A. (2021). Effect of dual-task training on balance in patients with multiple sclerosis: A systematic review and meta-analysis. *Clinical Rehabilitation, 35*(10), 1399-1412.

Masaki, H., & Sommer, W. (2012). Cognitive neuroscience of motor learning and motor control. *The Journal of Physical Fitness and Sports Medicine, 1*(3), 369-380.

Mason, B., McKune, A., Pumpa, K., & Ball, N. (2020). The use of acute exercise interventions as game day priming strategies to improve physical performance and athlete readiness in team-sport athletes: A systematic review. *Sports Medicine, 50*(11), 1943-1962.

Maurera Cid, Fernando (2018). "Principios de Neuroeducación Física". Bubok, Santiago de Chile.

Mc Morris, Terry (2009). "Exercise and Cognitive Function". Wiley-Blackwell, Oxford.

McPherson, S. L., & Vickers, J. N. (2004). Cognitive control in motor expertise. *International Journal of Sport and Exercise Psychology, 2*(3), 274-300.

Meinel, Kurt (2013). "Teoría del Movimiento". Stadium, Buenos Aires.

Mendel, T., Barbosa, W. O., & Sasaki, A. C. (2015). Dual task training as a therapeutic strategy in neurologic physical therapy: a literature review. *CEP, 41810*, 480.

Mendoza, G., & Merchant, H. (2014). Motor system evolution and the emergence of high cognitive functions. *Progress in neurobiology, 122*, 73-93.

Mitchell R. Smith, Linus Zeuwts, Matthieu Lenoir, Nathalie Hens, Laura M. S. De Jong & Aaron J. Coutts (2016) Mental fatigue impairs soccer-specific decision-making skill, Journal of Sports Sciences, 34:14, 1297-1304.

Moen, F., Hrozanova, M., & Stiles, T. (2018). The effects of perceptual-cognitive training with Neurotracker on executive brain functions among elite athletes. *Cogent Psychology, 5*(1), 1544105.

Moran, A., Campbell, M., & Toner, J. (2019). Exploring the cognitive mechanisms of expertise in sport: Progress and prospects. *Psychology of sport and exercise, 42*, 8-15.

Moreau, D. (2015). Brains and brawn: Complex motor activities to maximize cognitive enhancement. *Educational Psychology Review, 27*, 475-482.

Moreau, D., & Conway, A. R. (2013). Cognitive enhancement: a comparative review of computerized and athletic training programs. *International Review of Sport and Exercise Psychology, 6*(1), 155-183.

Moreau, D., Morrison, A. B., & Conway, A. R. (2015). An ecological approach to cognitive enhancement: Complex motor training. *Acta psychologica, 157*, 44-55.

Moreira, P. E. D., Dieguez, G. T. D. O., Bredt, S. D. G. T., & Praça, G. M. (2021). The acute and chronic effects of dual-task on the motor and cognitive performances in athletes: a systematic review. *International journal of environmental research and public health, 18*(4), 1732.

Morris, Tony (2005). "Imagery in Sports". Human Kinetics, USA.

Mulder, T. (2007). Motor imagery and action observation: cognitive tools for rehabilitation. *Journal of neural transmission, 114*, 1265-1278.

Munzert, J., Lorey, B., & Zentgraf, K. (2009). Cognitive motor processes: the role of motor imagery in the study of motor representations. *Brain research reviews, 60*(2), 306-326.

Muñoz-Parreño, Julián (2019). Neuroacción. Cedro, Vigo.

Myszka, S., Yearby, T., & Davids, K. (2023). (Re) conceptualizing movement behavior in sport as a problem-solving activity. *Frontiers in sports and active living, 5*, 1130131.

Nasu, D., Yamaguchi, M., Kobayashi, A., Saijo, N., Kashino, M., & Kimura, T. (2020). Behavioral measures in a cognitive-motor batting task explain real game performance of top athletes. *Frontiers in Sports and Active Living, 2*, 55.

Navarro Ardoy, Daniel (2023). "Del Cerebro al Cuerpo". INDE, Barcelona.

Nematpour, F., Mazraehjahani, M., Esirkepova, R., & Beydokhti, M. M. (2017). Sport Training and Neural Function Based on EEG Analysis of Athlete's Performance. *Brain, 10*, 11.

Ness, B. M., Zimney, K., Schweinle, W. E., & Cleland, J. A. (2020). Dual-task assessment implications for anterior cruciate ligament injury: A systematic review. *International journal of sports physical therapy, 15*(6), 840.

Netz, Y. (2019). Is there a preferred mode of exercise for cognition enhancement in older age? -a narrative review. *Frontiers in medicine, 6,* 57.

Nieto-Guisado, A., Solana-Tramunt, M., Cabrejas, C., & Morales, J. (2024). The Effects of an 8-Week Cognitive–Motor Training Program on Proprioception and Postural Control Under Single and Dual Task in Older Adults: A Randomized Clinical Trial. In *Healthcare* (Vol. 12, No. 22, p. 2297). MDPI.

Nimphius, S., Callaghan, S. J., Bezodis, N. E., & Lockie, R. G. (2018). Change of direction and agility tests: Challenging our current measures of performance. *Strength & Conditioning Journal, 40*(1), 26-38.

Norouzi, E., Vaezmosavi, M., Gerber, M., Pühse, U., & Brand, S. (2019). Dual-task training on cognition and resistance training improved both balance and working memory in older people. *The Physician and sportsmedicine, 47*(4), 471-478.

Norsworthy, C., Gorczynski, P., & Jackson, S. A. (2017). A systematic review of flow training on flow states and performance in elite athletes. *Graduate Journal of Sport, Exercise & Physical Education Research, 6,* 16-28.

Pang, M. Y. C., Yang, L., Ouyang, H., Lam, F. M. H., Huang, M., & Jehu, D. A. (2018). Dual-task exercise reduces cognitive-motor interference in walking and falls after stroke: a randomized controlled study. *Stroke, 49*(12), 2990-2998.

Park, N. A. (2023). *Brain Training and Athletic Performance in Youth Athletes* (Master's thesis, Sam Houston State University).

Patel, R., Spreng, R. N., & Turner, G. R. (2013). Functional brain changes following cognitive and motor skills training: a quantitative meta-analysis. *Neurorehabilitation and neural repair, 27*(3), 187-199.

Pellicer Royo, Irene (2015). "NeuroEF". INDE, Barcelona.

Pérez, Marcial (2014). "Cerebro que Aprende". Autoría, Buenos Aires.

Pérez, Marcial (2017). "Mente Deportiva". Autoría, Buenos Aires.

Peters, Michael (2012). "See to Play". Bascom Hill, Minneapolis.

Pichierri, G., Wolf, P., Murer, K., & de Bruin, E. D. (2011). Cognitive and cognitive-motor interventions affecting physical functioning: a systematic review. *BMC geriatrics, 11,* 1-19.

Piervincenzi, C., Ben-Soussan, T. D., Mauro, F., Mallio, C. A., Errante, Y., Quattrocchi, C. C., & Carducci, F. (2017). White matter microstructural changes following quadrato motor training: A longitudinal study. *Frontiers in human neuroscience, 11,* 590.

Pietsch, S., & Jansen, P. (2018). Laterality-specific training improves mental rotation performance in young soccer players. *Frontiers in Psychology, 9,* 220.

Pietsch, S., Böttcher, C., & Jansen, P. (2017). Cognitive motor coordination training improves mental rotation performance in primary school-aged children. *Mind, Brain, and Education, 11*(4), 176-180.

Pineda, R. C., Krampe, R. T., Vanlandewijck, Y., & Van Biesen, D. (2022). Cognitive–motor multitasking in athletes with and without intellectual impairment. *Scandinavian Journal of Medicine & Science in Sports, 32*(2), 424-434.

Pineda, R. C., Krampe, R., Vanlandewijck, Y., & Van Biesen, D. (2022). Cognitive-motor multitasking in athletes with and without intellectual impairment. *Scandinavian Journal of Medicine & Science in Sports, 32*(2), 424-434.

Pittera, Carmelo (2017). "El Sistema PSI.CO.M Desarrollo de la Actividad Cognitivo-Motora". Fundación Carmelo Pittera, Buenos Aires.

Pittera, Carmelo: (2013). "Sistema S.E.L.L Mini Voley". Scholem, Buenos Aires.

Porter, C., Gorman, A. D., Pepping, G. J., Chalkley, D., & Renshaw, I. Transfer of perceptual-motor expertise in sport: A scoping review protocol.

Pruna, R., & Bahdur, K. (2016). Cognition in football. *Journal of Novel Physiotherapies, 6*(06).

Pucci, V., Guerra, C., Barsi, A., Nucci, M., & Mondini, S. (2024). How long have you exercised in your life? The effect of motor reserve and current physical activity on cognitive performance. *Journal of the International Neuropsychological Society, 30*(1), 11-17.

Redolar Ripoll, Diego (2013). "Neurociencia Cognitiva". Panamericana, Madrid.

Redolar Ripoll, Diego (2019). "Psicobiología". Panamericana, Madrid.

Ren, J., Wu, Y. D., Chan, J. S., & Yan, J. H. (2013). Cognitive aging affects motor performance and learning. *Geriatrics & gerontology international, 13*(1), 19-27.

Renshaw, I., Davids, K., Araújo, D., Lucas, A., Roberts, W. M., Newcombe, D. J., & Franks, B. (2019). Evaluating weaknesses of "perceptual-cognitive training" and "brain training" methods in sport: An ecological dynamics critique. *Frontiers in psychology, 9*, 2468.

Richlan, F., Weiß, M., Kastner, P., & Braid, J. (2023). Virtual training, real effects: A narrative review on sports performance enhancement through interventions in virtual reality. *Frontiers in Psychology, 14*, 1240790.

Ripoll, H., Kerlirzin, Y., Stein, J. F., & Reine, B. (1995). Analysis of information processing, decision making, and visual strategies in complex problem-solving sport situations. *Human movement science, 14*(3), 325-349.

Russo, G., & Ottoboni, G. (2019). The perceptual–Cognitive skills of combat sports athletes: A systematic review. *Psychology of Sport and Exercise, 44*, 60-78.

Sakalidis, K. E., Burns, J., Van Biesen, D., Dreegia, W., & Hettinga, F. J. (2021). The impact of cognitive functions and intellectual impairment on pacing and performance in sports. *Psychology of Sport and Exercise, 52*, 101840.

Sanz-Matesanz, M., Martínez-Aranda, L. M., & Gea-García, G. M. (2024). Effects of a Physical Training Program on Cognitive and Physical Performance and Health-Related Variables in Professional esports Players: A Pilot Study. *Applied Sciences, 14*(7), 2845.

Sassaroli, D. H. (2017). 5cro - Entrenamiento Plural Sincronizado I.

Sassaroli, D. H. (2017). ¿De qué hablamos cuando decimos neurobasquet?

Schaefer, S. (2014). The ecological approach to cognitive–motor dual-tasking: findings on the effects of expertise and age. *Frontiers in psychology, 5*, 1167.

Schaefer, S., & Schumacher, V. (2011). The interplay between cognitive and motor functioning in healthy older adults: Findings from dual-task studies and suggestions for intervention. Gerontology, 57(3), 239–246.

Schapschröer, M., Lemez, S., Baker, J., & Schorer, J. (2016). Physical load affects perceptual-cognitive performance of skilled athletes: a systematic review. *Sports medicine-open, 2*, 1-16.

Scharfen, H. E., & Memmert, D. (2019). Measurement of cognitive functions in experts and elite athletes: A meta-analytic review. *Applied Cognitive Psychology, 33*(5), 843-860.

Scharfen, H. E., & Memmert, D. (2021). Cognitive training in elite soccer players: evidence of narrow, but not broad transfer to visual and executive function. *German Journal of Exercise and Sport Research, 51*(2), 135-145.

Schmitt, A., Upadhyay, N., Martin, J. A., Rojas, S., Strüder, H. K., & Boecker, H. (2019). Modulation of distinct intrinsic resting state brain networks by acute exercise bouts of differing intensity. *Brain Plasticity, 5*(1), 39-55.

Schoene, D., Valenzuela, T., Lord, S. R., & de Bruin, E. D. (2014). The effect of interactive cognitive-motor training in reducing fall risk in older people: a systematic review. *BMC geriatrics, 14*, 1-22.

Schoene, D., Valenzuela, T., Toson, B., Delbaere, K., Severino, C., Garcia, J., ... & Lord, S. R. (2015). Interactive cognitive-motor step training improves cognitive risk factors of falling in older adults–a randomized controlled trial. *PLoS one, 10*(12), e0145161.

Schonbrun, Zach (2018). "The Performance Cortex". Dutton, New York.

Senette, C., Trujillo, A., Perrone, E., Bargagna, S., Buzzi, M. C., Buzzi, M., ... & Piatti, A. E. (2018). An interactive cognitive-motor training system for children with intellectual disability. In *Universal Access in Human-Computer Interaction. Methods, Technologies, and Users: 12th International Conference, UAHCI 2018, Held as Part of HCI International 2018, Las Vegas, NV, USA, July 15-20, 2018, Proceedings, Part I 12* (pp. 571-582). Springer International Publishing.

Serrien, D. J., Ivry, R. B., & Swinnen, S. P. (2007). The missing link between action and cognition. *Progress in neurobiology, 82*(2), 95-107.

Siekańska, M., Bondár, R. Z., di Fronso, S., Blecharz, J., & Bertollo, M. (2021). Integrating technology in psychological skills training for performance optimization in elite athletes: A systematic review. *Psychology of Sport and Exercise, 57*, 102008.

Silvestri, F., Campanella, M., Bertollo, M., Albuquerque, M. R., Bonavolontà, V., Perroni, F., ... & Curzi, D. (2023). Acute effects of fitlight training on cognitive-motor processes in young basketball players. *International Journal of Environmental Research and Public Health, 20*(1), 817.

Skala, F., & Zemkova, E. (2022). Effects of acute fatigue on cognitive performance in team sport players: Does it change the way they perform? A scoping review. *Applied Sciences, 12*(3), 1736.

Slimani, M., Bragazzi, N. L., Tod, D., Dellal, A., Hue, O., Cheour, F., & Chamari, K. (2016). Do cognitive training strategies improve motor and positive psychological skills development in soccer players? Insights from a systematic review. *Journal of sports sciences, 34*(24), 2338-2349.

Slimani, M., Bragazzi, N. L., Tod, D., Dellal, A., Hue, O., Cheour, F., ... & Chamari, K. (2016). Do cognitive training strategies improve motor and positive psychological skills development in soccer players? Insights from a systematic review. *Journal of sports sciences, 34*(24), 2338-2349.

Smith, M. R., Coutts, A. J., Merlini, M., Deprez, D., Lenoir, M., & Marcora, S. M. (2016). Mental fatigue impairs soccer-specific physical and technical performance. *Medicine and science in sports and exercise, 48*(2), 267-276.

Spani, F., Carducci, F., Piervincenzi, C., Ben-Soussan, T. D., Mallio, C. A., & Quattrocchi, C. C. (2024). Assessing brain neuroplasticity: Surface morphometric analysis of cortical changes induced by Quadrato motor training. *Journal of Anatomy.*

Spunt, R. P., Kemmerer, D., & Adolphs, R. (2016). The neural basis of conceptualizing the same action at different levels of abstraction. *Social cognitive and affective neuroscience, 11*(7), 1141-1151.

Staiano, W., Marcora, S., Romagnoli, M., Kirk, U., & Ring, C. (2023). Brain Endurance Training improves endurance and cognitive performance in road cyclists. *Journal of science and medicine in sport, 26*(7), 375-385.

Staller, M. S., & Körner, S. (2019). Commentary: complex motor learning and police training: applied, cognitive, and clinical perspectives. *Frontiers in psychology, 10*, 2444.

Sun, H., Soh, K. G., Mohammadi, A., Toumi, Z., Zhang, L., Ding, C., ... & Tian, J. (2024). Counteracting mental fatigue for athletes: a systematic review of the interventions. *BMC psychology, 12*(1), 67.

Tait, J. L., Duckham, R. L., Milte, C. M., Main, L. C., & Daly, R. M. (2017). Influence of sequential vs. simultaneous dual-task exercise training on cognitive function in older adults. *Frontiers in aging neuroscience, 9*, 368.

Tamorri, Stéfano (2004). "Neurociencias y Deporte". Paidotribo, Barcelona.

Tan, S. J., Kerr, G., Sullivan, J. P., & Peake, J. M. (2019). A brief review of the application of neuroergonomics in skilled cognition during expert sports performance. *Frontiers in human neuroscience, 13*, 278.

Taubert, M., Lohmann, G., Margulies, D. S., Villringer, A., & Ragert, P. (2011). Long-term effects of motor training on resting-state networks and underlying brain structure. *Neuroimage, 57*(4), 1492-1498.

Theill, N., Schumacher, V., Adelsberger, R., Martin, M., & Jäncke, L. (2013). Effects of simultaneously performed cognitive and physical training in older adults. *BMC neuroscience, 14*, 1-14.

Thomas, M. (2012). The effect of different movement exercises on cognitive and motor abilities. *Advances in Physical Education, 2*(04), 172.

Tod, D, Edwards, C, McGuigan, M and Lovell, G (2015) A Systematic Review of the Effect of Cognitive Strategies on Strength Performance. SPORTS MEDICINE, 45 (11). pp. 1589-1602.

Tomporowski, P. D., & Pesce, C. (2019). Exercise, sports, and performance arts benefit cognition via a common process. *Psychological bulletin, 145*(9), 929.

Tramontano, M., Argento, O., Bustos, A. S. O., De Angelis, S., Montemurro, R., Bossa, M., & Nocentini, U. (2023). Cognitive-motor dual-task training improves dynamic stability during straight and curved gait in patients with multiple sclerosis: a randomized controlled trial. *European Journal of physical and rehabilitation Medicine, 60*(1), 27.

Trejo, José Luis (2024). "El Cerebro en Movimiento". CSIC, Madrid.

Van Biesen, D., Jacobs, L., McCulloch, K., Janssens, L., & Vanlandewijck, Y. C. (2018). Cognitive-motor dual-task ability of athletes with and without intellectual impairment. *Journal of sports sciences, 36*(5), 513-521.

Varela-Vásquez, L. A., Minobes-Molina, E., & Jerez-Roig, J. (2020). Dual-task exercises in older adults: A structured review of current literature. *Journal of frailty, sarcopenia and falls, 5*(2), 31.

Vater, C., Gray, R., & Holcombe, A. O. (2021). A critical systematic review of the Neurotracker perceptual-cognitive training tool. *Psychonomic bulletin & review*, 1-26.

Vickers, J. N., Reeves, M. A., Chambers, K. L., & Martell, S. (2004). Decision training: Cognitive strategies for enhancing motor performance. In *Skill acquisition in sport* (pp. 127-144). Routledge.

Vickers, Joan (2007). "Perception, Cognition and Decision Training". Human Kinetics, USA.

Voelcker-Rehage, C., Godde, B., & Staudinger, U. M. (2010). Physical and motor fitness are both related to cognition in old age. *European Journal of Neuroscience, 31*(1), 167-176.

Voss, M. W., Kramer, A. F., Basak, C., Prakash, R. S., & Roberts, B. (2010). Are expert athletes 'expert' in the cognitive laboratory? A meta-analytic review of cognition and sport expertise. *Applied cognitive psychology, 24*(6), 812-826.

Voyer, D., & Jansen, P. (2017). Motor expertise and performance in spatial tasks: A meta-analysis. *Human Movement Science, 54*, 110-124.

Walton, C. C., Keegan, R. J., Martin, M., & Hallock, H. (2018). The potential role for cognitive training in sport: more research needed. *Frontiers in psychology, 9*, 1121.

Wang, L., Yu, G., & Chen, Y. (2023). Effects of dual-task training on chronic ankle instability: a systematic review and meta-analysis. *BMC musculoskeletal disorders, 24*(1), 814.

Ward, P., Farrow, D., Harris, K. R., Williams, A. M., Eccles, D. W., & Ericsson, K. A. (2008). Training perceptual-cognitive skills: Can sport psychology research inform military decision training? *Military Psychology, 20*(sup1), S71-S102.

Watt, Anthony (2003). "Development and Validation of the Sport Imagery Ability". Victoria University of Technology, Canada.

Wilke, J., Groneberg, D., Banzer, W., & Giesche, F. (2020). Perceptual–cognitive function and unplanned athletic movement task performance: A systematic review. *International journal of environmental research and public health, 17*(20), 7481.

Williams, Mark (2019). "Anticipation and Decision Making in Sports". Routledge, London.

Wollesen, B., & Voelcker-Rehage, C. (2014). Training effects on motor–cognitive dual-task performance in older adults: A systematic review. *European Review of Aging and Physical Activity, 11*, 5-24.

Wollesen, B., Janssen, T. I., Müller, H., & Voelcker-Rehage, C. (2022). Effects of cognitive-motor dual task training on cognitive and physical performance in healthy children and adolescents: A scoping review. *Acta Psychologica, 224*, 103498.

Wollesen, B., Wildbredt, A., van Schooten, K. S., Lim, M. L., & Delbaere, K. (2020). The effects of cognitive-motor training interventions on executive functions in older people: a systematic review and meta-analysis. *European Review of Aging and Physical Activity, 17*, 1-22.

Wolpert, D. M., y Flanagan, J. R. (2016). Motor prediction.

Wu, J., Qiu, P., Lv, S., Chen, M., & Li, Y. (2024). The effects of cognitive-motor dual-task training on athletes' cognition and motor performance. *Frontiers in Psychology, 15*, 1284787.

Wulf, Gabriele (2007). "Attention and Motor Skill Learning". Human Kinetics, USA.

Xiao, Y., Yang, T., & Shang, H. (2023). The impact of motor-cognitive dual-task training on physical and cognitive functions in Parkinson's disease. *Brain Sciences, 13*(3), 437.

Yuan, R., Sun, H., Soh, K. G., Mohammadi, A., Toumi, Z., & Zhang, Z. (2023). The effects of mental fatigue on sport-specific motor performance among team sport athletes: A systematic scoping review. *Frontiers in Psychology, 14*, 1143618.

Zemková, E. (2022). Cognition and Motion: Sensory Processing and Motor Skill Performance in Athletic Training and Rehabilitation. *Applied Sciences, 12*(20), 10345.

Zhang, L., Guo, J., Zhang, J., Zhang, L., Li, Y., Yang, S., ... & Guo, F. (2023). Interactive Cognitive Motor Training: A Promising Approach for Sustainable Improvement of Balance in Older Adults. *Sustainability, 15*(18), 13407.

Zheng, Y., Meng, Z., Zhi, X., & Liang, Z. (2021). Dual-task training to improve cognitive impairment and walking function in Parkinson's disease patients: A brief review. *Sports Medicine and Health Science, 3*(4), 202-206.

OTRAS PUBLICACIONES DE EDITORIAL STADIUM

Educación Física y Condición Física. El Desafío de la Austeridad

(Mario Di Santo)

Estudios de Flexibilidad y Amplitud de Movimiento

(Mario Di Santo)

Teoría del Movimiento

(Kurt Meinel- Gunter Schnabel)

Gimnasia artística. Su enseñanza en escuelas y talleres

(Miguel A. Palmeiro – Mariano Pochini)

OTRAS PUBLICACIONES DE EDITORIAL STADIUM

La Enseñanza de las Destrezas Gimnásticas en la Escuela. 2da.

(Miguel A. Palmeiro – Mariano Pochini)

Juegos de expresión corporal de 4 a 10 años

(Brigitte Usmer – Michel Rollet)

Teoría y Práctica del entrenamiento deportivo

(Jorge De Hegedüs)

La planificación del entrenamiento deportivo

(Jorge De Hegedüs)

OTRAS PUBLICACIONES DE EDITORIAL STADIUM

Técnicas Atléticas
(Jorge De Hegedüs)

El Entrenamiento Deportivo en la Niñez y la Juventud
(Fernando Rodríguez Facal)

La enseñanza de la Natación. Iniciación al Buceo, Salvataje, Waterpolo, Natación Artística y Saltos Ornamentales
(Enrique Vilte)

Juegos de Atletismo. Cultura, sensibilidad y rendimiento atlético. De 3 a 12 años
(Jean-Claude Farault)